Gabriele Krone-Schmalz

. . . an Rußland muß man einfach glauben

Gabriele Krone-Schmalz

... an Rußland muß man einfach glauben

Meine Moskauer Jahre

ECON Verlag
Düsseldorf · Wien · New York · Moskau

Bildnachweis:
Alle Fotos von Lothar Schmalz, Moskau

Die Deutsche Bibliothek – CIP-Einheitsaufnahme

Krone-Schmalz, Gabriele:
... an Rußland muß man einfach glauben: Meine Moskauer Jahre/ Gabriele Krone-Schmalz. – Erweiterte und aktualisierte Aufl. – Düsseldorf; Wien; New York; Moskau: ECON Verl., 1993
ISBN 3-430-15702-1

Erweiterte und aktualisierte Ausgabe 1993

Gesetzt aus der Times, Linotype
Satz: Lichtsatz Heinrich Fanslau, Düsseldorf
Papier: Papierfabrik Schleipen GmbH, Bad Dürkheim
Druck und Bindearbeiten: Bercker Graphischer Betrieb GmbH, Kevelaer
Printed in Germany
ISBN 3-430-15702-1

Eine Bemerkung zum Titel dieses Buches

»Mit dem Verstand ist Rußland nicht zu begreifen, an Rußland muß man einfach glauben.« Dieser Satz stammt von Fjodor Iwanowitsch Tjuttschew, einem russischen Dichter aus dem 19. Jahrhundert, aber nach meiner Meinung ist seine Aussage heute noch genauso aktuell wie damals.

Die Rätsel dieses Landes sind auch heute nicht gelöst. Dabei hat Tjuttschews Satz etwas Tröstliches.

Fjodor Tjuttschew wurde 1803 auf einem Gut bei Brjansk geboren und starb 1873 in Zarskoje Selo, heute Puschkin. Als Diplomat hat er von 1822 bis 1839 in München und Turin gelebt und sich danach weitere fünf Jahre privat in München aufgehalten. Nach Rußland zurückgekehrt, übernahm er 1848 in St. Petersburg das Amt des Zensors. Tjuttschews literarisches Werk umfaßt Liebesgedichte, Verse über die Natur und geschichtsphilosophische Lyrik. Er übersetzte deutsche Dichter wie Goethe und Schiller und als erster Russe auch Heinrich Heine, den er persönlich kannte.

Inhalt

Vorwort

Mit wieviel Euphorie bin ich damals nach Moskau gegangen, damals, im Juli 1987, und was ist davon übriggeblieben . . . Ich liebe dieses Land und seine Menschen, aber ich bin doch froh, nicht immer dort leben zu müssen. Es zerreißt mich innerlich, wenn ich sehe, wie reich dieses Land ist, welche Schätze es besitzt – materiell und ideell – und wie armselig man hier existieren muß. Wie konnte es passieren, daß dieser Teil der Erde so gründlich ruiniert wurde?

Angesichts der Probleme der Sowjetunion ergreift mich, die ich im Grunde zu den vorsichtigen Optimisten zähle und auf jeden Fall zu den Kämpfertypen gehöre, eine lähmende Resignation und Trauer.

Ich will versuchen, die vier Jahre zu beschreiben, die meine Maßstäbe durcheinandergewirbelt haben und die mich an den Rand meiner Leistungsfähigkeit brachten. Ich will versuchen, deutlich zu machen, was die Perestroika den Menschen in der Sowjetunion gegeben, aber vor allem, was sie ihnen innerhalb kürzester Zeit genommen hat. Wir im Westen vergessen das nur allzuleicht und verlangen zuviel von diesen Menschen. Wir fragen, was fünf, sechs Jahre Perestroika unterm Strich gebracht haben, welche Erfolge zu verzeichnen sind. Wenn man die nur schwerlich finden kann, haben wir sofort das Etikett Niederlage parat. Damit nehmen wir uns die Chance, von einer anderen Gesellschaft und von anderen Menschen wirklich etwas zu begreifen.

Genommen hat man den Menschen, die jahrzehntelang im Kommunismus erzogen und gedrillt wurden, jegliche Wertmaßstäbe. Sie mußten verkraften, daß ihre Geschichte keineswegs so glorreich war, wie man sie es gelehrt hatte. Sie mußten lernen, daß ihr politisches System nicht den kapitalistischen Westen überflügelt hatte, wie man sie das immer glauben machen wollte, sondern ganz im Gegenteil, daß es – außer in der Dritten Welt – den Menschen überall auf der Erde besser ging als ihnen. Sie mußten schlucken, daß es sich nicht gelohnt hat, jahrzehntelang Entbehrungen auf sich zu nehmen, um im Rüstungssektor mithalten zu können. Sie mußten damit fertig werden, daß der Ostblock zerbröckelte und das einstige »Unterpfand des Sieges« im »Großen Vaterländischen Krieg« von heute auf morgen Mitglied des gegnerischen militärischen Bündnisses wurde. Man hat ihnen buchstäblich den Teppich unter den Füßen weggezogen, und da wundern wir uns, wenn einige ins Taumeln geraten . . .

Warum soll ich nicht einfach von vorne beginnen? Ich denke, dann wird klarer, wieviel sich in den vier Jahren verändert hat, wie substantiell und wie breitgefächert, klarer auch, wie sich meine Einstellung in dieser Zeit verändert hat, wie mein Verständnis für dieses Land gleichermaßen zu- und abnahm – was nur auf den ersten Blick ein Widerspruch zu sein scheint.

Ich werde versuchen, diese Bilanz auf zwei Ebenen zu ziehen, auf der persönlichen und auf der politischen, beschreibend und analysierend. Die Reportageelemente sollen die Analyseteile ergänzen und umgekehrt. Die einen sollen Zusammenhänge verdeutlichen, Hintergründe klarmachen, die anderen den Alltag näherbringen und vom Leben erzählen.

Moskau, im Juli 1991 — Gabriele Krone-Schmalz

Humor, Geduld
und ein gewisses Improvisationstalent
Neu in Moskau

»Wir treffen uns am Freitag in Moskau um halb vier auf auf der Leningrader Chaussee an der Stelle, wo das Denkmal mit den überdimensionalen Panzersperren steht.« Irgendwie eine verrückte Verabredung, die da eine Woche vorher von Köln aus per Telefon zustande kam.

Der Grund war – wie könnte es anders sein – ein Film, meine erste Reportage als Korrespondentin des ARD-Studios in der sowjetischen Hauptstadt. »Neu in Moskau« sollte der Titel sein, und ich hatte mir in den Kopf gesetzt, die Dreharbeiten so authentisch wie möglich zu gestalten. Also, was blieb übrig, als sich mit dem Kamerateam am Tag unserer Ankunft in Moskau irgendwo am Stadtrand zu verabreden, damit die Bilder, die ich später brauchte, real entstehen konnten. Man hätte die Szene nachstellen können, das wäre sicher bequemer gewesen, aber wennschon, dennschon ... Und es hatte auch ein wenig damit zu tun, wie ich meinen Beruf auffasse. Aber dazu später.

Natürlich hätten wir auch ganz einfach und sehr schnell von Frankfurt aus direkt nach Moskau fliegen können, statt die rund 2500 km mit dem Auto zu fahren, aber das war uns zu schnell. Mein Mann Lothar und ich, wir wollten uns unserem neuen Zuhause langsam nähern, in Etappen, die man in der Seele nachvollziehen kann, auf eine menschlichere Weise, als sich unvorbereitet und in gewissem Sinne auch ungeschützt von einer westlichen Metropole in eine östliche jetten zu lassen.

Es war, wie sich herausstellte, eine gute Vorbereitung auf

das, was uns im Alltag in der Sowjetunion erwartete, was uns im Laufe der Zeit auch zunehmend nervte. Jedoch auf dieser ersten Fahrt, getragen von einem beinahe grenzenlosen Wohlwollen einem fremden Gastland gegenüber, empfanden wir allenfalls Verwunderung.

Die Grenze zur Sowjetunion überquerten wir von Finnland aus, bei Kotka. Wir hatten das Auto vollgepackt bis obenhin und waren seit Tagen schon innerlich darauf vorbereitet, Stunden bei der Grenzkontrolle zubringen zu müssen. Aber das ist eben so, dachten wir uns, das gehört dazu, das weiß man schließlich – also kein Grund zur Aufregung.

Die Finnen wollten bei der Ausreise lediglich unsere Pässe sehen, damit war die Sache für sie erledigt. Wir fuhren etwa drei Kilometer durch einen Wald, bevor wir den sowjetischen Grenzposten erreichten. Ein einzelner Pkw stand bereits dort, sonst weit und breit nichts und niemand. Sehr penibel und mit ausgesuchter Höflichkeit untersuchten drei junge Russen dann unseren Wagen. Alles wurde ausgeräumt, aber kein einziger Koffer geöffnet. Sie fragten nach dem Inhalt und gaben sich dann mit der Antwort zufrieden, ohne selbst nachzuschauen. Ein paar persönliche Worte fielen, die Atmosphäre war locker und angenehm. Die ganze Prozedur dauerte etwa anderthalb Stunden, aber wir waren positiv überrascht. Eine Zollkontrolle an der marokkanischen Grenze hatten wir erheblich unangenehmer in Erinnerung, und von den schlechten Umgangsformen amerikanischer Zöllner, die wir mehrfach erleben mußten, war hier keine Spur.

Auf dem Weg zur Grenzstadt Wyborg passierten wir ungehindert noch diverse Schranken und Kontrollposten, die nur Augen für den Gegenverkehr hatten, also für all diejenigen, die aus dem Landesinneren Richtung Grenze fuhren.

Und dann tauchte Wyborg auf. Ein Schock. Eine dunkle, schmutzige, verkommene Stadt, das war es, was wir, gehorsam unserer vorgeschriebenen Route folgend, von Wyborg sahen. Ein Kontrast, wie er stärker nicht sein konnte nach dem heilen, sauberen, freundlichen Finnland. Hier kann man doch freiwillig nicht leben wollen, schoß es mir blitzartig durch den Kopf. Wir sprachen kein Wort, als wir über die holprigen Straßen Wyborgs weiter Richtung Südosten fuhren. Die verfallenen Fassaden, die Gesichter der Menschen machten mir angst. Als wir Wyborg hinter uns hatten, waren wir erleichtert.

Unterwegs nach Leningrad wurden die Städtchen immer ansehnlicher. Wir fuhren durch Kurorte und Erholungszentren mit phantasievollen Parks und augenscheinlich fröhlicheren Menschen.

Artig hielten wir an jedem Zebrastreifen – wie man das als Deutscher ja gewohnt ist – und wunderten uns, daß die dort stehenden Menschen uns nur verständnislos anschauten; niemand wagte es, auf die Straße zu treten. Irgendwann gaben wir diese Form der Höflichkeit dann auf und fuhren unbeeindruckt von den am Straßenrand wartenden Menschengruppen, ohne anzuhalten, über alle Zebrastreifen hinweg. Viel später erst erzählte uns ein schon länger in der Sowjetunion lebender Ausländer folgende kleine Geschichte (von der ich bis heute nicht genau weiß, ob sie sich tatsächlich so zugetragen hat oder ob sie nur einfach recht gut und passend erfunden wurde):

Auch dieser Ausländer hielt mit seinem Wagen an einem Zebrastreifen, um eine Fußgängerin, eine alte Frau mit Krückstock, über die Straße gehen zu lassen. Die alte Dame wartete, ihr Gesichtsausdruck wurde immer zorniger, und dann drosch sie schließlich mit ihrem Krückstock auf die Motorhaube: »Das könnte dir so passen, du windiger Ausländer, du gehörst wohl zu der ganz raffinierten Sorte: Mich erst auf die Straße locken und dann Gas geben, was?«

Damals, 1987, war es noch so, daß die Fußgänger wie gejagte Hasen liefen, auf der Flucht vor den rücksichtslosen Autofahrern. Die Straße gehörte den Autos, und wenn ein Fahrzeug einmal anhielt, dann sicher nicht wegen eines Fußgängers. Es empfahl sich also, auf eine freie Stelle im Verkehrsfluß zu warten oder eine der Unterführungen zu benutzen. Heute ist das auch anders. Heute betrachten die Fußgänger in der Regel auch die Fahrbahn als ihr Reich und erwarten, daß die Autofahrer sich nach den so lange geknechteten Fußgängern richten.

Zurück zu unserer Fahrt im Juli 1987. Auf den Landstraßen waren – wie man das in anderen Ländern auch gewohnt ist – in regelmäßigen Abständen Rastplätze eingerichtet. Auf den entsprechenden Hinweisschildern war ein Auto auf einer Brücke abgebildet. Irgendwann begriffen wir, was es damit auf sich hatte. Auf den Rastplätzen gehörte zur Standardeinrichtung nicht etwa eine Toilette oder ein Kiosk, sondern eine kleine Brückenkonstruktion, auf die man sein Fahrzeug fuhr, um von unten daran arbeiten zu können. Wir waren ganz begeistert von diesem bemerkenswerten Service, ohne uns da schon klarzumachen, was das eigentlich bedeutete. Die Reparaturbühnen waren ein Hinweis auf den miserablen Zustand der überalterten Autos.

Es gab in diesen vier Jahren dann keinen Tag, an dem ich nicht mindestens zwei, meistens mehr, regelrecht zusammengebrochene Wagen am Straßenrand gesehen habe, und zwar ganz gleichgültig, ob in der Hauptstadt Moskau oder in der Provinz. Ich habe mir früher auch nicht vorstellen können, daß bei einem Auto die Räder wegknicken, nach innen oder nach außen. Hier habe ich das immer wieder erlebt. Ein in der Mitte auseinandergebrochener Bus: ein Gag für einen Slapstickfilm? Leider nein – Realität in der Moskauer Innenstadt.

Im Sommer 1990 erklärte ein Sprecher der Reparaturbetriebe für Eisenbahnwaggons: »Wir können die Waggons nicht mehr so reparieren, daß wir die Sicherheit garantieren können. Selbst nach einer Grundüberholung können wir für die Sicherheit keine Gewähr übernehmen.«

Im Januar 1991 verbreitete die offizielle Nachrichtenagentur TASS anläßlich der sich häufenden Zugunglücke eine vernichtende Kritik an der Sicherheit der Gleisanlagen. Sie stammte vom Leiter der Hauptverwaltung Bahnbetrieb im Ministerium für Eisenbahnwesen der UdSSR, Nikolai Mitin: »Der Zustand der sowjetischen Bahnanlagen – Schienen, Schwellen und Weichen – hat einen kritischen Punkt erreicht.« Zehntausende Gleiskilometer müßten unverzüglich ersetzt werden, da sie »über alle Normen hinaus abgenutzt« seien, so Mitin. Der Anteil der verschlissenen Bauteile entspreche heute dem von 1945. Die größten Vorwürfe machte Mitin in diesem Zusammenhang dem staatlichen Plankomitee und dem staatlichen Komitee für Materialversorgung, die seit Jahren die dringenden Bedürfnisse des Eisenbahnwesens ignorierten. Besonders knapp sei man mit Schwellen. 1990 seien statt der geplanten 22 Millionen Schwellen für die Eisenbahnen lediglich 10 Millionen bereitgestellt worden.

Das alles war kein Thema im Sommer 1987, als wir uns stetig unserem neuen Wohnsitz näherten. In Leningrad – so hatte es das Reisebüro versprochen – sollten wir in einem Stadthotel unterkommen. Also folgten wir den Hinweisschildern Richtung Zentrum und hatten gar nicht genug Augen, die herrlichen Hausfassaden zu betrachten, die – wenngleich etwas heruntergekommen – den früheren Reichtum dieser Stadt ahnen ließen.

Als wir den ersten Versuch unternahmen, von einem Milizionär den Weg zu unserem Hotel namens »Olgino« zu erfahren, schüttelte der nur verständnislos mit dem Kopf und wies wiederholt in die Richtung, aus der wir gerade gekommen waren. »Davolno daleko.« Ziemlich weit, meinte er. Wir wollten es gar nicht glauben, als wir von den verschiedenen Personen, die wir befragten, immer noch weiter in die Außenbezirke Leningrads geschickt wurden, in eine bewaldete, kaum besiedelte Gegend. Schließlich hatten wir unser tolles »Olgino«-Hotel entdeckt, gut zwölf Kilometer vom Stadtrand entfernt. Ein Hotel, kombiniert mit einem Campingplatz, weit ab von der Straße.

Das war der erste Schock, denn unser kleiner Abendspaziergang in Leningrad rückte unter diesen Umständen in weite

Ferne. Der zweite Schock ereilt uns in unserem Zimmer: Bei allem Respekt, es war wirklich die letzte Bruchbude. Daß der Putz von den Wänden fällt – schön, das hätte uns nicht weiter aufgeregt. Daß die Zargen der Badezimmertür bis in Kniehöhe verfault sind – gut, auch das wäre zu verkraften. Aber als uns beim Versuch, das Fenster zu öffnen, dasselbe samt Rahmen entgegenzufallen droht, sind wir zunächst doch etwas deprimiert. Richtig schließen läßt sich das Fenster im übrigen auch nicht, eine Hand paßte da schon durch, und als wir an der Zimmertür unverkennbare Spuren von Einbruchsversuchen entdecken – unser Zimmer liegt im Erdgeschoß –, beunruhigt uns das doch ein wenig.

Aber der Clou erwartet uns auf dem Parkplatz vor dem Hotel, zu dem wir gleich wieder zurückkehren, weil wir nicht so recht wissen, was wir mit unserem vollgepackten Auto machen sollen. Da schlägt plötzlich eine Fassadenplatte mit einem dumpfem Krachen auf die Erde. Niemand reagiert. Es fehlen schon ein paar dieser etwa fünf Quadratmeter großen Platten, mit denen die Vorderseite des Gebäudes verkleidet ist.

Mit dem festen Willen, uns von alldem nicht die Petersilie verhageln zu lassen, entschließen wir uns, erst einmal essen zu gehen. Das Restaurant wirkt wie eine notdürftig umgebaute Turnhalle und sehr unsauber. Also machen wir uns lieber in unserem Zimmer über die Lebensmittelvorräte aus Helsinki her. Danach wollen wir wenigstens noch irgendwo im Hotel was Kaltes trinken. In den Hotels, die für Ausländer gedacht sind, gibt es meist eine sogenannte Devisenbar oder zumindest einen »Berioska«, einen Laden oder einen Kiosk, in dem man gegen harte Währung Spirituosen und Zigaretten kaufen kann.

Auch das »Olgino« hat einen kleinen Berioska-Verkaufsstand – aber der macht gerade Inventur. An der Rezeption sagt man uns, daß sich auf dem Campingplatz ein Kiosk befände. Dort angekommen, rät uns der freundliche Verkäufer, doch morgen wieder vorbeizuschauen, heute gäb's nichts mehr.

Also zurück ins Restaurant. Aber da ist mittlerweile auch schon alles gelaufen, und das Personal ist nur noch mit den Aufräumungsarbeiten für den nächsten Morgen beschäftigt. Eine Chance haben wir noch: so eine Art Imbißstube, ebenfalls auf dem Hotelgelände. Bier gibt's nicht, aber dafür Weißwein, die Flasche für vier Rubel. Die dicken roten Vorhänge, vollständig geschlossen, lassen nur ahnen, daß es draußen noch taghell ist. Die berühmten »Weißen Nächte« von Leningrad, in denen die Sonne kaum vom Himmel verschwindet, sind ja gerade mal einen Monat her.

Wir stolpern dann noch ein wenig über den Campingplatz, suchen uns den Weg zum Meer und beginnen nach einem ausgedehnten Spaziergang über den naturbelassenen Strand damit, unser Auto komplett auszuräumen. Der Parkplatz sei zwar bewacht, sagt man uns an der Rezeption, aber es empfehle sich, keine Sachen im Wagen zu lassen.

Am nächsten Morgen haben wir reichlich Gelegenheit, uns mit den Gepflogenheiten hier vertraut zu machen. Ein Beispiel soll genügen. Wir fragen an der Rezeption nach Benzingutscheinen. Die Auskunft: Die kriegen Sie auch direkt an der Tankstelle. Bei der nächsten Tankstelle angekommen, versichert uns eine freundliche junge Dame: Benzingutscheine können Sie nur im Hotel kaufen, bei uns nicht. Angesichts dieser klaren Auskünfte und unseres noch reichlichen Tankinhalts entschließen wir uns mutig, in Nowgorod, unserer nächsten Station, den nächsten Tankversuch zu unternehmen.

Es ist ein herrlicher Tag, und wir fahren erst mal kreuz und quer durch Leningrad, um diese schöne Stadt ein wenig zu erkunden. Wir brauchen dann über eine Stunde, um wieder aus ihr herauszufinden. Hinweisschilder suchen wir vergeblich, und die Passanten, die wir fragen, schicken uns in alle möglichen entgegengesetzten Richtungen oder wissen überhaupt nicht, wie man auf die Ausfallstraße Richtung Moskau kommt. Schließlich lotsen uns Milizbeamte mit ihrem Wagen auf Wegen, die wir nie alleine gefunden hätten.

Die Landstraße hinter Leningrad ist zunächst für fast 30 Kilometer auf beiden Seiten zweireihig von Pappeln gesäumt, dann lösen Birken und andere Bäume die Pappelreihen ab. »Olgino« mit allem Drum und Dran ist längst vergessen. Diese Ausfallstraße nach Moskau ist zwar relativ breit, aber die Löcher darin sind wassereimertief. Wir passieren einen Bahnübergang, an dem wohl irgendwann mal einer bei geschlossenen Schranken durchgebrettert ist. Jetzt sind nur noch die Stümpfe der Schranken vorhanden.

Sobald man die Prachtalleen der Städte verläßt, sind die Straßenverhältnisse tatsächlich miserabel, und zwar schlimmer, als wir gedacht hatten. Noch in Leningrad hatten wir eine Nebenstraße erwischt, da ragten die kreuzenden Straßenbahnschienen stellenweise gut 20 Zentimeter aus dem Asphalt heraus, und es war ein mittleres Unterfangen, sie zu überqueren oder auf der Straße selbst die Spur zu wechseln, da auch dort Niveauunterschiede von mindestens derselben Höhe die Regel waren. Wir suchen diese Unzulänglichkeiten nicht mit der Lupe, aber da wir in dieser Anfangssituation förmlich alles in uns aufsaugen, haben wir natürlich auch einen Blick für diese Details, die uns nach vier Jahren nicht mal mehr auffallen. Das ist dann halt so, und man hat sich daran gewöhnt.

Und auch daran haben wir uns im Laufe der Jahre gewöhnt: Jedesmal, wenn wir an einem Posten der Verkehrspolizei vorbeikommen – den sogenannten GAI-Stationen*, die in regelmäßigen, nicht allzu großen Abständen die Landstraßen säumen –, verschwindet der vor der Tür patrouillierende Milizmann in seinem Häuschen und greift zum Telefon. Im Rückspiegel kann man das gut beobachten. An eine übergeordnete Dienststelle und an den nächsten Posten werden Autokennzeichen, Uhrzeit und Anzahl der Personen weitergegeben, wie wir später erfahren. Für den auf diese Weise total überwachten Ausländer hat die Prozedur einen unbestreitbaren

* GAI = Gossudarstwennija Awtomobilnaja Inspekzija, also Staatliche Automobil-Inspektion

Vorteil: Bei einer eventuellen Panne muß man nicht allzulange auf Hilfe warten.

Auf einem Parkplatz machen wir Rast und treffen auf ungewöhnlich freundliche Sowjetbürger, die uns ihren Platz in der Sonne anbieten wollen, weil alle anderen Sitzgelegenheiten im Schatten stehen, und vielleicht wäre uns Sonne ja lieber ... Wir sitzen dort ein paar Minuten, als in extrem niedriger Höhe und sehr langsam ein Hubschrauber heranfliegt, der über diesem Rastplatz ein paar Kreise zieht. Der Hubschrauber dreht ab und kommt uns, kurz nachdem wir den Rastplatz verlassen haben, auf der Landstraße im Tiefflug wieder entgegen. Wir können uns des Eindrucks nicht erwehren, daß *wir* möglicherweise der Grund für diese Flugoperation sein könnten. Schließlich haben wir unser Hotel bereits um halb neun Uhr am Morgen verlassen und in Leningrad etwa drei Stunden mehr als geplant verbracht. Es wäre kein Wunder, wenn sie uns suchten. Vielleicht hatte man uns auf der Strecke, die heute noch vor uns lag, schon vermißt. Aber möglicherweise nehmen wir uns auch zu wichtig, und es hat ganz andere Gründe.

Unser heutiges Etappenziel heißt Nowgorod. Durch die mit Industrie vollgestopften Außenbezirke suchen wir unseren Weg ins Zentrum dieser alten russischen Fürstenstadt mit einer ausgedehnten, gut erhaltenen Kremlanlage aus dem 11. und 12. Jahrhundert.

Das Hotel ist entgegen unseren Erwartungen um einige Klassen besser als das in Leningrad. Wir genießen es, in einem russischen Restaurant ein russisches Bier zu trinken und freundlich bedient zu werden. Es gibt auch eine Garage, also müssen wir nicht wieder unser komplettes Gepäck ausladen. Zum Abendessen kredenzt man uns ein schmackhaftes Hühnchen mit verschiedenen Gemüsen. Wir zahlen inklusive der Getränke 11 Rubel, was selbst nach dem offiziellen Kurs – den einzuhalten wir uns entschlossen haben – nur 33 Mark ausmacht.

Seit wir die Grenze zur Sowjetunion passiert hatten, waren uns immer mal wieder einheimische Autos gefolgt, deren Fahrer während zum Teil gewagter Überholmanöver mit einem Bündel Rubelscheine winkten. Als Touristen wären wir der Versuchung wohl erlegen, fürs gleiche Geld zehnmal soviel Rubel zu ergattern. Aber als akkreditierter Korrespondent sollte man seine Zeit nicht gleich mit einer massiven Regelverletzung beginnen. Die tauschwütigen Einheimischen, die bei uns nicht landen konnten, reagierten zum Teil sogar aggressiv auf unsere Verweigerung. So oder so – für verrückt haben sie uns wohl alle gehalten, aus ihrem Gesichtsausdruck und einer gewissen international bekannten Gestik konnte man keinen anderen Schluß ziehen.

Wir befanden uns ja nun etwa 180 Kilometer südlich von Leningrad, aber auch hier erlebten wir noch einen Abglanz der beeindruckenden »Weißen Nächte«. Selbst um Mitternacht ist der Himmel fast so blau wie am Tage.

Als wir am nächsten Morgen in freudiger Erwartung eines freundlich servierten Frühstücks das Hotelrestaurant betraten, wurden wir herb enttäuscht. Die Frühschicht hatte offenbar eine ganz andere Arbeitsauffassung als die Spätschicht vom gestrigen Abend. Erst nach lautstarker Intervention einer Dame von der Hotelrezeption geruhte man, uns doch noch zu bedienen. Natürlich ist unfreundliches Bedienungspersonal keine russische Besonderheit, auch in deutschen Landen trifft man hie und da auf lustlose Ober und muffige Serviererinnen – aber die Gegensätze sind nicht so kraß.

Heute, am Tage unserer letzten Etappe auf dem Weg nach Moskau – etwa 520 Kilometer –, blieb uns nichts anderes übrig, als endlich zu tanken. Nachdem wir an ein paar Tankstellen vorbeigefahren waren, die nur Benzin zwischen 70 und 95 Oktan anboten, tankten wir schließlich doch das 95er, denn was sollte man machen, wenn es nirgendwo 98er gab.

Dabei stießen wir wieder auf das andere Extrem im menschlichen Miteinander. Aus der Zapfsäule schoß, unmittelbar nachdem sie aus der Halterung gezogen wurde, im hohen Bogen eine Benzinfontäne und ergoß sich über unser Auto. Zum Glück hatten wir aus unerfindlichen Gründen vorher das

Schiebedach geschlossen. Die Frau, die diese Tankstelle ganz alleine betrieb, erschrak genauso wie wir und entwickelte eine hektische Aktivität. Sie lief hinter einen Schuppen und kam mit einem Kanister Wasser wieder, das es hier offenbar nicht aus der Leitung gab. Mit einer Handvoll Schmierseife, einem Lappen und den paar Tropfen Wasser aus dem Kanister begann sie unser Auto zu bearbeiten. Nach dieser Erfahrung erschien uns das heutige Frühstückserlebnis wieder sehr weit weg und nur halb so schlimm.

Es ist wohl so, daß die Art und Weise, wie einem Menschen in einem fremden Land begegnen, die Vorzeichen setzen für die Einstellung, mit der man alles Weitere auf sich wirken läßt. Wir hatten das Glück, daß wir – zusätzlich zum Sommerwetter wie aus dem Bilderbuch, das uns von Beginn unserer Reise an begleitete – immer wieder Menschen trafen, die in ihrer Herzlichkeit und Hilfsbereitschaft die wenigen negativen Erlebnisse schnell vergessen machten.

Die Straße nach Moskau führt hinter Nowgorod zunächst einmal durch ein Sumpfgebiet und durch Wald. Erst nach etwa 30 Kilometern durchfahren wir in kurzen Abständen immer wieder kleine Dörfer, die zum Teil nur aus ein paar Häusern bestehen. Die Straße zieht sich schnurgerade durch die Landschaft, bis sie weit vorne am Horizont in der Lücke im Wald verschwindet, die sich dort auftut. Unterwegs kommt uns einmal eine einzelne Kuh auf dem unbefestigten Seitenstreifen entgegen, auf dem in den Ortschaften bis an die Straße heran Gras zum Trocknen ausgelegt ist oder aber Hühner herumpicken. Ab und zu sehen wir Männer und Frauen – meistens Frauen –, die an einem Tragholz über der Schulter rechts und links jeweils einen Eimer Wasser schleppen. Die Holzhäuschen, die die Straße säumen, sind, auch wenn sie noch so windschief dastehen, sorgfältig grün oder blau angestrichen, die Fenster weiß abgesetzt, die Fensterrahmen und das Dachgesims kunstvoll mit Schnitzereien verziert. Sonnen- und andere Sommerblumen wuchern in wilder Pracht, und hie und da sitzen ein paar meist ältere Dorfbewohner auf einer Bank vorm Haus. Die Ziehbrunnen zwischendrin runden die geruhsame Idylle ab – in der es sich wohl weit weniger idyllisch lebt, als es den Anschein hat.

Die Straße wird im wesentlichen von Lkws benutzt und von Traktoren, die außergewöhnlich große Anhänger ziehen, was sie von hinten auch wie Laster aussehen läßt. Allerdings sind diese Gespanne wesentlich langsamer, und man verschätzt sich leicht in der Entfernung beim Herannahen, weil die Optik eben Lkw-Geschwindigkeit suggeriert.

Rechts und links der Straße entdecken wir militärische Denkmäler: Auf der rechten Seite ist es einmal ein originaler T-34, einer dieser legendären sowjetischen Panzer, und auf der linken Seite reckt ein Düsenjäger von Typ MIG16 von einem Sockel aus seine Spitze in die Luft. Wir fragen uns, wann es zum erstenmal passieren wird, daß uns Sowjetbürger beschimpfen, weil wir Deutsche sind. Wir können da noch nicht wissen, daß wir so etwas während der ganzen langen vier Jahre nicht erleben werden.

Plötzlich überquert ein tieffliegender Doppeldecker die Straße und dann gleich noch einer. Mein Mann klärt mich auf, daß man diesen Typ während des Zweiten Weltkriegs die Nähmaschine genannt hat – genauso hört sich das auch an. Diese Flugzeuge werden jetzt zu landwirtschaftlichen Zwecken eingesetzt und besprühen die Felder.

Wir passieren eine langgezogene Baustelle, wo wir gezwungen sind, auf den unbefestigten Randstreifen auszuweichen, weil dem Gegenverkehr gar nichts anderes übrigbleibt, als unsere Spur zu benutzen. Eine entsprechende Beschilderung gibt es nicht, Improvisation ist gefragt. Viel aufregender gestaltet sich eine andere Straßenbaustelle, bei der zwar jede Richtung mit einer regulären Fahrspur versorgt ist, deren Belag allerdings aus hühnereigroßen Schottersteinen besteht. Zum erstenmal auf dieser Fahrt habe ich Angst, denn die großen Steine, die der Gegenverkehr und die vorausfahrenden Fahrzeuge aufwirbeln, wirken wie Geschosse. Wir haben Glück: Die Windschutzscheibe bleibt ganz, Lackschäden haben wir uns bei Grenzübertritt ganz undeutsch geschworen fürderhin zu ignorieren. Lediglich aus dem Kühlergrill müssen wir später ein paar dieser Klötze herauspulen.

Nach genau fünf Stunden Fahrzeit und 420 Kilometern fängt der Moskowskaja Oblastj an, der Moskauer Verwaltungsbezirk. An der nächsten GAI-Station, diesem Verkehrspolizei-Posten, haben wir zehn Minuten Aufenthalt, denn der Milizmann fischt uns zielsicher aus dem Verkehrsstrom heraus – was gar nicht so leicht für ihn gewesen sein muß, da wir unmittelbar hinter einem großen Lkw fuhren – und fragt uns nach unseren *Dokumenty.* Er selbst hat einen Zettel in der Hand, auf dem unser Autokennzeichen notiert ist. Er bittet uns höflich, hier zu warten, verschwindet in seinem Diensthäuschen, in das wir nicht hineinsehen können, und kommt nach eben diesen zehn Minuten wieder heraus. Er gibt uns unsere Papiere zurück, grüßt militärisch und wünscht uns eine angenehme Weiterfahrt.

Um halb vier Uhr nachmittags haben wir 500 Kilometer hinter uns und sind etwas mehr als sechs Stunden gefahren. Um fünf Minuten nach halb vier haben wir in Moskau das Blockade-Denkmal mit den Panzersperren erreicht. Wenige Minuten später trifft auch das Moskauer Kamerateam ein, mit dem ich mich vor einer Woche verabredet hatte. Sie hatten nicht damit gerechnet, daß wir so pünktlich sein werden.

Bei der Begrüßung überreicht uns der deutsche Kameramann eine Tüte mit Lebensmitteln, die er vorsorglich für uns eingekauft hatte. Wir würden ja erst mal weiter im Hotel wohnen ... Der seit Jahren in Moskau arbeitende Kameramann wußte, wie es um die Versorgung in Hotelrestaurants bestellt war. Der sowjetische Tontechniker hat einen Blumenstrauß für mich: 20 rosa Rosen. »Aufenthalt und Arbeit mögen sein wie diese Blumen«, meint er, und ich habe Mühe, meine Rührung zu verbergen.

Es ist Freitag, der 24. Juli 1987, kurz vor vier Uhr nachmittags, als meine Arbeit in Moskau beginnt. Nach einer kurzen technisch-organisatorischen Besprechung legen wir gleich los mit den Dreharbeiten. Aus dem Schiebedach des Teamfahrzeuges filmt der Kameramann bei 60 Stundenkilometern unsere Einfahrt nach Moskau – hier braucht man keine Sondergenehmigung dazu oder eine Sicherheitsvorrichtung. Hier kümmert sich kein Mensch darum, und die vielen Verkehrspolizisten schauen allenfalls interessiert hinterher. Wegen wechselnder Lichtverhältnisse müssen wir die Kameraeinstellung am Kreml vorbei ein paarmal wiederholen, sonst hätte das später beim Schnitt nicht gepaßt.

Als wir schließlich auch das Einchecken im Hotel filmen, sind wir doch einigermaßen geschafft. Das Zimmer mit der Nummer 336, eines von über tausend im Hotel Ukraina, einem Bau im Zuckerbäckerstil der Stalinzeit, wird nun für die nächsten 88 Tage unser Zuhause sein. Zum Glück war uns das zu diesem Zeitpunkt noch nicht so klar, denn Leben im Hotel ist auf längere Sicht nirgendwo das reine Vergnügen (jedenfalls für mich), unter sowjetischen Verhältnissen erst recht nicht. Wir gingen damals noch davon aus, daß wir spätestens Ende August in unsere Wohnung würden einziehen können, in der bis Ende Juli noch mein Vorgänger wohnte. Aber die durchaus nicht komplizierten Renovierungsarbeiten sollten sich bis Ende Oktober hinziehen.

Den Zimmerschlüssel gibt es bei der Deschurnaja, der nahezu legendären Etagendame in sowjetischen Hotels, die weiß, wer wofür zuständig ist, die Geschirr verleiht und einem auch schon mal einen Tee bereitet. 24 Stunden hintereinander hat sie Dienst, danach zwei Tage frei. »Unsere« Deschurnaja ist zwar etwas amüsiert wegen der Dreharbeiten, aber sie hat nichts dagegen, gefilmt zu werden, und schafft es sogar, die Kamera beinahe zu ignorieren, als sie mir den besonderen Mechanismus des Türschlosses erklärt.

Unser Zimmer liegt nicht auf der Vorderseite des Hotels, von wo aus man auf den Fluß Moskwa und Richtung Innenstadt hätte gucken können, sondern auf der Rückseite mit Blick auf einen Innenhof. Was soll's – dann ist es wenigstens ruhig.

Wir machen noch eine Stippvisite im Büro, das, wie praktisch, schräg gegenüber dem Hotel liegt, verpflegen uns dann mit den vom Kameramann besorgten Lebensmitteln – das Geschirr für dieses improvisierte Abendessen auf dem Hotelzimmer haben wir von der Deschurnaja ausgeliehen – und fallen schließlich todmüde ins Bett.

Ein freies Wochenende liegt vor uns. Wir wollen uns den Ismailowa-Park anschauen, in dem seit Mai dieses Jahres Maler ihre Werke ausstellen und verkaufen, die im offiziellen Kunstbetrieb keine Chance haben, weil sie alles andere produzieren als »sozialistischen Realismus«. Und der war damals noch angesagt. Ganz so frei war das Wochenende dann allerdings auch wieder nicht. Wegen des Filmprojekts »Neu in Moskau« begleitet uns bei diesem Besuch das Kamerateam, um zu dokumentieren, was wir im Ismailowa-Park alles antreffen.

Um eine halb verfallene Kirche herum ist ein Kunstmarkt aufgebaut, der was von Montmartre hat. In Stil, Technik und Geschmack könnte die Bandbreite der hier ausgestellten Bilder nicht größer sein: kunstvolle impressionistische Landschaften, realistische Porträts russischer Charakterköpfe, surrealistische Phantasien, kitschiger Postkartenabklatsch. Alles ist vertreten, auch Bilder mit mutigen politischen Aussagen. Man konnte sich zu dem Zeitpunkt in der Sowjetunion noch große Schwierigkeiten einhandeln, wenn man sich gegen Stalin wandte oder gegen den aufgeblasenen Apparat der Planungsbürokratien. Wir kommen an diesem Tag mit verschiedenen Besuchern aus der DDR ins Gespräch, die auch über den Markt schlendern und sich gar nicht genug über das Ausmaß an Freiheit wundern können. »Seit Gorbatschow hat sich eine Menge getan«, versichern diejenigen immer wieder anerkennend, die es wegen häufiger Moskau-Besuche schließlich wissen müssen, und schieben ein zaghaftes »Bei uns in der DDR gibt's so was leider noch nicht« nach.

Aus Radios und Kassettenrecordern dröhnt im Ismailowa-Park in der Regel westliche Popmusik. Nur vereinzelt sitzen auch junge Menschen zusammen und musizieren selbst. Dann ein Marionetten-Vogel-Strauß, dessen »Puppenvater« ihn an den Fäden nach Melodien von Glenn Miller tanzen läßt. Dazwischen stark umlagerte Stände mit ausgefallenem Modeschmuck. Immer mal wieder Porträtmaler oder jemand, der in kürzester Zeit treffende Profil-Scherenschnitte fertigt. Ab und zu findet man auch handgearbeitete Spitzendeckchen, die meist von älteren Frauen verkauft werden.

Das Gelände wird begrenzt von einem kleinen Wasserlauf, auf dem die Menschen Kahn und Tretboot fahren – eine wunderschöne Atmosphäre. Und es hat schon was, wenn neben russischen Gemäuern aus dem 17. Jahrhundert, in denen Zar Peter I. einst mit seinem Sohn Aleksej über politische Reformen stritt, ein Ohrwurm von Bing Crosby auf Kassette ertönt. Der erste Sommer in Moskau scheint es wirklich gut mit uns zu meinen.

Im weiteren Verlauf dieses Tages fahren wir zu einem Lebensmittel-Berioska. Ein Berioska ist, wie schon erwähnt, ein Laden, in dem man nur gegen Devisen Ware kaufen kann; einheimische Währung wird nicht entgegengenommen. In der Regel sind solche Geschäfte in den Ausländerhotels oder in deren Nähe untergebracht und bieten typisch russische Souvenirs, ein paar Spirituosen und Toilettenartikel . . . Lebensmittel gab es damals, 1987, nur in zweien dieser Läden. Ein groteskes Mißverhältnis zur Einwohnerzahl von Moskau, nämlich neun Millionen, aber schließlich war es zum damaligen Zeitpunkt nur Ausländern gestattet, in solchen Geschäften einzukaufen. Sowjetbürgern war der Devisenbesitz offiziell verboten.

Es hat uns zunächst eine gewisse Überwindung gekostet, diese Devisenläden aufzusuchen. Eine völlig absurde Vorstellung, es gäbe in Deutschland für Ausländer bessere Lebensmittelgeschäfte, in die Deutsche nicht reindürften. Um wieviel absurder und brutaler hier in der Sowjetunion, wo sich die Einheimischen ja nur unter Mühen und mit sehr viel Geduld mit dem Nötigsten versorgen können. Das war schon 1987 so und hat sich in den folgenden Jahren konsequent verschlechtert.

Trotz einer Mischung aus Scham und schlechtem Gewissen

haben wir uns diesen Lebensmittel-Berioska also gleich am ersten Tage angesehen, denn natürlich wollten wir wissen, welche Möglichkeiten der Versorgung uns in unserem neuen Zuhause erwarten. Der Hauptgrund allerdings ist an diesem heißen Sommertag, ich gebe es ja zu, die Lust auf Bier. Aber es gibt kein Bier heute, und es gibt auch keine Butter. Das kann ja heiter werden, wenn nicht mal der Devisenladen Butter hat. Und Margarine gibt es – *k soschaleniju* –, leider, auch nicht, meint eine Angestellte und zuckt die Schultern.

Im Devisenladen unseres Hotels erstehen wir dann doch ein paar Büchsen Bier, aber die Ladung war danach schnell ausverkauft, und wir kamen zu spät auf den Gedanken, daß wir auf Vorrat hätten kaufen sollen. Auf die Art haben wir unsere erste Lektion in Sachen Einkauf gelernt: Wenn's was gibt, dann deck dich ein damit, wer weiß, wann du das wieder bekommst. – Es läßt sich leicht denken, daß durch diese verbreitete Hamstermentalität die ohnehin angespannte Versorgungslage immer noch weiter verschärft wird.

Wegen der Butter will mein Mann doch noch einmal in einem ganz normalen »Gastronom«, also einem Lebensmittelgeschäft, nachfragen. Ich bin überzeugt davon, daß es sich nicht lohnt, und daher um so erfreuter, als wir gleich im ersten Laden einen großen Klotz Butter hinter der Theke auf einem Tisch stehen sehen. Lose frische Butter, welch ein Erfolgserlebnis. Wir haben ganz stolz ein Pfund davon gekauft und es noch stolzer herausgetragen.

Die Einkaufsprozedur ist ein wenig umständlich. An der jeweiligen Theke muß man zunächst einmal der Verkäuferin sagen, was man will, in unserem Falle also: *polkilo maslo,* ein halbes Kilo Butter. Die Verkäuferin nennt den Preis – wenn man Glück und sie Mitleid mit einem hat, bekommt man auch ein Zettelchen, auf dem der Preis draufsteht. Mit dieser Information geht man zur Kasse und bezahlt den angegebenen Betrag. Mit dem Kassenzettel geht's dann wieder zurück zur Theke, und man erhält seine Ware. Im ungünstigsten Fall heißt das dreimal Schlangestehen.

Apropos Einkaufen und Schlangestehen – der erste russische Witz, den ich gehört habe, hatte genau damit zu tun. Was für die Deutschen die Ostfriesen sind, das sind für die Russen die Tschuktschen, ein halbnomadisches Volk aus dem äußersten Nordosten Sibiriens. Ein Tschuktsche erzählt also einem anderen Tschuktschen: Ich bin in Moskau gewesen, und weil man mir gesagt hat, es lohnt immer, sich anzustellen, wenn die Schlange besonders lang ist, weil es dann sicher was Gutes zu kaufen gibt, habe ich mich also am Roten Platz angestellt. Da war die Schlange wahnsinnig lang. Es muß sich offenbar um ein besonders beliebtes Geschäft gehandelt haben. Ich habe gestanden und gewartet, Stunde um Stunde, aber als ich es endlich geschafft hatte, da gab's nichts mehr, und der Verkäufer war tot. – Man muß nicht extra betonen, daß die Rede vom Lenin-Mausoleum ist, nicht wahr? 1987 brauchte man noch etwas Mut, um diesen Witz weiterzuerzählen, denn Lenin war zu diesem Zeitpunkt durchaus noch tabu. Heute ist auch das anders.

Noch ein Wort zu den sogenannten Kolchosmärkten. Hier kann man sich am besten mit Obst und Gemüse versorgen. Es gibt eine ganze Reihe solcher Märkte in Moskau. Kolchosmärkte sind für alle offen, trotzdem findet man auch hier in der Mehrzahl Ausländer. Die Preise sind enorm hoch, und die können sich in der Regel eben nur die gut verdienenden Ausländer oder aber privilegierte Einheimische leisten. Das Kilo Tomaten kostete damals mitten im Sommer 1,50 Rubel, das entsprach immerhin etwa 4,50 DM, der Durchschnittsverdienst eines Sowjetbürgers lag damals bei 180 Rubel im Monat. Wer konnte sich also ein Kilo Pflaumen für 5 Rubel oder ein Kilo Pfirsiche für 7 Rubel leisten? Heute muß man im Sommer 25 Rubel für das Kilo Tomaten anlegen, und im Winter klettern die Preise bis auf das Dreifache, wenn es denn überhaupt Tomaten zu kaufen gibt.

Es gelingt uns dann doch recht gut, uns während der Zeit im Hotel zu versorgen – mit viel Improvisationstalent (heiße Würstchen in der Kaffeemaschine ist zu empfehlen) und dank der Fürsorge eines Hörfunkkollegen, der uns in regelmäßigen Abständen zu einem »richtigen« Abendessen verhilft, das in sowjetischen Hotelrestaurants nur so schwer zu bekommen ist. Lachs, Stör und Kaviar – zu der Zeit für Ausländer kein allzu großes Problem – kann man schließlich nicht jeden Abend essen. Auch wenn sich das wie schlimmster Snobismus anhören sollte – versuchen Sie's mal, Sie werden mir recht geben.

Geduld, Humor und ein gewisser Pfadfindergeist erweisen sich in dieser Zeit als die weitaus hilfreichsten Eigenschaften. Darüber hinaus ist es von Vorteil, daß wir beide abwechselnd immer dann die letzten Reste dieser Tugenden mobilisieren, wenn sie dem anderen gerade vollends abhanden gekommen zu sein scheinen.

Gegenseitiger Zuspruch hilft, wenn sich jeden zweiten Morgen das Frühstück zum Problem auswächst. Im Prinzip bietet unser Hotel ein umfangreiches Frühstücksbuffet an, aber verlassen kann man sich auf nichts. An einem Morgen fehlt eine halbe Stunde lang jegliches Geschirr, dafür sind ein andermal Butter und Brot für etwa dieselbe Zeit nicht zu beschaffen, wenn genügend Geschirr aufgestapelt ist. Und hin und wieder ist die Tür des Frühstücksraums einfach mit einem Stuhl verkeilt. Ohne Ankündigung, versteht sich, und auch ohne jegliche Ausweichempfehlung. Da in den meisten sowjetischen Hotels sogenannte Etagenbuffets eingerichtet sind, in denen man Brot, Butter, Tee und manchmal auch Eier bekommen kann, brauchte das keine allzu große Katastrophe zu sein – wenn es denn da so etwas wie Koordination innerhalb des Hauses gäbe. Doch an einem beliebigen Tag stellt sich die Lage so dar, daß von den vier zur Verfügung stehenden Buffets eines *sanitarnyj djen* macht, also einen Reinigungstag einlegt; das zweite mit einem Schild versehen ist, *nje rabotajet,* also »arbeitet nicht« – aus welchem Grund auch immer –, das dritte Buffet einfach nur geschlossen ist, ohne Schild und ohne weitere Erklärung, und man im vierten nur mit viel Überredungskunst einen Tee bekommt. Da ist es ein Glück, daß sich im Hotel niemand drüber aufregt, wenn man mitgebrachte

Tauchsieder und Kaffeemaschinen in Betrieb setzt – oft eben die einzige Chance, es zu einem Frühstück zu bringen.

Man muß diese Schwierigkeiten natürlich ins rechte Verhältnis setzen. Wir als Ausländer haben immer ganz andere Möglichkeiten als die einheimische Bevölkerung, und im Zweifel deckt man sich beim nächsten Deutschlandbesuch mit zusätzlichen haltbaren Lebensmitteln ein. Außerdem, auch das sollte man nicht vergessen, für uns haben diese Entbehrungen irgendwann ein Ende. Sie sind nicht die Lebensperspektive, die sie für den Sowjetbürger bedeuten, der dem unter normalen Umständen nicht entrinnen kann.

Was es wirklich heißt, unter solchen Bedingungen zu leben, davon habe ich eine leise Ahnung bekommen, als mir noch im ersten Sommer folgendes widerfuhr. Mein Mann und ich schlenderten durch unser Wohnviertel, um es besser kennenzulernen – für solche gemeinsamen Spaziergänge blieb dann später kaum noch Zeit. Mein Mann hatte bereits einen gewissen Blick dafür entwickelt, bei welcher Schlange sich ein Anstellen lohnen könnte. Und da ja auch das zu unserem neuen Alltag gehörte und die Zeit nicht übermäßig drängte, reihten wir uns in eine der vielversprechenden Schlangen ein: Eine Lieferung ungarischer Salami war eingetroffen.

Wir warteten bereits etwa eine gute halbe Stunde, als wir uns dem Verkaufstisch auf Sichtweite genähert hatten. Eine Holzkiste mit appetitlichen Würsten stand noch neben der Kasse. Lauter leere Kisten stapelten sich an der Wand hinter der Theke. Plötzlich war eine gewisse Spannung unter den Wartenden zu spüren. Waren das wirklich die letzten Würste, oder holten sie gleich noch weitere aus dem Lager? Die Frau vor uns kaufte die letzten beiden Salamis aus der Holzkiste, und wir waren die ersten, die nichts mehr bekamen. Hinter uns helle Aufregung. Obwohl die Verkäufer klar sagten, daß nichts mehr da sei, wollte es niemand glauben. Es dauerte eine ganze Weile, bis sich die Schlange auflöste, genauso lange, wie die Hoffnung hielt, daß sich vielleicht ja doch noch irgendwo eine Kiste mit köstlichen Würsten finden könnte.

Wir waren nun wirklich überhaupt nicht darauf angewiesen, aber diese neue Erfahrung hatte mich innerlich vollkommen aufgewühlt, und ich kann kaum beschreiben, was ich empfand: Enttäuschung, Wut, Ohnmacht – und Scham, mich hier überhaupt angestellt zu haben.

Perestroika auf leeren Magen
Die permanente Versorgungskrise

Über die schlechte Versorgungslage in der Sowjetunion haben meine Kollegen und ich ja oft berichtet. Versorgungsprobleme dieses Ausmaßes – nicht in irgendeinem Dürregebiet der Dritten Welt, sondern in einem Land wie der Sowjetunion –, das bleibt für uns Westler schwer nachzuvollziehen. Was die Misere darüber hinaus politisch so brisant macht, ist die Tatsache, daß der allgemeine Lebensstandard seit dem Beginn der Perestroika kontinuierlich sank. Es stimmt schon nachdenklich, wenn ältere Leute von den Zeiten unter Stalin und Breschnew schwärmen, weil man da noch Fleisch, Fisch und Kaviar bekommen konnte, während man jetzt nicht mal mehr sicher sein kann, ob es Brot gibt.

Das führt zu einem der zahlreichen Dilemmas, die es der sowjetischen Führung so schwer machen: Denn ganz gleich, wie sie sich entscheidet – es dauert immer zu lange, bis eine positive Auswirkung eintritt, bis sich was verbessert, bis die Menschen was davon spüren. Denn es handelt sich immerhin um einen gigantischen Prozeß.

Um es konkret zu machen: Von der zentralen Kommandowirtschaft will sich die Mehrheit der politischen Führung verabschieden, nicht nur die Radikalreformer um den Wirtschaftsprofessor Schatalin, der mit seinem 500-Tage-Programm des Übergangs zur Marktwirtschaft soviel Wirbel gemacht hat. Es selbst erklärte übrigens, dieses Programm sei auch nicht mehr als eine Absichtserklärung und könne auf keinen Fall eine detaillierte Handlungsanweisung sein. So haben wir im Westen und auch einige Sowjetbürger sein Programm ja gründlich mißverstanden. Als wenn das so einfach wäre, mal eben per Knopfdruck ein anderes Wirtschaftssystem einzuführen.

Unbestritten ist, daß die zentrale Kommandowirtschaft ausgedient hat. Nur, wie schnell soll es mit dem Übergang zur Marktwirtschaft gehen und wie weit? Ich denke, man sollte die Sorgen derjenigen nicht ganz beiseite schieben, die vor einer Schocktherapie Angst haben. Denn eine Schocktherapie in der riesigen Sowjetunion wirkte sich sicher verheerender aus als beispielsweise im kleinen Polen. Natürlich macht sich ein solches Witzchen gut: Wenn man Straßenverkehr von Linksfahren auf Rechtsfahren umstellen will, kann man auch nicht übergangsweise zunächst die Lkws rechts fahren lassen, um dann, wenn man damit genügend Erfahrung gesammelt hat, mit den Pkws zu folgen. Dieser Vergleich soll das Chaos veranschaulichen, das durch die viel gescholtene Halbherzigkeit der sowjetischen Führung entsteht und entstanden ist. Solche Witzeerzähler haben die Lacher sicher auf ihrer Seite, aber begriffen haben sie wenig. – Sogar der russische Präsident Boris Jelzin muß mit zunehmender Amtsdauer schmerzvoll erfahren, daß die starken Worte von Entschlossenheit und Radikalität eben auch nicht helfen. Aber dazu kommen wir später noch.

Wir haben also wieder ein Dilemma vor uns: Unentschlossenheit führt nicht aus der Misere heraus, aber Entschlossenheit und die damit verbundenen unpopulären Maßnahmen stellen ein erhebliches Risiko dar. Von außen ist es immer leicht, Ratschläge zuerteilen. Und es ist auch müßig, darüber zu spekulieren, ob zu einem früheren Zeitpunkt unpopuläre Maßnahmen weniger soziale Sprengkraft besessen hätten, weil es den Menschen insgesamt noch nicht so schlecht gegangen ist, wie es ihnen heute geht. »Hätte«, »wenn« und »aber« führt hier nicht weiter; und alle, die so denken und schnell mit Vorwürfen bei der Hand sind, sollten sich vielleicht klarmachen, daß es einen solchen Prozeß, wie er sich zur Zeit in der Sowjetunion abspielt, noch niemals in der Geschichte gegeben hat: diese gigantische Umwandlung einer stalinistischen Diktatur in einen demokratischen Rechtsstaat. Dafür gibt es keine Vorbilder. Und – dieser Prozeß wurde in der Sowjetunion, im Gegensatz zu einigen Ländern des ehemaligen Ostblocks, nicht von unten, sondern von oben initiiert.

Auch auf ökonomischem Gebiet stehen in der Sowjetunion die Zeichen insofern auf Freiheit, als im Moment alles erlaubt ist, was man nicht ausdrücklich verboten hat. Gerade im wirtschaftlichen Bereich spielt sich vieles in einer undurchsichtigen Grauzone ab. Denn experimentiert soll ja auch werden. Also wurschteln Betriebe selbständig vor sich hin, scheren sich einen Teufel um eingegangene Lieferverpflichtungen und versuchen, Markt auszuprobieren – während um sie herum die Voraussetzungen dafür noch gar nicht bestehen: Die zentralen Strukturen sind ja keineswegs bereits abgeschafft worden; gesetzliche Grundlagen einer funktionierenden Marktwirtschaft fehlen; man weiß nicht, wohin mit all den Arbeitskräften aus den Planungsbürokratien . . . Und schließlich läßt sich ja schlecht ein ganzes ökonomisches System komplett abschaffen, wenn noch kein stabiler Ersatz in Sicht ist, der an dessen Stelle treten könnte.

Das Dilemma wird perfekt, wenn man an die geographische Ausdehnung der Sowjetunion denkt. Und dann sollte man auch nicht vergessen, daß man es mit Menschen zu tun hat, die das erforderliche leistungsbezogene Denken niemals gelernt haben, schlimmer noch, ihnen ist in ihrem ganzen Leben beigebracht worden, daß Privatinitiative ein Verbrechen an der Gesellschaft sei. Und darin werden sie dummerweise auch immer wieder bestätigt, von den zahlreichen kriminellen oder zumindest sehr zweifelhaften Unternehmungen, die diesen ökonomischen Schwebezustand auf das geschickteste ausnutzen und sich dumm und dusselig verdienen. Alles auf Kosten *der* Menschen, die versuchen, anständig zu bleiben, sich an erkennbare Regeln zu halten, und die nicht willens oder nicht in der Lage sind zu bestechen.

Damit sind wir schon beim nächsten Dilemma angelangt –

ein Wort, das zur Charakterisierung der Umstände in der Sowjetunion paßt wie kein anderes. Es gibt seit Anfang 1990 ein sogenanntes Bodengesetz, das in erster Linie den Bauern ermöglichen soll, außerhalb einer Kolchose selbständig Land zu bewirtschaften. Anfang 1991 hat der sowjetische Präsident Gorbatschow in einem Erlaß alle zuständigen Behörden aufgefordert, die unrationell genutzten Ländereien zu registrieren und bereits im Frühjahr 1991 an interessierte Bauern zu verteilen. Man rechnet zunächst mit einer Größenordnung von 3 bis 5 Millionen Hektar.

Dieses Land sollen die Bauern vererben, nicht aber verkaufen oder verpachten dürfen. Die Absicht des Gesetzgebers ist eindeutig: Es soll der Spekulation mit Grund und Boden vorgebeugt werden. Nur, wie soll Marktwirtschaft funktionieren, wenn als Konsequenz keine Hypotheken auf Grund und Boden aufgenommen werden können, weil Land, das man nicht verkaufen kann, ja für keine Bank der Welt eine Sicherheit darstellt?

Die Angst vor einem Ausverkauf nach Wildwestmanier ist eben sehr groß und mit Blick auf die ehemalige DDR ja auch nicht ganz unbegründet. Aber im Bestreben, Sicherungen einzubauen, behindert man die Mechanismen, die man eigentlich *auf*bauen will. Auf einen Nenner gebracht: Stabile Reste einer schlecht funktionierenden Planwirtschaft bremsen die zaghaften Anfänge einer Marktwirtschaft. Über allem die Unsicherheit: *Wie* geht es eigentlich weiter, *wann* werden *welche* Preise freigegeben, wann wird der Rubel weiter abgewertet und, und, und.

Bleiben wir noch etwas bei Dilemma und Verwirrung. Der Rubel ist immer noch nicht frei konvertierbar; das ist im übrigen keine Frage eines Beschlusses, sondern hängt im wesentlichen von der Exportfähigkeit sowjetischer Waren ab, von der Konkurrenzfähigkeit auf dem Weltmarkt, und so etwas läßt sich nicht verordnen – wie entschlossen man dazu auch immer sein mag.

Der offizielle Kurs, nach dem man fast 3 Mark für einen

Rubel bezahlen muß, ist absolut überbewertet. Um dem Schwarztauschen den Reiz zu nehmen, hat man vor geraumer Zeit schon einen sogenannten Touristenkurs eingeführt, der die angemessene Relation zunächst zwar immer noch nicht traf, aber wesentlich realistischer war. Als Tourist brauchte man für einen Rubel nicht knapp 3 Mark zu zahlen, sondern nur knapp 30 Pfennig. Mittlerweile (Stand: Juli 1991) ist der Touristenkurs auf 6 Pfennig pro Rubel abgerutscht.

Parallel dazu gibt es seit 1. November 1990 einen dritten, den sogenannten kommerziellen Kurs, da kostet nun wiederum ein Rubel etwa 95 Pfennig. Es läßt sich leicht vorstellen, wie unübersichtlich das alles ist, wenn gleichzeitig drei offizielle Kurse gelten – hinzu kommt noch der nach wie vor bestehende Schwarzmarktkurs, wo der Rubel nur zwischen 2 und 4 Pfennig wert ist – und manchmal niemand mehr weiß, bei welcher Transaktion nun welcher Kurs gilt.

Unabhängig von diesem Verwirrspiel ist der Rubel selbst innerhalb der Sowjetunion in vielen Bereichen ein kaum noch akzeptiertes Zahlungsmittel. Als Ausländer bekommen Sie weder eine Flugkarte noch ein Hotelzimmer – wenn Sie überhaupt was bekommen – für Rubel. Da müssen Sie Devisen zahlen. Und den Einheimischen geht es kaum anders.

Auf den sogenannten Kolchosmärkten etwa, die immer besser ausgestattet sind als die staatlichen Läden – da ist es ja auch um das Zehnfache teurer, wenn's reicht –, auf den Kolchosmärkten kostet ein Kilo Fleisch heute 30 Rubel, alternativ 2 bis 3 Dollar, auch für Russen. Zum Vergleich: Das Durchschnittseinkommen liegt mittlerweile bei etwa 300 Rubel monatlich. Das hieße also, jemand, der in Deutschland 3000 Mark verdient, müßte 300 Mark für ein Kilo Fleisch bezahlen.

Diesen sozial unhaltbaren Zustand wollte der Moskauer Stadtrat beenden. Er gab eine Verordnung heraus, nach der bei Strafandrohung ein Kilo Rindfleisch auf den Kolchosmärkten nicht mehr als 15 Rubel kosten durfte. Mal abgesehen davon, daß das für die meisten Sowjetbürger immer noch kaum erschwinglich ist, ließen sich die Händler einen windigen Trick einfallen. Sie verkaufen nur noch »im Paket«; man kann sich das Fleisch nicht mehr aussuchen, sondern ist gezwungen, zusammen mit einem Pfund mageren Fleisch ein Pfund schieren Speck im Verbund abzunehmen. Im Endeffekt ist das Fleisch also für den Verbraucher genauso teuer wie vorher.

Apropos Dilemma. Im Grunde kann sich der Durchschnittsbürger nur die staatlichen Preise leisten. Aber jedem müßte klar sein, daß sich für 2 Rubel pro Kilo kein Fleisch produzieren läßt, auch nicht für das Drei- bis Fünffache, wie es die Preiserhöhung im April 1991 vorschreibt. Diejenigen Bauern, die damit angefangen haben, Vieh zu züchten und auf eigene Rechnung auf den Märkten Fleisch zu verkaufen, hören wieder damit auf, wenn durch solche Verordnungen ihre tatsächlichen Kosten nicht mal mehr reinkommen. Der Moskauer Stadtrat, dem man ja nun wirklich keine marktwirtschaftsfeindliche Haltung unterstellen kann, wollte seiner Verantwortung gerecht werden und eine gewisse soziale Gerechtigkeit wiederherstellen. Erreicht hat er sein Ziel mit der Verordnung nicht. Eher das Gegenteil.

Angesichts dieser Unsicherheiten passiert es immer häufiger, daß Geschäfte ihre Waren zurückhalten, um sie in irgendwelchen Tauschaktionen einzusetzen, etwa Lebensmittel gegen Maschinenersatzteile. Dabei spielt auch die Überlegung eine Rolle: Wieso soll ich das heute für den unrealistisch niedrigen Staatspreis verscherbeln, wenn morgen die Preise freigegeben werden und ich viel mehr dafür bekommen kann?

Es ist im einzelnen beinahe unglaublich, was sich da abspielt und worüber, nebenbei bemerkt, in den sowjetischen Medien ausführlichst berichtet wird. Da machen sich Volksdeputierte auf den Weg, klappern Geschäfte ab, kontrollieren deren Verkaufs- und Lagerräume und stellen dann etwa fest, daß in einem Laden, in dem es seit Wochen nur Senf und Knoblauch zu kaufen gibt, 4000 Kilo Hühnchen aus den USA zurückgehalten werden und langsam vergammeln. Da sind Diensträume vollgestopft mit Gemüse und Fleischkonserven. Da stapeln sich 14 000 Kilo Butter in einem Laden, in dem man seit über einem Monat keine Butter mehr kaufen kann. Da liegen beinahe 2000 Dosen schwarzer Kaviar einfach nur so rum.

Das sind nur ein paar Beispiele, mit solchen Ungeheuerlichkeiten könnte man zig Seiten füllen. Wenn von den Verantwortlichen eine Erklärung gefordert wird – es handelt sich ja immerhin um einen Straftatbestand –, dann klingen die Antworten wie der blanke Hohn: »Wir kennen die Preise dieser Ware nicht, deshalb können wir sie nicht verkaufen.« Oder: »Wir haben Anweisung, nicht zu verkaufen.« Und wenn man diese Anweisung sehen will, dann heißt es, das sei ein wichtiges, absolut geheimes Dokument, das könne man nicht so einfach herzeigen. Satire ist nichts dagegen.

Schlamperei und Sabotage, damit kriegt man alles klein, um wieviel leichter ein System, das noch nie richtig funktioniert hat.

Ausgangspunkt und Hauptschwierigkeit für die Versorgungsmisere ist, daß man den Bauern das Land genommen hat und sich der Illusion hingab, die spezifische bäuerliche Arbeit im Kollektiv nach Industrienormen regeln zu können. Michail Gorbatschow hat in erster Linie wohl das im Auge gehabt, als er bei seinem Besuch in Paris am 5. Juli 1989 in seiner Rede vor den Studenten der Sorbonne sagte: »Der Schlüssel zur Lösung der Aufgaben der Perestroika liegt in der Überwindung der Entfremdung des Menschen vom Eigentum.« Anders ausgedrückt: Einer der größten Fehler des Sozialismus war es, den Menschen von seinem Besitz zu trennen. Ich möchte hier nicht die Statistiken strapazieren; es ist allgemein bekannt, daß die Erträge privat genutzter landwirtschaftlicher Flächen um ein Vielfaches die der Staatsgüter übersteigen.

Die nächste Schwierigkeit bringt die Ernte mit sich. Nicht von ungefähr wird in einem russischen Witz die Frage gestellt: Welches sind die vier Hauptfeinde des Kommunismus? Die Antwort lautet: Frühling, Sommer, Herbst und Winter. – Da sich niemand so recht verantwortlich zu fühlen scheint und auch im landwirtschaftlichen Bereich oftmals die Bürokraten das Sagen haben, macht es den Anschein, als sei man jedesmal aufs neue von den Jahreszeiten, die mit bestimmten Arbeitsgängen verbunden sind, völlig überrascht.

Erschwerend kommt hinzu, daß sich der oft veraltete Maschinenpark – denn auch hier hat man jahrzehntelang nur aus der Substanz gelebt – in einem erbarmungswürdigen Zustand befindet, entweder keine volle Leistung bringt oder aber wegen fehlender Ersatzteile gar nicht erst zum Einsatz kommt. In einem konkreten Falle standen 400 nagelneue Mähdrescher in der entscheidenden Erntephase irgendwo in Rußland nutzlos herum, weil man zu spät festgestellt hatte, daß allen die Benzinpumpe fehlte. Da die Benzinpumpen in einem litauischen Werk hergestellt werden, läßt sich an fünf Fingern abzählen, daß sie wohl – von objektiven Lieferschwierigkeiten abgesehen – kaum rechtzeitig eingebaut werden konnten. Die zunehmenden zwischennationalen Spannungen verschärfen auch auf diesem Gebiet die ohnehin bestehenden Schwierigkeiten. Und wenn funktionierende Maschinen zur Verfügung stehen, ist auch das noch keine Garantie für einen sinnvollen Einsatz, denn ausreichende Benzinversorgung ist durchaus keine Selbstverständlichkeit.

Also werden zur Erntezeit »Freiwilligen-Brigaden« abkommandiert. Ganze Abteilungen von Ministerien finden sich auf den Feldern wieder, um die fehlenden Maschinen per Handarbeit zu ersetzen. Bei einem Film über den sowjetischen Geheimdienst KGB kam ich tagelang mit den Recherchen nicht weiter, denn auch da standen etagenweise die Büros leer, weil das Einbringen der Ernte Vorrang hatte.

Die Reihe der Stolpersteine ist aber noch nicht zu Ende. Da man es aus unerfindlichen Gründen in den letzten Jahrzehnten nicht für nötig befunden hat, Lagerraum zu schaffen, vergammeln große Teile der Ernte im Freien. Denn der Abtransport (siehe oben) funktioniert auch nicht reibungslos.

Bei den immer chaotischer werdenden Eisenbahnverhältnissen geht der letzte Rest dann auf der Schiene kaputt. Eine Mischung aus Inkompetenz, Ignoranz und Sabotage hat dazu geführt, daß über Monate auf Güterbahnhöfen in Moskau Hunderte von Eisenbahnwaggons vergeblich auf ihre Entladung warteten.

Apropos Sabotage. Daran beteiligen sich im wesentlichen drei Gruppen. Einmal diejenigen, die durch die neuen Zeiten ihre alten Vorteile verlieren. Zum anderen jene, die um so mehr profitieren, je länger die gegenwärtige wirtschaftliche Unordnung anhält, denn wenn erst einmal feste Regeln bestehen, lassen sich krumme Geschäfte nicht mehr so leicht abwikkeln. Und zum dritten jene, die aus ideologischen Überzeugungen die neue Politik diskreditieren wollen.

Unabhängig von den geschilderten Schwierigkeiten sollte man die Verteilungsprobleme, die ein Koloß von den Ausmaßen der Sowjetunion tatsächlich hat, nicht unterschlagen. Das soll nichts beschönigen, aber eine gut durchorganisierte Infrastruktur läßt sich halt in unserem überschaubaren kleinen Deutschland mit dem pflegeleichten Klima besser schaffen als in einem Land, dessen östliche Grenze von seiner westlichen durch elf Zeitzonen getrennt ist und das die extremsten klimatischen Varianten zu bieten hat.

Um der Versorgungsprobleme Herr zu werden, haben sich verschiedene Bezirke und einzelne Städte in der Sowjetunion schon relativ früh entschlossen, wieder Lebensmittelkarten einzuführen. Manchen älteren Menschen hat das die Tränen in die Augen getrieben. Sie waren fassungslos, weil es ihnen, wie sie sagten, sogar unmittelbar nach dem Krieg nicht so schlecht gegangen sei. Aber es war aus der Bevölkerung auch zu hören, daß Bezugsscheine für Lebensmittel insofern ihr Gutes hätten, weil damit ja wenigstens eine gewisse Grundversorgung garantiert sei. Leider erwies sich das im weiteren Verlauf als Irrtum, denn es sind nicht wenige Fälle bekanntgeworden, in denen es für die Kupons nichts zum Einlösen gab. In einigen Gebieten wurden die Bezugsscheine auch deshalb wieder abgeschafft, weil die Papierzuteilung dafür nicht reichte.

Auf widersprüchliche Reaktionen in der Bevölkerung traf auch folgende Maßnahme. Sei Ende Mai 1990 muß man sich in Moskau als Moskauer ausweisen, wenn man in den dortigen Geschäften einkaufen will. Damit wollte man der allgemein üblichen Praxis Einhalt gebieten, aus der Provinz nach Moskau regelrechte Einkaufsfahrten zu unternehmen. Die Einwohner der Hauptstadt leiden unter den Defiziten ja insofern schon mehr als andere, weil sich täglich bis zu zwei Millionen Durchreisende verpflegen müssen. Die Zeiten, da die Zentrale besonders gut und reichlich versorgt wurde, sind längst vorbei. Käufer aus dem ländlichen Umfeld Moskaus, die zum Teil in die Hauptstadt gefahren sind, um für die Kinder Milchprodukte zu besorgen, weil die – wie grotesk – auf dem Land überhaupt nicht zu bekommen sind, empfinden diese Restriktionen in hohem Maße als ungerecht. Die Moskauer atmeten verständlicherweise auf.

Einkaufen nur gegen Vorlage des Personalausweises bzw. einer örtlichen Meldebestätigung – diese Prozedur haben die baltischen Republiken schon vor ein paar Jahren eingeführt. In Estland, Lettland und Litauen war der Lebensstandard von jeher spürbar höher als in anderen sowjetischen Republiken, auch höher als in der Kernrepublik Rußland. Also weisen Schilder in den Schaufenstern oder an den Ladenkassen dezent, aber sehr bestimmt darauf hin, daß Waren nur an Einheimische abgegeben werden können. Auf diese Weise will man verhindern, daß der eigene bescheidene Reichtum von »Fremden« herausgeschleppt wird. Denn mit der Völkerfreundschaft und dem vielbesungenen sozialistischen Internationalismus ist es nicht allzuweit her. Im Grunde verständlich in Zeiten wie diesen.

Die »leeren Regale« wurden bei uns im Westen gleich zu Anfang, als wir uns für das Fortkommen der Perestroika-Politik zu interessieren begannen, zum Inbegriff der Versorgungsmisere. Dabei haben wir zunächst etwas übersehen. In der Sowjetunion ist es üblich, daß nahezu jeder Betrieb – sei es eine Fabrik oder eine Verwaltung – seinen Angestellten die

Möglichkeit gibt, dort Lebensmittel oder andere Konsumgüter einzukaufen. In der Regel kann man einmal die Woche eine Liste einreichen, oder man bekommt Standardpakete. Von daher hatten die von uns so fasziniert betrachteten leeren Regale zunächst eine ganz andere Bedeutung. Wer die attraktive Präsentation von Waren gewohnt ist und diese Art der betriebsinternen Versorgung nicht kennt, für den sind leergefegte Geschäfte natürlich eine Katastrophe. Sicher macht es auch für Sowjetbürger einen Unterschied, ob sie Waren quasi zugeteilt bekommen oder ob sie sich aussuchen können, was sie kaufen wollen. Aber die leeren Regale waren zunächst nicht unbedingt ein Gradmesser dafür, wie schlecht es den Menschen hier geht. Erst allmählich, als die Betriebe diese Art der Versorgung drastisch reduzierten und zum Teil ganz einstellen mußten, wurden die leeren Regale auch für Sowjetbürger das, was sie für uns Westler von Anfang an waren: ein Alptraum.

Die Regierung legte immer wieder neue Mammutprogramme auf, die die Versorgung sicherstellen sollten. In einer ungeahnten Brutalität kritisierten sowjetische Politiker – Kommunisten und Nichtkommunisten gleichermaßen – diese schandbare Situation, daß ein Land wie die Sowjetunion zwar in der Raumfahrt den Vereinigten Staaten von Amerika erfolgreich die Stirn bieten kann, aber nicht in der Lage ist, seine eigene Bevölkerung ausreichend mit Nahrungsmitteln zu versorgen.

Um die Menschen aus ihrer Lethargie aufzurütteln und zu motivieren, griff man zu ungewöhnlichen Maßnahmen. Das sowjetische Fernsehen zeigte in der abendlichen Hauptnachrichtensendung Wremja Reporterberichte aus Japan, den USA und der Bundesrepublik über die Ausstattung durchschnittlicher Supermärkte. Da fuhr die Kamera groß auf saftiges mageres Fleisch, schwenkte genüßlich die bunten Gemüsetheken ab (wohlgemerkt im Winter), und die sowjetischen Auslandskorrespondenten wiesen ihre heimischen Zuschauer zu allem Überfluß noch darauf hin, daß die meisten Waren mit einem Verfalldatum gekennzeichnet seien. Der Nachrichtensprecher leitete dann zum nächsten Bericht etwa mit den Worten über: Wir müssen anfangen, richtig zu arbeiten, uns einzusetzen, dann werden wir mit der Kraft, die in unserem Volk steckt, das auch in kürzester Zeit schaffen.

In den letzten zwei Jahren habe ich diese Art der Kommentierung nicht mehr erlebt. Die Begeisterung, mit der die meisten Menschen in der Anfangsphase der Perestroika bereit waren, am Umbau mitzuwirken, ist nahezu verschwunden. Diese Begeisterung nahm genau in dem Maße ab, wie die Gewißheit zunahm, daß *eine* Generation den geplanten Umbau der sowjetischen Gesellschaft nicht werde schaffen können.

Da durch Glasnost, Offenheit, die Menschen in der Sowjetunion umfassend darüber informiert sind, was um sie herum in der Welt vorgeht und wie es sich in anderen Gesellschaften lebt, werden vor allem junge Leute zunehmend ungeduldiger. Es hat sich eine bestimmte Erwartungshaltung durchgesetzt, etwa nach der Formel: Ich will alles, und das sofort. Wie gut es einem gehen kann, sehen wir ja täglich im Fernsehen, und die Reichen im Westen sollen mal was rüberschieben. Marktwirtschaft soll's bringen, wobei die wolkigsten Vorstellungen davon herrschen, was das im einzelnen ist. Privatisiert soll werden, aber die Preise dürfen nicht steigen, der Staat soll sich raushalten, aber die Subventionen soll er weiterzahlen . . .

Und von den Politikern an der Spitze erwartet man ohne Hemmungen das Wunder, daß sich der ganze Schrott der letzten Jahrzehnte mühelos innerhalb von Monaten beiseite räumen und durch Edelmetall ersetzen läßt.

»Wir hoffen immer«
Einkaufsbummel auf russisch

Auch Auslandskorrespondenten haben ihre (Vor-)Urteile im Gepäck, wenn sie ihre Arbeit im entsprechenden Gastland aufnehmen. Wieso auch nicht. Wichtig ist die Fähigkeit, sie als solche zu erkennen, und die Bereitschaft, sie dann auch zu revidieren.

Eines meiner Vorurteile bestand darin anzunehmen, daß es in der Sowjetunion nun wirklich gar nichts zu kaufen gibt, schon gar keine Luxusartikel. Als ich bei meinen ersten Erkundungsgängen durch Moskauer Seitenstraßen Juweliere und Pelzgeschäfte entdeckte, war ich entschlossen, diese Entdeckung nicht für mich zu behalten, sondern so etwas wie einen Einkaufsbummel durch Moskau zu machen und das – wie es mein Job ist – in Form einer Reportage kundzutun.

Mein Einkaufsbummel durch Moskau begann 1987 in der Nähe des Bolschoi-Theaters. Dort liegt ein traditionsreiches Handelsviertel, in das sich damals nur selten Touristen verirrten, obwohl man beim Bukinisten dort, beim Antiquitätenhändler, auch Bücher in deutscher Sprache hätte finden können.

Die Leinenwebergasse, Stoleschnikow pereulok, ist die Hauptgeschäftsstraße in diesem Viertel. Und für Moskauer Verhältnisse relativ ungewohnt, reiht sich hier ein Geschäft ans andere. Im Tabakladen konnte man damals noch unrationiert russische Zigaretten und die legendären Papirossy kaufen. Heute geht das nur noch auf Bezugsschein. Gegenüber ein Geschäft für Damenoberbekleidung mit einem kleinen, aber liebevoll dekorierten Schaufenster – sehr ungewöhnlich damals, denn Schaufenster haben in der Sowjetunion keine Tradition. Hier läßt sich wahrlich nicht der letzte internationale Chic erstehen, aber solide Ware in, sagen wir, zeitloser Eleganz hängt an den Ständern, und an den Wänden sind passende Accessoires drapiert.

In derselben Straße fällt ein Geschäft besonders auf. Es ist ein Juwelier, der seine beiden großen Schaufenster, die den Eingang umrahmen, mit unverkäuflichen Antiquitäten geschmückt hat. Dieses Geschäft existiert seit Anfang des Jahrhunderts, und hier kann man außer Schmuck kostbares Porzellan und hin und wieder auch Antiquitäten kaufen. Von den 22 Juweliergeschäften in ganz Moskau gehört dieses sicher zu den schönsten. Die Kronleuchter im holzgetäfelten Ladenlokal, so erzählt die Geschäftsführerin stolz, habe sich sogar schon einmal die staatliche Filmgesellschaft ausgeliehen, um Tolstois »Krieg und Frieden« angemessen in Szene zu setzen.

Bei uns im Westen ist es doch meist so, daß sich bei Juwelieren Paare umsehen oder einzelne Männer. Das ist hier anders. Hier kaufen Frauen ihren Schmuck alleine, und es sind nicht wenige. Das reichhaltige Angebot in den Vitrinen bietet Brillantringe von 200 bis fast 12 000 Rubel. Und noch etwas fällt auf: Was man bei uns, je höher der Preis, eher schamhaft versteckt, wird hier in Übergröße präsentiert: das Preisschild.

Verkaufsschlager sind Ringe mit synthetischen Rubinen, die um die 200 Rubel kosten. Jeden Tag werden bei diesem Juwelier etwa 80 000 Rubel umgesetzt, samstags sogar 110 000 Rubel. Besonders stolz war man damals auf die stabilen Preise, die im internationalen Vergleich sehr niedrig lagen. Die letzte Preiserhöhung war sechs Jahre her. 1990 dann wurden ganz kurzfristig die Preise für Schmuck und Goldwaren um 100 Prozent und mehr erhöht.

Übrigens, wer sich wie in anderen Ländern, in denen man günstig Gold einkaufen kann, in der Sowjetunion mit Pretiosen eindecken will, erhält den ersten Dämpfer gleich beim Juwelier. Mehrere Schilder im Laden weisen darauf hin, daß nur Personen mit Wohnsitz in der Sowjetunion berechtigt sind, diese Waren zu kaufen, und daß es verboten ist, sie außer Landes zu bringen. Diese strengen Regeln führen auch zu den herzzerreißenden Szenen, wenn Aussiedlern am Flughafen von den Zollbeamten zum Teil sogar die Eheringe abgenommen werden.

Ein paar Schritte vom Juwelier entfernt, diesmal ganz ohne Schaufenster, ein sogenannter Kommissionnyj – bei uns würde man das An- und Verkauf nennen. Hinter schmucklosen Milchglasscheiben hängen, nach Preisklassen sortiert, gebrauchte Pelzmäntel und -jacken. In einer staatlichen Preisliste ist minuziös für jede nur denkbare Pelzvariante ein Höchstpreis festgesetzt. Mehr kann der private Verkäufer nicht beanspruchen. Wird das Stück innerhalb bestimmter Fristen nicht verkauft, wird es automatisch immer billiger. Auf alle Fälle bleiben 7 Prozent des Kaufpreises als Kommission im Geschäft.

Die Preise sind enorm. Fast 10 000 Rubel für den teuersten Nerz. (Noch mal zur Erinnerung: Der damalige Durchschnittslohn lag bei etwa 180 Rubel monatlich.) Fuchsmäntel sind zwischen 3500 und 8000 Rubel zu haben. Dieser Pelz-Kommissionnyj macht einen Umsatz von etwa 2 Millionen Rubel pro Monat. Ebenso wie beim Juwelier kaufen Frauen hier ohne Begleitung ein, und sie zahlen – auch große Summen – in bar.

Zu erklären ist das folgendermaßen. Einmal kommt einiges zusammen, wenn der Arbeitsplatz irgendwo im Fernen Osten oder im hohen Norden liegt. Denn durch entsprechende Erschwerniszulagen, beispielsweise für Sibirien, kann man drei- bis viermal soviel verdienen wie üblich und an Ort und Stelle kaum etwas ausgeben. Zum Einkaufen fährt man dann nach Moskau. Und zum anderen ist in weiten Teilen der sowjetischen Bevölkerung Geld vorhanden, weil der Staat die Kosten der Grundbedürfnisse stark heruntersubventioniert (Mieten, Grundnahrungsmittel, Gesundheitswesen etc.) und es darüber hinaus nicht allzuviel zu kaufen gibt. Es wäre ein

Trugschluß, zu glauben, es ginge in der Sowjetunion, die die Gleichheit auf ihre Fahnen geschrieben hat, allen Menschen gleich schlecht oder gleich gut. Die sozialen Unterschiede sind genauso groß wie in den USA oder in Deutschland. Es gibt Menschen, die unterhalb des Existenzminimums vegetieren, und es gibt – immer mehr – Rubelmillionäre. Die Rentnerin, die sich die teuren Preise auf dem Kolchosmarkt nicht leisten kann, gehört ebenso zur sowjetischen Realität wie die junge Frau, die mal eben 7000 Rubel für einen Pelz hinblättert.

Die meisten Touristen kennen das Kaufhaus GUM am Roten Platz, dessen Architektur das schönste an ihm ist. Die Auslagen kann man dagegen eher vergessen. Im GUM findet man auch kaum einen Moskauer, sondern in allererster Linie besagte Touristen, allerdings nicht nur ausländische, sondern vor allem sowjetische. Das GUM gehört zu einem Moskaubesuch wie der Rote Platz, der Kreml und – wenn man Zeit genug dazu hat – der Besuch im Lenin-Mausoleum.

In anderen Vierteln der Stadt fand man 1987/88 Kaufhäuser, deren Angebot bedeutend besser war als das im GUM. Und man spürte etwas von der Aufbruchsstimmung, von der Lust, etwas Neues auszuprobieren. Zum Beispiel im Kaufhaus »Moda«, das sich speziell an die junge Kundschaft wandte. Die angebotene Damen- und Herrenkleidung stammte zwar auch hier überwiegend aus sowjetischer Produktion, nur vereinzelt aus Ungarn und nur sehr vereinzelt aus Finnland, aber man versuchte hier folgende Variante. Man ließ Artikel nur in kleinen Mengen produzieren, um den Käufergeschmack zu testen – der war ja bislang völlig unerheblich –, um dann entsprechende Großserien in Auftrag zu geben oder eben das Produkt ganz zu streichen. Musikberieselung beim Einkauf war plötzlich auch gefragt – bis vor kurzem noch als dekadenter Bestandteil westlichen Konsumterrors verpönt. Und als besonderen Service hatte sich die Geschäftsleitung ausgedacht, zweimal am Tag kleine Modenschauen vorzuführen.

In den meisten Abteilungen der Kaufhäuser wird nach folgendem Prinzip verfahren. Man läßt in abgesperrte Verkaufsräume immer nur wenige Kunden ein, das Gedränge und Warten spielt sich im Vorfeld ab. Wer es erst mal bis in diese Verkaufszonen geschafft hat, der kann sich in Ruhe umsehen und wird sofort bedient. Mit diesem Verfahren will man einmal dem Ladendiebstahl vorbeugen und zum anderen des enormen Andrangs Herr werden. Moskau, eigentlich auf 7 Millionen angelegt, ist schließlich eine 9-Millionen-Stadt.

Das für uns merkwürdige und etwas umständliche Einkaufsverfahren vor allem in den Lebensmittelgeschäften, wo man dreimal anstehen muß, wird in den mehr und mehr verbreiteten Supermärkten umgangen. Das Selbstbedienungsprinzip scheint sich auch hier durchzusetzen. Butter wurde damals allerdings auch in den Supermärkten meist von Hand abgepackt und abgewogen. Bei solchen Tätigkeiten halfen Schüler vier Stunden in der Woche. »Gesellschaftlich nützliche Arbeit« nannte man das. Es sollte der Berufsvorbereitung dienen, und es wurde auch bezahlt.

Grundnahrungsmittel waren 1987/88 bis auf wenige Ausnahmen eigentlich immer zu bekommen. Nur was darüber hinausging, darauf konnte man sich nicht verlassen. Grillhähnchen zum Mitnehmen, fertige Salate, Obst – das waren Dinge, von denen konnte man sich nur überraschen lassen, sie aber nicht fest in den Speiseplan einbeziehen.

Damals, 1987, begann die Phase schärfster Kritik an den Versorgungsdefiziten. Die sowjetische Presse war voll davon. Auf der ersten Seite der regierungsamtlichen Zeitung *Iswestija* ließ sich ein Kommentator hemmungslos über die schlechte Qualität sowjetischer Kleidung aus. Und die Parteizeitung *Prawda* ging dazu über, immer öfter auf ihrer ersten Seite statt des gewohnten Leitartikels Briefe erboster Leser abzudrucken. Eine zusätzliche staatliche Qualitätskontrolle, wie sie im industriellen Bereich längst existierte, wurde dann ab 1988 auch für Lebensmittel eingesetzt.

Was die ersten beiden Jahre angeht, so kann man sagen, daß die Versorgung zwar in keiner Weise einem Vergleich mit westlichen Gesellschaften standhielt, man sich aber, wenn man bereit war, ein paar Abstriche zu machen, ohne zusätzliche Hilfsmittel wie Berioska oder Lieferungen »aus der Heimat« über Wasser halten konnte. In den letzten beiden Jahren hat sich das doch ganz erheblich geändert.

Um diesen Wandel deutlich zu machen, sollen hier zwei Stichproben genügen. Die erste vom März 1989. Um einen Eindruck davon zu bekommen, wie es um die Versorgung in der Provinz steht, haben wir uns entschlossen, nach Kimry zu fahren, einer Kleinstadt an der Wolga, etwa 160 Kilometer nördlich von Moskau. Etwa 60 000 Menschen leben in dieser 450 Jahre alten Stadt, in der die gut erhaltene, schöne Kirche auch »arbeitet«, wie man das hier nennt, wenn die Kirchen nicht als Lagerhalle oder ähnliches zweckentfremdet wurden, sondern man in ihnen tatsächlich Gottesdienste abhält.

Die Holzstapel überall in den Straßen zeigen, wie hier auch heute noch geheizt wird, auch in den Häusern an der Straße, wo zu Zarens Zeiten mal die Reichen wohnten. Vom Prunk vergangener Jahre ist in diesem typisch russischen Provinzstädtchen nichts mehr übriggeblieben.

Wenn man die Menschen auf der Straße fragt, wie sie denn hier versorgt werden, geben sie bereitwillig Auskunft. Fleisch haben sie in Kimry schon lange nicht mehr gesehen. Ein Blick in eine sogenannte Metzgerei bestätigt das. Dort sieht es eher aus wie in einem Blumenladen, weil in den Regalen überall Topfpflanzen stehen, wo normalerweise Fleisch und Wurst liegen müßten. In der Theke verlieren sich ein paar Milchprodukte, und an der Wand hängen ein paar aufgehackte Schweinsköpfe. Laut Statistik bekommen die Einwohner von Kimry pro Kopf 17 Kilogramm Fleisch im Jahr zugeteilt, das macht auf den Tag umgerechnet nicht mal 50 Gramm aus.

Viele haben einen kleinen Garten, aus dem sie sich mit Gemüse und Obst, meist Beeren, versorgen. Und fast alle fügen ihren Antworten, aus dem der eine oder andere Mangel ersichtlich wird, hinzu: »Aber Moskau ist ja nicht weit« oder »Moskau rettet uns«. Es stellt sich heraus, daß jeder, der es irgendwie einrichten kann, einmal die Woche mit dem Zug nach Moskau fährt, um dort einzukaufen: Lebensmittel, aber auch Kleidung, denn in Kimry könne man nicht mal einen Mantel kaufen, sagt man uns. Übrigens machen sich auch die Mitglieder des Stadtsowjets, die hier in Kimry keine Sonderzuteilung erfahren, regelmäßig auf den Weg nach Moskau.

Ein Blick in die Lebensmittelgeschäfte zeigt, was man in Kimry problemlos kaufen kann: Kartoffeln, Milch, Eier, Kefir und Smetana, eine Art saurer Sahne, dann Getreideprodukte wie Mehl und Buchweizen, schließlich stehen fast überall in den Regalen 3-Liter-Gläser mit Saft, für den sich aber kaum jemand interessiert, weil, einmal geöffnet, der Saft schnell verdirbt. Brot ist überall zu haben, und offenbar ist Kimry bei der Zuteilung von Plastikschüsseln gut weggekommen, denn die sind auch in jedem Laden zu finden. – Alles in allem ein eher dürftiges Angebot.

Das nächste große Problem – da macht Kimry auch keine Ausnahme – sind Wohnungen. Es gibt zu wenige, und die, die es gibt, sind miserabel ausgestattet. Nicht mal fließendes Wasser ist die Norm. Die Perestroika ist nun vier Jahre alt, Ende März 1989 wird der neue Oberste Sowjet frei gewählt, wie steht es da mit der Motivation und der Zuversicht? Die Menschen haben hier schon so oft Versprechungen gehört, und gebessert hat sich nichts. Das macht verbittert, wie hier überall zu spüren ist – und gleichgültig. Auch bei so simplen Dingen, wie man einen Lkw mit Eiern belädt. Wenn beim unsanften Stapeln eine Menge Eier zerbrechen, na wennschon, darauf kommt's nun auch nicht mehr an – so könnte man den Gesichtsausdruck der damit Beschäftigten deuten.

Perestroika – dieses Wort hatte im Westen lange Zeit Konjunktur, und jeder meinte dort, daß alleine die Erwähnung dieser Zauberformel bei Sowjetmenschen glänzende Augen hervorrufen müßte. Als ich Wartende an einer Bushaltestelle in Kimry in ein Gespräch verwickle und von ihnen wissen möchte, was ihnen Perestroika bedeutet, ist die erste Reaktion eine Art hilfloses Schulterzucken. Es sei leider praktisch nicht viel davon zu spüren, darin sind sich die meisten einig. Aber es gebe eben auch zu viele Probleme, die man nicht alle auf einmal lösen könne, fügen sie 1989 noch erstaunlich geduldig und verständnisvoll hinzu. 1991 hat das Verständnis dafür bereits erheblich abgenommen.

Auch mit den freien Wahlen können die meisten Menschen hier nicht allzuviel anfangen. Freie Wahlen, das sei sicher was Gutes, das wäre dann ja wohl Demokratie, aber – so bringt einer die Meinung aller an der Haltestelle Wartenden auf den Punkt –: »Unser Volk ist es doch gewohnt, sich unterzuordnen und daß man ihm Anweisungen gibt. Bei uns ist das Volk noch nicht aufgewacht, und ohne Volk, nur mit Erlassen von oben, da kann man doch gar nichts schaffen.«

Das ist vielleicht einer der entscheidendsten Gründe dafür, warum es mit dem gesellschaftlichen Umgestaltungsprozeß in der Sowjetunion viel langsamer vorangeht als in den anderen Ländern des Ostblocks, obwohl er doch hier seinen Anfang genommen hat. Darin liegt auch ein Stück Tragik. Aber in der Sowjetunion kam der Anstoß von oben, von der politischen Führungsmannschaft um diesen Michail Sergejewitsch Gorbatschow, und nicht von unten, vom Volk, wie in den meisten Ostblockstaaten. Und ein Blick in die Geschichte zeigt, daß es für jene Völker eben leichter war aufzuwachen, weil sie nicht so lange und nicht so tief schlafen mußten wie die Russen.

Zurück nach Kimry. Dort hat die Schuhherstellung Tradition. Vor hundert Jahren saßen hier schon Tausende von Schuhmachern, die für die gesamte russische Armee die hohen Stiefel nähten. In der örtlichen Schuhfabrik sind heute 3600 Menschen beschäftigt, 80 Prozent davon meist ältere Frauen, oft Rentnerinnen, die mit ihrer Pension nicht auskommen. Und vietnamesische Gastarbeiterinnen. Heute werden in Kimry Arbeitsschuhe produziert. Der Verdienst ist nicht hoch. Im Schnitt bekommen die Arbeiter bzw. in der Hauptsache ja Arbeiterinnen 200 Rubel (das entspricht zu der Zeit genau dem statistischen Durchschnittslohn), aber wer jünger als 30 Jahre ist, muß sich mit 100 Rubel zufriedengeben. Das reicht nicht hin und nicht her.

Fast 7 Millionen Paar Schuhe werden jährlich produziert; seit Anfang 1989 nach der sogenannten wirtschaftlichen Rechnungsführung. Das bedeutet, der Betrieb soll eigenverantwortlich wirtschaften, also vom Gewinn was haben und Verluste spüren, ohne daß der Staat immer gleich mit Subventionen zur Stelle ist. Dieses Prinzip findet allerdings nur in quasi homöopathischen Dosen Anwendung. Denn 80 Prozent der Produktion laufen immer noch auf Staatsauftrag, nur für den Rest darf die Fabrik ihre Auftraggeber selbst suchen; und frei verfügen kann sie nur über die Einnahmen aus derjenigen Produktion, die das 100prozentige Soll überschreitet. Diese Aufteilung führt die gute neue Idee fast ad absurdum.

Kimry, eine typische russische Provinzstadt, der die Jugend wegläuft und deren Einwohner die Hoffnung auf eine bessere Zukunft noch nicht aufgegeben hatten, im März 1989. Ein alter Mann sagt uns zum Abschied, was Perestroika für ihn bedeutet: »... daß unsere kommunistischen Parolen endlich Wirklichkeit werden.«

Die Jahreszeiten, die wir in Deutschland beim Einkaufen kaum spüren, spielen in Rußland eine ganz andere Rolle. Vielleicht war ja der Winter schuld daran, daß es in Kimry mit der Lebensmittelversorgung gar so traurig aussah. Also machten wir mitten im Sommer desselben Jahres (1989) einen zweiten Versuch in der Provinz. Diesmal fuhren wir etwa 60 Kilometer Richtung Nordwesten aus Moskau heraus nach Solnitschnogorsk, was soviel wie Sonnenstädtchen heißt.

Solnitschnogorsk hat rund 35 000 Einwohner, die in der Mehrzahl in einer Glas- und einer Metallfabrik arbeiten. Mitten in der Stadt steht ein Lenindenkmal – und es steht immer noch da, obwohl der Partei seit 1988/89 scharenweise die Mitglieder weglaufen, ein Trend, der immer noch anhält,* und sich der Parteigründer längst nicht mehr ungeteilter Zustim-

* Am 1. Januar 1988 gab es 18 827 000 Mitglieder der Kommunistischen Partei, am 1. Januar 1991 waren es 16 417 000. Nach wie vor muß das ZK die Veröffentlichung dieser Zahlen genehmigen.

mung erfreut. Einige Städte und Gemeinden haben dem bereits Rechnung getragen, indem sie die entsprechenden Denkmäler – auf mehr oder weniger zivilisierte Weise – entfernt und nach ihm benannte Straßen und Plätze umgetauft haben.

Auch hier in Solnitschnogorsk ein Blick in ein beliebiges Lebensmittelgeschäft: ein paar Konserven, Speck und Margarine. Mehr nicht. Auf dem Weg zum Marktplatz fällt ein kleines Schaufenster auf, in dem Winterstiefel ausgestellt sind: ein Paar Damen- und ein Paar Herrenstiefel, chic und augenscheinlich von guter Qualität. Jugoslawischer Import, stellt sich beim zweiten Blick heraus, eine Rarität. Und bei noch genauerem Hinsehen ist ein Schild zu entdecken, dem man entnehmen kann: Wer diese Stiefel kaufen will, muß sich einen Bezugsschein besorgen, und den bekommt man nur, wenn man je nach Modell zwischen 50 und 100 Kilo Fleisch abliefert.

Um die Ecke wird Seife angeboten, das Stück nur 23 Kopeken; pro Person darf man allerdings nicht mehr als zwei Stück kaufen. Der Andrang ist enorm, denn Seife und Waschmittel sind seit Monaten »Defizit«, nicht nur in Moskau und Umgebung, sondern im ganzen Land. Eine alte Frau, die mit krummem Rücken in der langen Schlange steht, meint lachend zu mir: »Ich muß mir endlich mal die Fußsohlen waschen, die sind vom Dreck schon ganz verkrustet, und bevor ich ins Grab steige, stelle ich mich hier noch mal an, um mir die Füße zu waschen.« Ich weiß nicht, ob ich mitlachen soll, frage aus Verlegenheit, völlig überflüssig natürlich, wie es denn in Solnitschnogorsk mit der Versorgung steht, und lasse mich von einer jüngeren Frau in der Schlange anfahren: »Wo kommst du denn her? Als ob du nicht weißt, daß es keine Seife gibt! – Ach, Ausländerin bist du, da willst du sicher wieder wissen, was wir von der Perestroika halten, nicht? Schlangen für Wodka, Schlangen für Seife, sogar für die Fußlappen der Soldaten Schlangen. Unter Chruschtschow hätten wir mit Perestroika anfangen sollen!«

Es ist mir peinlich, ich komme mir vor wie ein Voyeur und gehe weiter. Da Solnitschnogorsk einen Bahnhof hat, muß es eine Verkaufsstelle des Eisenbahnministeriums am Ort geben. Da solche Läden verwaltungstechnisch gesehen zu Moskau gehören, sollten sie auch wie die Hauptstadt beliefert werden – also zu dem Zeitpunkt noch besser. Ich will diesen Laden suchen, in dem es vielleicht ja doch weniger trostlos aussieht, wie ich hoffe.

Der Verkäuferin sind die leeren Regale, die ich auch hier vorfinde, unangenehm, und sie schiebt alles auf die gestrige Schicht, die nicht vernünftig eingeräumt habe. Der Laden könnte durchaus einen besseren Eindruck machen und mehr Waren präsentieren, meint die Verkäuferin. Wie gut sie tatsächlich ausgestattet seien, sähe man schon daran, daß man in der ganzen Stadt nur hier Speiseöl kaufen könne, das sei zwar schon recht alt, aber immerhin.

Auf dem Bahnhofsvorplatz ist Markt. Immer wieder bekommt man zu hören, daß die Menschen es leid sind, zum Einkaufen nach Moskau zu fahren, zumal das Angebot dort auch nicht mehr so gut sei wie früher. Es begreift niemand so richtig, wo die Waren eigentlich bleiben. Die Begriffe Schwarzmarkt und Sabotage fallen. Anders sei das doch gar nicht möglich, denn es werde doch schließlich was produziert, so die Leute.

Um diese Zeit, 1989, wollten die deutschen Zuschauer – oder vielleicht besser die deutschen Redaktionen – von den Moskau-Korrespondenten immer aufs neue wissen, ob die Menschen noch Hoffnung auf ein Gelingen der Perestroika haben und, vor allem, wie lange ihre Geduld denn noch reichen werde. Seinerzeit machten ständig neue Prognosen die Runde, wie lange Gorbatschow wohl noch durchhalten werde. Boris Jelzin, damals noch sozusagen freischwebend, das heißt ohne Amt, in der Opposition, hatte gerade verkündet, er gebe Gorbatschow noch ein Jahr. Wenn er es nicht schaffe, innerhalb dieser Zeit die Regale zu füllen, dann sehe es düster aus für seine politische Zukunft.

»Wir hoffen; wir hoffen immer«, sagt eine Frau von etwa 50. »Das russische Volk ist nicht verwöhnt, wissen Sie, aber die Hoffnung hat es nicht verloren. Unsere Hoffnungen sind mit Gorbatschow verbunden, irgendwie glauben wir an ihn.« (Das war im Sommer 1989. Zwei Jahre später hätte wohl auch diese Frau eher Boris Jelzin als Hoffnungsträger genannt.)

»Das Gerede mit dem einen Jahr«, schaltet sich ein Mann ein, »was soll denn das? Wer soll denn die Regierung kippen? Das Volk? Ausgerechnet unser Volk? Außerdem, das Problem ist doch, daß Gorbatschow keine Ahnung hat, was die örtlichen Behörden machen. Die Bonzen in der Provinz stören und machen nicht mit. Das Volk wird so lange warten, wie es nötig sein wird; was sonst? Das Volk ist geduldig.« Und nach einer Pause fährt der Mann fort: »In gewisser Weise ist es leichter geworden. Früher hatten wir Angst, ich sag' das ganz offen. Jetzt ist es einfacher, Forderungen zu stellen. Das hat auch was mit Perestroika zu tun. Wenn man nur irgend jemanden für die schlechte Lage zur Rechenschaft ziehen könnte! Aber wen? Keiner trägt die Verantwortung, niemand ist verantwortlich.«

Ein älterer Mann kommt dazu, die Brust mit Orden und Ehrenzeichen geschmückt, ein Kriegsveteran. »Ich habe den Krieg überlebt«, sagt er, »ich war Frontkämpfer, habe vier Orden und 18 Auszeichnungen bekommen, und jetzt stehe ich Stunden für zwei Stück Seife an. Und warum stehe ich da? Einfach, weil ich nicht weiß, womit ich meine Hemden waschen soll; so weit sind wir gekommen. Ich habe den Krieg von Anfang an mitgemacht, seit 1938 war ich in der Armee, habe mich freiwillig zur Front gemeldet, bin zweimal verwundet worden, die kleinen Verletzungen nicht gerechnet, einmal hier am Bauch und einmal am Knie. Und wofür habe ich gekämpft – können Sie mir das sagen?« Er hat mitbekommen, daß ich aus Deutschland bin, aber bevor er sich zum Gehen wendet, greift er freundschaftlich meinen Arm, sieht mich lächelnd an und wünscht mir alles Gute.

Ein paar Schritte weiter schimpfen Frauen, die vor einem

Obststand auf dem Markt in der Schlange stehen, über die hohen Preise, regen sich über die Umweltverschmutzung auf und erzählen sich, was sie in der Zeitung über pestizidverseuchte Melonen gelesen haben. Plötzlich versucht eine der Frauen die anderen zurückzuhalten, mit dem Hinweis, daß ich doch schließlich Ausländerin sei. Aber das macht keinen Eindruck. Eine Frau spricht mich sogar ganz gezielt an und sagt: »Wissen Sie, warum das jetzt mit der Versorgung so schlecht ist bei uns? Unwahrscheinlich viel Sabotage ist da im Spiel, das geht alles gegen die Perestroika. Irgend jemand, der da am Ruder sitzt, sabotiert, will ich Ihnen mal sagen. Die da oben, die trinken und essen, lassen sich's wohl sein, und uns geben sie nichts.« Ob sie den Kreml meint, will ich wissen. »Nein, die doch nicht, die haben nichts damit zu tun«, wehrt sie heftig ab, »die hiesigen Bonzen meine ich, die hiesigen.«

Diese Einstellung habe ich zu der Zeit an vielen Orten in der Sowjetunion gefunden: Mit der Führung ganz oben war man im großen und ganzen zufrieden, der Mittelbau, der sollte weg. Das war auch die Stoßrichtung bei den großen Bergarbeiterstreiks im Sommer 1989 in der Sowjetunion – auch wenn das bei uns im Westen zunächst einmal als Kampfansage gegen Gorbatschow (miß)verstanden wurde.

In diese Unterhaltung mischt sich plötzlich sehr engagiert eine alte Frau ein, eine, die genau in das Klischee der typisch russischen Alten paßt: weite lange Röcke, Kopftuch und Krückstock. Sie fuchtelt mit dem Stock herum und schleudert mir grimmig entgegen: »Uns geht es gut! Wir leben prima! Alles bestens, verstehen Sie?! Sie haben hier gar nichts zu suchen. Sie da drüben müssen von uns, von der Sowjetunion, lernen, wie man gut und richtig lebt. So ist das nämlich!«

Was soll ich dazu sagen? Ich will den Stolz dieser alten Frau nicht verletzen, die ihr ganzes Leben nach anderen Regeln gelebt hat. Woher soll sie die Kraft nehmen, ihren Lebensabend unter noch ärmlicheren Umständen zuzubringen, und das mit der Erkenntnis, daß der bisherige Weg in die Irre geführt hat?

Ein junger Mann, der die Szene beobachtet hat, kommt dazu und sagt ganz ruhig und ernst: »Wir sollten die Emotionen da rauslassen, und wenn Sie nach unserer Geduld fragen, dann zielen Sie doch förmlich auf Emotionen ab. Was soll das bringen? Es ist doch alles viel komplizierter. Haben Sie Ihre Wirtschaft nach dem Zweiten Weltkrieg auf den Ruinen aus eigenen Kräften aufgebaut, oder hat Ihnen Amerika geholfen? Habt ihr nicht kräftige Geldspritzen bekommen, damit euer Wunder zustande kommt? Wir leben ohne diese Hilfsgelder und schieben sogar unser Geld auch noch woandershin. Perestroika ist eine ernste Angelegenheit, und mit Emotionen kommt man da nicht weiter. Genau das aber sollten Sie den Menschen in der Bundesrepublik sagen!«

Er hat ja recht, dieser junge Mann; was soll die Frage danach, wie lange die Menschen sich diese Lebensumstände noch gefallen lassen werden? Was wollen wir denn hören? Etwa die Ankündigung, daß der große Aufstand bald losbricht? Und möglichst noch den genauen Zeitpunkt? Warum berichten wir nicht über Experimente, mit denen man versucht, aus der Misere herauszukommen, statt die Kamera immerzu auf die »leeren Regale« zu halten und ständig auf der Suche nach dem Elend in den Gesichtern der Menschen zu sein? Was wollen wir denn? Verstehen, worum es in der Sowjetunion wirklich geht, welch gigantische Umwandlung da eingeleitet wurde – oder den Nervenkitzel, wie lange das noch gutgehen kann, und das schaurig-schöne Gefühl »mein Gott, wie fürchterlich«?

Ich bin mir bis heute nicht sicher, ob es wirklich die Zuschauer sind, die so bedient werden wollen, oder ob es eine Schutzbehauptung von Journalisten ist, die sich von ihren eigenen, selbstgemachten Regeln nicht trennen können.

Ein Markt von 300 Millionen
Das Schicksal der Sowjetunion entscheidet sich in der Ökonomie

Kurz gesagt: Ohne Hilfe aus dem Ausland wird die Sowjetunion ihren Umgestaltungsprozeß nicht schaffen. Damit ist keine finanzielle Unterstützung nach dem Gießkannenprinzip gemeint, die ohnehin auf beiden Seiten nur frustrierte Partner hinterläßt. Die Sowjetunion braucht gezielte ausländische Investitionen und ist auf die Bereitschaft und die Fähigkeit ihrer ausländischen Partner angewiesen, nicht mit kurzfristigen Gewinnen rechnen zu müssen.

Die Aussicht auf einen Markt von fast 300 Millionen Menschen, die nahezu mit allem zu versorgen sind und deren Nachholbedarf alle Vorstellungen übersteigt, diese Aussicht ist langfristig gesehen nicht zu verachten. Die Frage ist, wie steht es mit dem Risiko. Die anfängliche Euphorie, sich in der Sowjetunion wirtschaftlich zu engagieren, wich nach den ersten Jahren der Perestroika einer gewissen Ernüchterung. In der Sowjetunion gelten eben in jeder Beziehung doch andere Gesetze, und man muß viel Geduld und Ausdauer mitbringen. Kurzfristig ist da gar nichts zu machen. Ende 1990 förderte schließlich eine Umfrage unter westlichen Geschäftsleuten in Moskau ein niederschmetterndes Ergebnis zutage: Alle Aktivitäten, die nicht schon fest vereinbart waren, wollte man sicherheitshalber zunächst einmal stoppen. Die Geschäftsleute hegten schlicht die Befürchtung, ihre investierten Mittel im allgemeinen wirtschaftlichen Chaos zu verlieren. Verschiedene Dinge spielten da eine Rolle.

Die Sowjetunion galt ja noch bis in das Jahr 1989 hinein als äußerst zuverlässiger Schuldner. Rechnungen wurden immer pünktlich bezahlt. Als dann verstärkt Zahlungsschwierigkeiten auftraten, die einige kleinere westliche Unternehmen an den Rand des Ruins brachten, war der gute Ruf schnell ruiniert.

In einer solchen Situation spielt es dann auch fast schon keine Rolle mehr, ob wirklich kein Geld zur Verfügung steht oder ob es nur durch organisatorische Probleme zu Verzögerungen bei der Zahlung kommt. Der Effekt ist derselbe: Die Sowjetunion kann nicht zahlen. Geschäftspartner ziehen sich zurück und frieren geplante Aktivitäten erst mal ein. Daß sich dadurch die angespannte Lage im Land weiter verschärft, muß man kaum noch betonen.

Was wir im Westen ja so sehr begrüßen, die Demokratisierung und Dezentralisierung des Kolosses Sowjetunion, macht das wirtschaftliche Engagement auch nicht gerade leichter – eher im Gegenteil. Früher waren Entscheidungsstrukturen klar, man hatte einen zentralen Gesprächspartner, und fertig. *Heute* muß man erst mal sehr zeit- und kostenintensiv die für das geplante Geschäft zuständigen Institutionen und Personen ausfindig machen und kann sich nicht mal darauf verlassen, daß diese *morgen* noch zuständig sind.

Nachdem das Außenhandelsmonopol aufgebrochen wurde, sind mittlerweile etwa 15 000 Organisationen berechtigt, selbständig mit dem Ausland Geschäfte abzuwickeln. Erst nach und nach stellt sich heraus, daß viele von ihnen absolut überfordert sind, weil sie sich im internationalen Geschäftsleben nicht auskennen, weil sie Zusagen machen, die sie nicht halten können, oder weil sie zu spät feststellen, daß sie doch weniger Devisen zur Verfügung haben, als sie für ein Geschäft eingeplant hatten.

Solche Dinge haben in erster Linie zu den Zahlungsschwierigkeiten geführt, die noch heute der Geschäftsentwicklung insgesamt sehr schaden. Natürlich ist die Sowjetunion nicht komplett zahlungsunfähig. Es geht hier um Fragen der Verteilung, der Organisation und des Know-hows. Denn bei allem Respekt vor gewissen Ausbildungszweigen in der Sowjetunion, auf dem Gebiet der Wirtschaft, des Managements, fehlt es an allen Ecken und Enden an qualifizierten Kräften.

Hinzu kommt, daß der wissenschaftliche Beraterstab, der sich mit den Konzepten für eine zu entwickelnde Marktwirtschaft so schwertut, in seiner Mehrheit Marktwirtschaft nur aus theoretischen Abhandlungen kennt und nicht aus eigener Anschauung.

Grundsätzliches Interesse an einer wirtschaftlichen Zusammenarbeit mit der »neuen« Sowjetunion zeigen viele Unternehmen. Aber sich mit den vielfältigen Alltagsproblemen auseinanderzusetzen erfordert Ausdauer – und Nerven. Und es motiviert ausländische Investoren natürlich nicht gerade, wenn sie sich tagtäglich mit Schwierigkeiten der folgenden Art herumschlagen müssen.

Ein Großkonzern, der nicht nur Ware liefert, sondern auch Know-how transportiert, sucht eine Bleibe. Das ist in der 9-Millionen-Stadt Moskau, die ohnehin aus allen Nähten platzt, nicht leicht. Nun stehen aber auch in Moskau Häuser leer, weil sie baufällig sind und das Geld zur Sanierung fehlt. Der Moskauer Stadtrat und Bürgermeister Popow, ein Verfechter der neuen Marktwirtschaft, geben grünes Licht, daß diese Firma eines der Häuser erwerben und zum Firmensitz umbauen kann.

Früher – gesetzt den Fall, solche Entscheidungen wären überhaupt möglich gewesen – verhielt es sich mit den Machtverhältnissen und den zentralen Strukturen so, daß diese grundsätzliche Entscheidung des Moskauer Stadtrates überall Tür und Tor geöffnet hätte. Heute geht es schon damit los, daß die Vertreter der zuständigen Moskauer Bezirksverwaltung kalt lächelnd erklären: Was kümmert uns der Stadtratsbeschluß? Wir sind nicht dafür. Und dann beginnt die Streiterei, wer das Haus denn überhaupt verkaufen darf, ob es im Besitz des Stadtparteikomitees oder des Rayonparteikomitees ist oder vielleicht gar der Gewerkschaft gehört. Und schon bewegt sich gar nichts mehr.

Und da sind wir wieder bei dem vielstrapazierten, aber treffenden Stichwort Dilemma. Wie es auch gemacht wird, es ist eigentlich immer verkehrt. An den zentralen Strukturen festhalten, das ist sicher nicht die Lösung. Aber Menschen und Organisationen mit Verantwortung und Vollmachten auszustatten, denen sie nicht gewachsen sind – was man ihnen nicht mal vorwerfen kann –, das hilft eben auch nicht.

Zu Beginn der Umgestaltung hat man von sowjetischer Seite sehr stark auf die Form des Joint-ventures gesetzt, also auf die Gründung von Gemeinschaftsunternehmen zwischen sowjetischen und ausländischen Partnern – im Grunde die komplizierteste Form der Zusammenarbeit. Die sowjetische Führung hat sich bei der entsprechenden Gesetzgebung auch recht flexibel gezeigt und sich den Wünschen aus dem westlichen Ausland immer weiter angepaßt. Während zu Beginn bei einem Joint-venture auf jeden Fall die sowjetische Seite die Mehrheit halten mußte, ist das jetzt nicht mehr zwingend. Nach einem Präsidentenerlaß haben westliche Unternehmen jetzt sogar die Möglichkeit, sich mit eigenen Filialen in der Sowjetunion niederzulassen und die sowjetische Seite überhaupt nicht mehr zu beteiligen.

Aber dennoch – die sowjetischen Erwartungen haben sich in dieser Hinsicht bisher nicht erfüllt. Insgesamt existieren in der Sowjetunion etwa 3000 solcher Gemeinschaftsunternehmen, viele mehr schlecht als recht.* Was können die schon bewirken, das ist nicht mal ein Tropfen auf den heißen Stein. Schon gar, wenn man sich eine Vergleichszahl vor Augen führt. In Polen spielen Joint-ventures auch keine herausragende Rolle, aber immerhin gibt es in diesem im Vergleich zur UdSSR geradezu winzigen Land 1000 solcher Betriebe. Da ist das Dreifache in der riesigen Sowjetunion im Grunde ein Witz.

Privatisierung wird auch hier immer mehr zum Zauberwort. Ein polnischer Abgeordneter bemerkte dazu treffend: »Priva-

---

* Von den 3000 funktionieren 250 Unternehmen. 300 deutsche Joint-ventures gibt es im Sommer 1991, davon »arbeiten« 50, und nur fünf bringen »echtes Geld«.

tisierung unter unseren ›östlichen‹ Bedingungen, das ist der Verkauf von herrenlosem Vermögen mit unbekanntem Wert an Leute, die kein Geld besitzen.«

In weiten Kreisen der Bevölkerung und auch in den Parlamenten wird Privatisierung als Mittel angesehen, die marode Wirtschaft zu sanieren. Allerdings gehen die Meinungen darüber, was alles privatisiert und in welchen Bereichen auf jeden Fall Staatseigentum überwiegen soll, immer noch weit auseinander. Ideologische Barrieren und die Angst vor Mißbrauch erweisen sich da in erster Linie als Hindernis.

Obwohl das lang erwartete Gesetz über »Privatisierung von Staatsbetrieben« den Obersten Sowjet erst am 1. Juli 1991 passierte, hat der Leningrader Stadtrat bereits am 14. Mai einfach beschlossen, mit der Privatisierung anzufangen.* Man wollte in erster Linie Geschäfte, kleinere Betriebe, Restaurants und Cafés in private Hände geben. Gesetzlich gedeckt war zu dem Zeitpunkt nur die langfristige Verpachtung, gewöhnlich für 25 Jahre. Wer also aufgrund des Leningrader Stadtratsbeschlusses Zigtausende von Rubeln in eine neue Existenz steckte, brauchte schon mehr Mut, als üblicherweise ohnehin für eine Existenzgründung notwendig ist.

Die eigens geschaffene Abteilung für Liegenschaften im Leningrader Stadtrat organisierte darüber hinaus Versteigerungen; die beste Möglichkeit, reale Preise herauszufinden, wie der Leiter der Abteilung meint. Der teuerste Kauf bisher: Ein Schuhgeschäft, etwa 500 Meter vom Newskij-Prospekt, der berühmten Leningrader Hauptstraße, entfernt, wechselte für 2 Millionen Rubel den Besitzer. Kein Wunder, daß die meisten Käufer weder gefilmt noch befragt werden wollen. Einmal fürchten sie das organisierte Verbrechen und die

---

* Bei diesem Privatisierungsgesetz fehlen Ausführungsbestimmungen darüber, nach welchen Regeln die Verkaufsprozedur vonstatten gehen soll, es fehlen Vorschriften für die juristische Form zukünftiger Privatbetriebe, und wie die Verkaufserlöse verwendet werden sollen, ist gleichfalls nicht geregelt (Stand: Juli 1991). Die Russische Republik folgte mit ihrem Gesetz am 3. Juli 1991.

Erpressung von Schutzgeldern, und zum anderen scheut man sich, die Herkunft von soviel Kapital offenzulegen, besonders in einer Gesellschaft, in der das Anhäufen von Geld immer noch etwas Anrüchiges hat.

In Moskau, wo es solche Privatunternehmen noch nicht gibt, müht sich im Stadtrat seit Anfang 1991 eine »Beauftragte für Privatisierung«. Die diplomierte Wirtschaftswissenschaftlerin hat außer ihrem Büroraum keinerlei Infrastruktur – weder maschinell noch personell –, soll aber wahre Wunderdinge vollbringen. Immer mehr Belegschaften von unrentabel produzierenden Unternehmen wollen diese Betriebe kaufen, umstrukturieren und »privat« betreiben. Sie wenden sich an den Moskauer Stadtrat, der leitet die Anfragen an die Privatisierungsbeauftragte und fordert sie auf, innerhalb von ein paar Tagen Daten und Kriterien vorzulegen, nach denen man entscheiden kann, ob dieser Betrieb überhaupt und, wenn, zu welchem Preis verkauft werden soll. Das ist natürlich gar nicht zu schaffen, und man wundert sich, daß ein solches Ansinnen ernsthaft gestellt wird. Aber es zeigt, wie sehr all diese Bemühungen am Anfang stehen und daß es ohne fremde Hilfe nicht geht.

Dabei liegen – nach Auskunft des Moskauer Stadtrates – eine ganze Reihe von Anfragen ausländischer Investoren vor, die man nicht so zügig, wie es nötig wäre, bearbeiten kann. Da kommt es dann auch schon mal vor, daß eine japanische Delegation zwei Wochen lang vergeblich versucht, die Privatisierungsbeauftragte zu erwischen – ohne funktionierendes Sekretariat ist das ja auch schwierig –, und dann unverrichteterdinge wieder abzieht.

Allein bei mir im ARD-Büro landen so viele Anfragen von Privatpersonen aus Deutschland, die in Moskau oder Umgebung einen Laden oder irgendeinen kleinen Handwerksbètrieb aufmachen wollen. Selbstverständlich leite ich das weiter an den Moskauer Stadtrat. Aber es kommt nicht zur Realisierung, weil es in der Sowjetunion an Kräften fehlt, die sich damit qualifiziert beschäftigen können, weil es an gesetzlichen

Grundlagen fehlt, nach denen man sich richten könnte, und weil noch zu viele Bestimmungen existieren, die ausländisches Engagement von vornherein zum Scheitern verurteilen.

Die in Deutschland recht beliebten Secondhandläden hätten in der Sowjetunion einen besonderen Sinn und könnten auf eine Weise, die den Stolz der Menschen hier nicht verletzt, helfen, Engpässe zu überbrücken, aber diese Idee scheitert an den Zoll- und an den Hygienebestimmungen des Landes. Ein Trauerspiel.

Was das westliche Engagement auch so kompliziert und riskant macht, führt zum zweiten großen Problemkreis, der – neben dem ersten, der Wirtschaft – der Sowjetunion so zu schaffen macht, nämlich dem Nationalitätenproblem oder, besser gesagt, den Spannungen zwischen dem Zentrum auf der einen und den nach Unabhängigkeit strebenden Republiken auf der anderen Seite.

Wir haben etwa seit 1990 folgende Situation, daß die Zentrale zwar alle möglichen Alleingänge von Republiken verhindern oder empfindlich stören kann, aber ohne die Republiken kann Moskau nichts mehr bewegen. Wer mit der Moskauer Zentrale ein Projekt plant, riskiert, daß diejenige Republik, auf deren Boden sich das abspielt, auf ihre Selbständigkeit pocht und querschießt. Und umgekehrt: Ohne den neuen Unionsvertrag kann die Zentrale Sonderabmachungen auf Republiksebene wirkungsvoll boykottieren. Denn erst der neue Vertrag regelt, wem die Ressourcen gehören und wer darüber verfügen kann.

»Völkerfreundschaft«, Fremdenhaß
Das Nationalitätenproblem

Der 13. Januar 1991 war ein Sonntag. Kurz nach 5 Uhr früh riß mich das Telefon aus dem Schlaf. Mein Kollege Gerd Ruge meldete sich aus Litauen. In der Nacht war es am Fernsehturm in Vilnius, der litauischen Hauptstadt, zu Schießereien gekommen, es hatte Tote gegeben. Ihm und dem Team war nichts passiert.

Geplant hatte Gerd Ruge ursprünglich eine Reportage über den Konflikt zwischen Armeniern und Aserbaidschanern in Nagorny Karabach, diesem mehrheitlich von Armeniern bewohnten Autonomen Gebiet auf aserbaidschanischem Territorium. Doch mit der Begründung, diese Gegend sei wegen Kampfhandlungen für Ausländer zur Zeit geschlossen, wurde sein Reiseantrag vom sowjetischen Außenministerium, an das wir uns in solchen Fällen wenden müssen, abgelehnt. Mein Kollege disponierte um und begab sich am 8. Januar nach Riga, der lettischen Hauptstadt, denn auch in den baltischen Republiken gärte es. Im üblichen Zynismus unserer Gilde muß man sagen: Wir hatten Glück, daß einer von uns im rechten Augenblick am rechten Ort war, denn als in Vilnius die gewalttätigen Auseinandersetzungen begannen, saß Gerd Ruge in Riga sozusagen schon vor der Tür.

Im Grunde hätte man zu dieser Zeit an vielen verschiedenen Orten gleichzeitig sein müssen: in Moskau natürlich sowieso; in Litauen, wie gesagt; in Nagorny Karabach, wo es mit schrecklicher Regelmäßigkeit beinahe jede Woche Tote gab; in Südossetien, wo man an Ort und Stelle hätte beobachten müssen, wie die Georgier mit einer nationalen Minderheit eines Autonomen Gebietes auf dem Boden ihrer Republik umgehen. Strenggenommen hätte man auch einen Blick auf Moldawien werfen müssen, wo die Gagausen, die Russen und die Moldawier nicht miteinander auskommen.

Aber bleiben wir erst einmal bei Litauen. Am 8. Januar hielt sich die damalige litauische Ministerpräsidentin Kazmiera Prunskiene bei Präsident Gorbatschow in Moskau auf, um zum wiederholten Male über die Selbständigkeit der baltischen Republik zu sprechen. Währenddessen war in der litauischen Hauptstadt der Teufel los. Dort belagerten seit dem frühen Morgen etwa 50 000 Menschen das Parlamentsgebäude, um gegen Preiserhöhungen zu protestieren, die die Republikregierung beschlossen hatte. Lebensmittel kosteten von heute auf morgen zwischen 300 und 500 Prozent mehr. Die Menschen waren sehr aufgebracht und wollten unter allen Umständen die Abgeordneten dazu bringen, diese Preiserhöhungen zurückzunehmen, notfalls eben auch durch einen Sturm des Parlamentsgebäudes. Sowohl auf russisch als auch auf litauisch wurde der Sturz der litauischen Regierung gefordert, denn in puncto Preiserhöhung kämpften Litauer und Russen Seite an Seite.

Nach mehreren Stunden zeigte sich der litauische Parlamentspräsident Vitautas Landsbergis an einem der Fenster und versprach der erzürnten Menge, man werde die Preiserhöhungen mit sofortiger Wirkung zurücknehmen. Eine höchst fatale Situation, denn so schwer es den einzelnen treffen mag, ohne Preiserhöhungen kann sich die Wirtschaft nicht entwikkeln. Darüber hinaus waren damit nun alle Haushaltspläne der litauischen Regierung hinfällig, da sie bereits auf den erhöhten Preisen basierten.

Konsequenterweise bot daraufhin Frau Prunskiene noch am selben Abend ihren Rücktritt an. Wenn das Parlament in der Person seines Präsidenten, Herrn Landsbergis, innerhalb kürzester Zeit dem Druck der Straße nachgibt, wie soll man da langfristig Politik machen, war ihre Reaktion. Als wir uns im Westen ein paar Tage später auf Moskau und Gorbatschow eingeschossen hatten wegen der tragischen Ereignisse des 13. Januar, war von dieser Begründung nichts mehr übriggeblieben. Da hieß es nur noch, Frau Prunskiene habe das Handtuch geworfen, weil sie mit Michail Gorbatschow keine gemeinsame Sprache mehr finden konnte. Die tiefen Differenzen zwischen Prunskiene und Landsbergis zu berücksichtigen wäre dem allgemeinen Trend zuwidergelaufen und hätte somit nur die eindeutige Rollenverteilung in Gute und Böse gestört.

Doch die Preiserhöhungen waren nicht das einzige Problem, mit dem sich Litauen in diesen Tagen herumschlagen mußte. Das sowjetische Verteidigungsministerium hatte entschieden, in die baltischen Republiken, so auch nach Litauen, Spezialeinheiten zu schicken, die sich um die Rekrutierung von Wehrpflichtigen kümmern sollten. Denn die Einberufungsfrist war längst abgelaufen, aber sehr viele junge Männer entzogen sich dem Wehrdienst. Einerseits die logische Folge der Überzeugung, daß Litauen niemals ein rechtmäßiger Teil der Sowjetunion war, andererseits in dieser angespannten und aufgeheizten Atmosphäre sicher nicht die klügste Verhaltensweise. Denn, soviel war klar, Moskau würde dies nicht so einfach hinnehmen, die Frage war nur, zu welchen Machtmitteln die Zentrale bei dieser Kraftprobe greifen würde. Von den jungen Männern erwarteten die national gesinnten litauischen Kräfte um Landsbergis, daß sie ihre patriotische Pflicht erfüllten, die eben nicht nur darin bestand, den sowjetischen Wehrdienst zu verweigern, sondern dafür den Dienst in der litauischen Landwehr abzuleisten, die laut Unionsgesetz verfassungswidrig war. Den politischen Kampf so auf dem Rücken der jungen Männer auszutragen ist nach meinem Eindruck unverantwortlich und läßt sich nicht mit der Fürsorgepflicht eines Staates vereinbaren.

Abgesehen vom offiziellen Grund für ihren Einsatz ließen sich die von Moskau geschickten zusätzlichen Einheiten aber sehr wohl dazu benutzen, die Litauer einzuschüchtern und zu verunsichern. Der estnische Ministerpräsident Savisaar drückte das in jenen Tagen so aus: »Ich vermute, es geht gar nicht um das Einfangen junger Männer, sondern darum, einen Vorwand zu finden, in die baltischen Republiken mehr Truppen bringen zu können, um die Unabhängigkeitsbewegung unter Kontrolle zu halten.«

Sicher hat beides eine Rolle gespielt, und ein Drittes kam hinzu. Michail Gorbatschow, nicht nur sowjetischer Präsident, sondern nach wie vor Generalsekretär der Kommunistischen Partei, hat die sogenannten Innentruppen beauftragt, sich um den Schutz des Parteieigentums zu kümmern. Man muß kein Freund der Kommunistischen Partei sein, um zu akzeptieren, daß sie sich nicht widerstandslos ihr gesamtes Eigentum wegnehmen läßt. Wenn also beispielsweise in Litauen ein Pressehaus oder eine Druckerei von Einheiten des sowjetischen Innenministeriums besetzt werden, dann hat das nur bedingt mit Zensur oder Abschaffung der Pressefreiheit zu tun. Da geht es schlicht um Geld und Sachwerte. Daß dieses Vorgehen von einigen auch als Möglichkeit gesehen wird, unbequeme Berichterstattung zu entschärfen oder zu verhindern, darf man nicht unterschlagen. Aber es wäre sicher falsch, darin das alleinige Ziel dieser Aktion zu vermuten.

Um nicht mißverstanden zu werden, möchte ich an dieser Stelle eine Schwierigkeit ansprechen, vor der man als Auslandskorrespondent immer steht. Wenn man versucht, bestimmte Prozesse zu erklären, Hintergründe genau an den Stellen auszuleuchten, die oft aus den unterschiedlichsten Motiven vernachlässigt werden, dann kann der Eindruck der Parteinahme entstehen. Sicherlich kann niemand, so aufrichtig er sich auch um Objektivität bemühen mag, subjektive Empfindungen und Wertungen vollkommen ausschalten. Wichtig in diesem Zusammenhang ist aber, daß nach meiner Überzeugung die Hauptaufgabe eines Auslandskorrespondenten darin besteht, Vorgänge in einem fremden Land so zu erklären, daß sich Menschen eine Vorstellung davon machen können, warum dort beispielsweise andere Regeln gelten oder andere Wertmaßstäbe herrschen als »zu Hause«. Man muß das, was sich in einem fremden Land tut, verstehen, nachvollziehen. Man muß es keineswegs akzeptieren, aber doch wenigstens respektieren. (Wenn Menschenrechte mit Füßen getreten werden, sieht das natürlich ganz anders aus.) Respekt gelingt aber nur, wenn man dieses Land und was in ihm vorgeht wirklich zur Kenntnis nimmt und nicht immer den Dingen den Stempel aufdrückt, der in allzu vielen Fällen doch schon von zu Hause mitgebracht wurde.

In unseren Köpfen enthält die Schublade mit der Aufschrift »baltische Republiken« in der Regel folgende Vorstellungen: Die Sowjetunion hat sich in der Folge des Hitler-Stalin-Pakts von 1939 und endgültig 1944 die baltischen Republiken gewaltsam einverleibt. Dieser Akt ist von der Sowjetunion selbst mittlerweile als völkerrechtswidrig eingestuft worden, also kann die logische und überfällige Konsequenz nur sein, daß die baltischen Staaten ihre Unabhängigkeit erklären. Es lebe die Freiheit.

Aber so einfach ist das leider nicht, und mit dieser holzschnittartigen Betrachtungsweise wird man dem komplizierten Prozeß dort nicht gerecht. In den Jahrzehnten der Zwangsvereinigung sind Beziehungen entstanden, die nicht dadurch einfach aufhören, daß sich eine Seite plötzlich für unabhängig erklärt. Das muß man im Interesse aller geordnet auseinanderbringen. Wenn dafür schon im ersten Entwurf eines neuen Unionsvertrages* der Zeitraum von fünf Jahren angegeben wurde, was viele sogleich an der Glaubwürdigkeit dieses Vorschlags zweifeln ließ, dann sollten sich die Kritiker einmal ver-

---

* Der neue Unionsvertrag, der den rechtlichen Status der »Union der Souveränen Sowjetrepubliken« festlegen soll, sieht vor, daß nur noch Bereiche wie Landesverteidigung, Grenzsicherung, Energieversorgung und Weltraumforschung in der Zuständigkeit der Zentrale verbleiben. Ansonsten gehen alle Rechte auf die einzelnen Republiken über. Die genaue Kompetenzverteilung ist noch etwas »schwammig« formuliert, und über die Aufteilung der Steuern herrscht noch keine Klarheit. Sechs Monate nach Vertragsunterzeichnung, die für den Herbst 1991 in Aussicht genommen wird, sollen eine neue Verfassung verabschiedet und dann alle Unionsorgane neu gewählt werden (Stand: Juli 1991).

gegenwärtigen, daß wir innerhalb der Europäischen Gemeinschaft für wesentlich unkompliziertere Vorgänge locker die doppelte Zeit einkalkulieren. Und selbst für so eine vergleichsweise kleine Operation wie die Verlegung des deutschen Regierungssitzes von Bonn nach Berlin nimmt man sich zehn Jahre Zeit, vielleicht noch mehr. Wie also soll man den Koloß Sowjetunion (in dem man selbst das vereinigte Deutschland sechzigmal unterbringen kann) von jetzt auf dann entflechten?

Um einem weiteren Mißverständnis vorzubeugen: Die Zentrale, Moskau, hat eine Menge Fehler gemacht in der Nationalitätenpolitik, keine Frage. Der größte bestand wahrscheinlich darin anzunehmen, sich mit diesem heiklen Prozeß Zeit lassen zu können. Aber über die Fehler der Zentrale wird ausreichend gesprochen, die Fehler der Republiken übersieht man gerne. Auch das ist noch ein Relikt aus den Tagen des kalten Krieges. Wir im Westen ergreifen eben nur allzugern die Partei derer, die sich gegen die Kommunisten wenden. Doch Kommunist ist längst nicht mehr gleich Kommunist, und diejenigen, die sich im Trend der Zeit Demokraten nennen, verhalten sich längst nicht immer demokratisch.

Vitautas Landsbergis ist mit seiner Politik nicht so unschuldig an der Gewalteskalation in Litauen, wie wir das alle gerne glauben wollen, weil es besser in unser Wertsystem und zu unserem überkommenen Russenfeindbild paßt. Was ist davon zu halten, daß Landsbergis nach seinem Amtsantritt nichts Eiligeres zu tun hatte, als die Ausstrahlung des sowjetischen Fernsehprogramms zu unterbinden, zu einem Zeitpunkt, als das sowjetische Fernsehen uneingeschränkt frech und kritisch berichtete? Er wollte wie in guten alten Breschnew-Zeiten, nur mit umgekehrtem Vorzeichen, unliebsame Meinung und Berichterstattung verhindern. Was ist davon zu halten, wenn sich Landsbergis in diesen hochexplosiven Tagen des Januar 1991 bis zum Schluß weigert, Telegramme von Gorbatschow zur Kenntnis zu nehmen, weil diese an eine litauische Sowjetrepublik gerichtet seien, die ja doch gar nicht existiere?

Nachdem damals die erste Euphorie darüber verflogen war, daß die Sajudis-Bewegung, diese litauische Volksfront, mit Vitautas Landsbergis ihren eigenen Kandidaten durchgebracht hatte, bedauerten immer mehr Litauer, ihn zum Parlamentspräsidenten gewählt zu haben. Von Hause aus Musikprofessor, war er mit seiner heiklen und schwierigen politischen Aufgabe offensichtlich vollkommen überfordert. Es kam sogar so weit, daß selbst Anhänger von Sajudis unverblümt sagten, hätten wir doch Algirdas Brasauskas noch einmal eine Chance gegeben. Der Führer der Kommunistischen Partei Litauens, ein erfahrener und nach allgemeiner Einschätzung integrer Politiker, hatte auch die Unabhängigkeit in seinem Programm. Er hat sich persönlich eine Menge Schwierigkeiten eingehandelt, als sich unter seiner Führung die litauischen Kommunisten von der Moskauer Zentrale abspalteten. Es ist nun müßig, darüber zu spekulieren, aber auch Litauer vermuten, daß Brasauskas ein Gorbatschow ebenbürtiger Partner gewesen wäre, mit der Fähigkeit, genauso hart, aber geschickter als der Politlaie Landsbergis zu verhandeln.

Estland und Lettland waren damals ganz und gar nicht glücklich über diese Entwicklung. Der ehemalige estnische Ministerpräsident Toome pflegte sich zwar recht diplomatisch auszudrücken, machte aber keinen Hehl daraus, daß Estland, nicht minder entschlossen als Litauen, politisch anders vorgehen werde. Vor laufender Kamera nannte Toome den litauischen Weg »nicht erfolgversprechend«, im persönlichen Gespräch bezeichnete er ihn schlicht als dumm und gefährlich. Die Führung beider Republiken, Estland und Lettland, versuchte auch dann Landsbergis nicht zu desavouieren, wenn er mit Erklärungen an die Presse ging, in denen es sinngemäß hieß: Moskau ist wohl verrückt geworden, wir werden mit denen erst wieder reden, wenn die sich beruhigt haben.

Landsbergis bezog sich damit auf die Wirtschaftsblockade Moskaus im Frühjahr 1990. Wenn Litauen mit allen Konsequenzen ab sofort unabhängig sein will, wie am 11. März 1990 erklärt, bedeutet das natürlich auch, daß es die Rohstofflieferungen aus der Sowjetunion nicht mehr zu Vorzugspreisen gibt. Als Teil der Sowjetunion zahlen die Litauer für Erdöl und Erdgas zwischen einem Viertel und einem Drittel dessen, was auf dem Weltmarkt üblich ist, und das auch noch in Rubel. Bei einem geordneten Austritt aus der Union auf rechtlicher Grundlage hätte man solche Dinge ohne weiteres regeln können, unter freundlich gesinnten Nachbarn. So aber war mal wieder eines der für diese Weltregion derzeit so typischen Dilemmas entstanden. Wenn die Sowjetunion statt Blockade einfach höhere, also Weltmarktpreise verlangt hätte, wäre das einer Anerkennung Litauens als souveräner Staat gleichgekommen. Litauen weiter bevorzugt als Teil der Union zu beliefern, das ging genausowenig. Wo also ist der Ausweg? – Ich gebe zu, als Nichtbetroffener ist man immer geneigt, mehr Geduld und Verständnis zu fordern, als man wahrscheinlich aufbringen würde, wenn man selbst mittendrin säße.

Die 15 Menschen, die in der Nacht auf den 13. Januar 1991 in Vilnius ums Leben gekommen sind, hätten nicht sterben müssen, wenn man, statt Kraftproben zu veranstalten, auf beiden Seiten wirklich den Dialog gesucht hätte. Die Fronten sind nun so verhärtet, daß Kränkungen und Beleidigungen auf beiden Seiten einen vernünftigen politischen Weg verhindern. So alberne Dinge wie Gesichtsverlust und Prestige gewinnen zunehmend die Oberhand, und es ist manchmal kaum zu glauben, daß sich so etwas tatsächlich im 20. Jahrhundert abspielt. In der Ost-West-Verständigung war lange Zeit die Rede von sogenannten vertrauensbildenden Maßnahmen – genau das braucht man dringend innerhalb der Sowjetunion, denn ohne ein Minimum an gegenseitigem Vertrauen ist der intelligenteste Unionsvertrag zum Scheitern verurteilt.

Die Polen sind ja nun wirklich über jeden Verdacht erhaben, besondere Russenfreunde zu sein, und in Litauen selbst leben auch sehr viele Polen, nämlich über 250 000. Insofern möchte ich gerne zitieren, wie die der Solidarność nahestehende polnische Tageszeitung *Gazeta Wyborcza* die litauische Politik kommentiert, und zwar *nach* dem 13. Januar 1991:

»Die litauischen Führer haben ihre Landsleute nicht gesunden Menschenverstand gelehrt. (. . .) Man muß mit dem Imperium reden und nicht nur unter sich. Man muß mit Moskau reden, so wie es ist, und vielleicht auch mit den Generälen. Man muß mit anderen reden, die wie die Litauer von der Freiheit träumen . . . Schließlich muß man auch mit denen reden, die helfen können – reden und nicht von ihnen nur Unterstützung verlangen und sich empören, wenn sie nicht soviel Hilfe leisten, wie man wollte. Man sollte glauben, daß die polnische Lektion unseren Nachbarn als Material für kühles Denken diente, aber das ist nicht der Fall . . . Litauen muß zur Freiheit gelangen und darf nicht auf dem Wege dahin sterben.«

Von kühlem Denken ist da die Rede. Kühle Berichterstattung täte auch not. Ich werde am Beispiel eines konkreten Tages schildern, was ich damit meine. Es handelt sich um den 19. Januar 1991, das war ein Samstag.

Über die Nachrichtenagentur läuft plötzlich die Meldung: Putschversuch in Riga, der Hauptstadt Lettlands. Ich rufe sofort eine Kollegin in Riga an, eine Lettin, keine Russin, und frage sie, was es damit auf sich habe. Sie erkundigt sich und berichtet mir dann, daß dieses Komitee zur nationalen Rettung, das sich nach Vilnius auch in Riga gegründet hatte (eine prosowjetische Vereinigung, deren Mitglieder im einzelnen nicht bekannt sind), eine Art politisches Programm formuliert habe: Sie seien nun die neuen Machthaber, und das lettische Parlament sei hiermit für aufgelöst erklärt. Das sei vielleicht deren Wunschdenken, meint die lettische Kollegin, aber mit der Realität habe das nichts zu tun. Auch zur Stunde arbeite das gewählte lettische Parlament weiter.

Erwartungsgemäß und verständlicherweise schreckt diese Meldung die aktuellen Redaktionen in Deutschland, die nun dringend aus Moskau weitere Einzelheiten erfahren wollen. Ich mache an diesem Abend dann nichts anderes, als zu erzählen, daß es den Putschversuch in Riga heute nicht gegeben habe. Mit einer tatsächlichen Machtübernahme oder auch nur dem Ansatz dazu hatte die Erklärung des Komitees zur nationalen Rettung nichts zu tun. Natürlich konnte man in diesen Tagen mit Sicherheit überhaupt nichts ausschließen, rein theoretisch wäre so etwas möglich gewesen, aber wir Journalisten können doch nicht 80 Prozent unserer Beiträge mit dem füllen, was sein könnte.

Im Laufe des Abends wird die Meldung vom Putschversuch in Riga auch von den Nachrichtenagenturen Schritt für Schritt zurückgenommen. Erst heißt es nur, wie wir aus Riga erfahren, hat sich das lettische Parlament von der Erklärung des Komitees zur nationalen Rettung nicht beeindrucken lassen (im Gegensatz zu den Presseagenturen), und es arbeitet weiter. Und noch etwas später ist zu lesen, es gebe keinerlei Anzeichen dafür, daß sich in Riga tatsächlich die Machtverhältnisse geändert hätten. Die Schlagzeile kurz vor Mitternacht lautet schließlich: Kein Putsch in Riga. Bis dahin hatte sich aber durch die aufgeregte Berichterstattung im allgemeinen Bewußtsein längst festgesetzt, daß sich in Riga irgendetwas Schlimmes abgespielt haben mußte. – Ich denke, so geht das nicht.

Aber damit nicht genug für diesen Tag. In den westlichen Nachrichtensendungen wird verbreitet, Nikolai Petrakow, einer der Wirtschaftsberater Gorbatschows, ein Befürworter der Marktwirtschaft, habe seinen Posten aufgegeben aus Protest gegen das, was die Sowjetunion in Litauen angerichtet habe. Tatsache war, daß Petrakow, wie viele Sowjetbürger, gegen die sowjetische Gewaltanwendung in Vilnius protestiert hatte. Aber zurückgetreten ist er wegen des wirtschaftspolitischen Kurses der Regierung, der ihm nicht radikal genug ist. Nachzulesen in einem ausführlichen Zeitungsinterview in der *Komsomolskaja Prawda* vom gleichen Tage. Da war von unverantwortlicher Erhöhung der Geldmenge in den letzten drei Jahren die Rede, und da seine, also Petrakows wirtschaftspolitischen Vorstellungen keine Chance hätten und die Regierung eine falsche Politik betreibe, ginge er.

Für solche Differenzierungen war in unserer fixen Idee, daß nun alle den kommenden Diktator Gorbatschow verlassen, kein Platz mehr. Wir hatten uns noch nicht von unserem Schock erholt, daß der sowjetische Außenminister Schewardnadse unter so dramatischen und bis heute ungeklärten Umständen von seinem Amt zurückgetreten war, und buchten jede Information ungeprüft auf dasselbe Konto.

Ist es nicht auch beschämend, wenn der Bürgermeister der estnischen Hauptstadt Tallinn der Presse erklärt, die Lage in den baltischen Republiken, vor allem in Litauen, sei zwar ernst, aber insgesamt werde das von außen zu sehr dramatisiert? Das sagt ein Balte und kein Sowjetfunktionär.

Nun sind ja nicht nur in Vilnius Menschen ums Leben gekommen, sondern auch in Riga. In der allgemeinen Berichterstattung ist es üblich geworden, auch dort von einem Überfall sowjetischer Soldaten zu reden. Es waren keine Soldaten. Man kann sich natürlich auf den Standpunkt stellen, es ist im Endeffekt unerheblich, ob es Soldaten oder Polizei oder andere Einheiten waren. Das ist sicher richtig, wenn es um den Tod von Menschen geht, nur darf man dann keine politischen Rückschlüsse auf Verantwortlichkeiten ziehen.

Ich versuche mal, das, was man über diese Vorgänge in Riga weiß, zusammenzutragen. Das lettische Innenministerium wurde von einer Eliteeinheit der Polizei gestürmt, die normalerweise zur Terrorismusbekämpfung eingesetzt wird. Diese Einheit nennt sich OMON. Es handelte sich in dem Fall um etwa 120 Leute, die letztendlich dem Innenministerium in Moskau unterstellt sind. Der sowjetische Innenminister Pugo, im übrigen selbst ein Lette, hat energisch bestritten, mit dieser OMON-Aktion auch nur das geringste zu tun zu haben. Er hat sie verurteilt und gesagt, er könne sich diese sinnlose Handlung nicht erklären.

Die OMON-Truppe hat in den Auseinandersetzungen der vergangenen Monate immer wieder eine Rolle gespielt und wurde von den moskautreuen Kommunisten in Lettland wiederholt aufgefordert, das Eigentum der Partei zu schützen, nachdem das lettische Parlament die Enteignung beschlossen hatte. Die OMON-Leute wurden ebenfalls eingesetzt bei der

Entwaffnung lettischer Gruppen, paramilitärischer Einheiten, die sich auf einen bewaffneten Unabhängigkeitskampf gegen die Zentralgewalt vorbereiteten.

Man muß nicht extra betonen, daß diese Truppe in Lettland nicht gerade beliebt ist. Dem Sturm auf das lettische Innenministerium war vorausgegangen, daß lettische Extremisten die Ehefrau eines OMON-Mannes entführt hatten, sie vergewaltigten, das Band mit den Schreien der Frau an die OMON schickten mit dem Hinweis, wenn sie nicht aus Lettland verschwinden würden, dann ginge das jede Nacht mit der Frau eines anderen OMON-Mannes so weiter.

Auch das kann natürlich nichts entschuldigen von dem, was daraufhin passierte, aber es erklärt einiges. Und die Auseinandersetzungen in Lettland können nun wirklich nicht als Beweis dafür herangezogen werden, daß sich die Sowjetunion unaufhaltsam auf dem Marsch in die Diktatur befindet. Was wir im Westen auch viel zuwenig bedenken, ist die Tatsache, daß durch diese gewaltige Umstrukturierung der Sowjetunion notgedrungen ein Machtvakuum entsteht, in dem jeder tut, was er will. Denn es sind ja nun nicht plötzlich lauter edle Demokraten am Werk. Wo sollen die denn auf einmal alle herkommen? Zwischen Demokratie und Anarchie besteht ein Unterschied. Zwischen Freiheit und Chaos auch. Und die Grenze zu ziehen ist schwer.

Man muß da um Himmels willen nicht gleich nach einer starken Hand rufen, das ist nicht gemeint, aber man müßte ein wenig Verständnis dafür aufbringen, daß die Menschen dort auch ein Bedürfnis nach Ordnung haben, sich auf ein paar Regeln verlassen wollen und in Umständen leben wollen, die für uns seit Jahrzehnten selbstverständlich sind. Wir haben sicher allen Grund, sehr sorgfältig zu beobachten, ob die Sowjetunion auf ihrem eingeschlagenen Weg der Demokratisierung fortschreitet, aber ich denke, wir dürfen auch angesichts der Toten nicht in Schwarzweißmalerei verfallen, die keine Zwischentöne mehr kennt, denn so ist die Realität nicht.

Wir, die Journalisten, haben uns dadurch, daß wir in den vergangenen Jahren mit Katastrophenmeldungen aus der Sowjetunion nicht geizten, selbst in eine fatale Lage manövriert. Wir haben so oft vom Zusammenbruch des Riesenreiches gesprochen, so oft das Chaos beschworen, daß wir in diesen Januartagen keine Steigerung mehr parat hatten. Jetzt wäre es angebracht gewesen, von einer Katastrophe zu reden. Denn ganz gleich, ob Gorbatschow am 12. Januar gelogen hatte, als er versprach, in Litauen keine Truppen einzusetzen, oder aber ob er von diesen Vorgängen nichts wußte – beide Möglichkeiten kompromittieren wahrlich die Perestroika.

Man muß heute davon ausgehen, daß Gorbatschow zwar hinter dem Beschluß stand, die militärische Präsenz in Litauen zu verstärken, aber mit besagtem Einsatzbefehl direkt nichts zu tun hatte. Daß sich Gorbatschow am 13. Januar den ganzen Tag über nicht öffentlich zu dem Vorfall äußerte, ist für uns Westler schwer verständlich, für sowjetische Verhältnisse nicht ungewöhnlich. Denn hier ist es üblich, daß sich Politiker erst einmal ihren Gremien gegenüber äußern, bevor sie mit Erklärungen an die Presse gehen oder sich direkt ans Volk wenden. Das führte zu der besorgten Frage aus dem Westen, ob Gorbatschow denn vielleicht unauffällig entmachtet worden sein könnte, nach altbekanntem Muster vergangener Zeiten. Dazu muß man ganz klar sagen, eine stille Entmachtung eines Staatschefs ist bei den heutigen Strukturen nicht mehr möglich. Ein Staatsoberhaupt kann nur noch nach den in der Verfassung klar festgelegten Prozeduren abgelöst werden.

Das staatliche sowjetische Fernsehen spielte im Zusammenhang mit den Ereignissen in Vilnius und Riga keine rühmliche Rolle. So als habe man die Uhren um zehn Jahre zurückgedreht, wurden Tatsachen verschleiert, verdreht oder schlicht weggelassen. Wer sich nur auf die Hauptnachrichtensendung Wremja verließ (vergleichbar unserer Tagesschau, nur mindestens dreimal so lang), mußte davon ausgehen, daß die Litauer sowjetisches Militär zu Hilfe gerufen hatten, um sich gegen die eigene unfähige Regierung zur Wehr zu setzen. Aber wer am

Nachmittag oder am späten Abend die Nachrichten der Agentur Nowosti (APN) einschaltete, ebenfalls im sowjetischen Fernsehen, der wurde besser informiert. Die Kollegen dort bezichtigten ihre Kollegen von der Hauptsendung sogar öffentlich der Desinformation. Das kostete einige von ihnen im Laufe der folgenden Monate den Job, aber mittlerweile arbeiten sie beim neuen russischen Kanal, der im Frühjahr 1991 sein Programm aufnahm.

Der Hörfunk vermittelte realistische und nachdenkliche Töne, und was die Zeitungen angeht, so war im sowjetischen Blätterwald nun wirklich alles zu finden, von der Verharmlosung, die an frühere schlimmste Zeiten erinnerte, bis zur wüsten Beschimpfung der sowjetischen Regierung, mit denen selbst hartgesottene kalte Krieger Ehre eingelegt hätten.

Die Menschen in Moskau gingen im Januar 1991 aus Solidarität mit den Litauern auf die Straße – 300 000 sollen es gewesen sein – und nahmen in ihrer Kritik an der sowjetischen Regierung kein Blatt vor den Mund. Da wurde Gorbatschow mit Saddam Hussein verglichen, und auf Plakaten war zu lesen: »Was Hussein mit Kuwait macht, das macht Gorbatschow mit Litauen«, da war von Völkermord die Rede, und es wurde sogar zum bewaffneten Aufstand gegen die Sowjetmacht aufgerufen. Die Miliz griff nicht ein. Die Parolen wurden immer frecher, aber die Disziplin blieb die gewohnte. Auch in dieser Mischung aus Trauer, Wut und Entschlossenheit ließen sich die Demonstranten zu keinerlei Gewalttaten hinreißen. Das Demonstrationsrecht ist ein hohes Gut, das in der Sowjetunion geachtet wird. Mit Hitzköpfen oder latenten Störern werden die Demonstranten selbst fertig. Die Miliz ist bisher wirklich nur zur Verkehrsregelung nötig.

Bei diesen Massendemonstrationen wegen Litauen wurde auch der Westen in die Vorwürfe einbezogen. Man nimmt ihm übel, Gorbatschow den Friedensnobelpreis verliehen zu haben, und die abgrundtiefe Abscheu spiegelt sich in der bitteren Frage, ob man 1991, um im Stil zu bleiben, vielleicht Saddam Hussein den Preis verleihen wolle. Die Enttäuschung über diesen Rückschlag kennt kein Maß, und einige scheuen nicht einmal davor zurück, Gorbatschow und Hitler in einem Atemzug zu nennen. Die Unabhängigkeit gerade der baltischen Republiken wird wegen der speziellen historischen Umstände von großen Teilen der russischen Bevölkerung engagiert unterstützt.

Auch wenn man beim Thema Unabhängigkeitsbestrebungen zunächst an die baltischen Republiken denkt – die ersten, die mit einer Souveränitätserklärung kamen, waren die Aserbaidschaner, und zwar bereits im September 1989. Zwei Dinge spielten da eine Rolle. Zum einen der Streit um das Autonome Gebiet Nagorny Karabach, das zu Aserbaidschan gehört, aber mehrheitlich von Armeniern bewohnt wird. Da waren die Aserbaidschaner sehr unzufrieden mit Moskau, obwohl die Zentrale das Gebiet nicht abgetrennt hat, so wie die Armenier das verlangten, aber nach Ansicht der Aserbaidschaner hat Moskau den Armeniern in dem Zusammenhang viel zu große Zugeständnisse gemacht.

Der zweite Beweggrund liegt in der Religion. 80 Prozent der Aserbaidschaner sind Moslems, deren politische Führer damals immer offener von einem großen islamischen Weltreich träumten, in dem die Iraner und sie die führende Rolle spielen sollten. Da war eine Zugehörigkeit zur Sowjetunion nur hinderlich. Mittlerweile haben sich ausgerechnet in Aserbaidschan politische Kräfte durchgesetzt, die bereit sind, den neuen Unionsvertrag auf jeden Fall zu unterzeichnen.

Der dort vorgesehene Status läßt sich nach Auffassung der aserbaidschanischen Führung mit der Unabhängigkeitserklärung vereinbaren. Möglicherweise haben wirtschaftliche Überlegungen den Ausschlag gegeben, denn gerade die wirtschaftlichen Konsequenzen eines Austritts aus der Sowjetunion sind weitreichender und schmerzlicher, als viele Republiken in ihrem Freiheitsdrang wahrhaben wollen.

Die beiden Republiken, die bezeichnenderweise als letzte ihre Unabhängigkeitserklärung abgaben, sind Kasachstan und Kirgisien in Mittelasien. Der Grund liegt auf der Hand. Dort lebt keine homogene Bevölkerung. Die Kasachen machen einen Anteil von nicht einmal 40 Prozent der Einwohner ihrer eigenen Republik aus, und auch bei den Kirgisen ist es lediglich knapp die Hälfte. Der Anteil der Russen ist jeweils relativ hoch, zusätzlich zu diversen anderen Nationalitäten, die in Kasachstan und Kirgisien vertreten sind.

Die Sowjetunion in ihrer jetzigen Form läßt sich nicht erhalten; ob sie so, wie sie ist, überhaupt erhaltenswert ist, steht auf einem ganz anderen Blatt. Aber man darf die Augen nicht vor folgender Entwicklung verschließen: bestimmte Prozesse im Nationalitätenstreit, die mit so schönen Worten wie »Selbstbestimmung« und »Gleichberechtigung« belegt werden, haben längst nichts mehr mit dem ursprünglichen Anliegen zu tun, sich von einer gierigen, allgewaltigen Zentrale zu befreien. Da bricht sich fanatischer Nationalismus Bahn. Da ist für logische Überlegungen kein Platz mehr. Jeder, der solches versucht, wird als Komplize der Zentrale abgestempelt und bekommt politisch kein Bein mehr auf den Boden. Was einmal als berechtigtes Anliegen begann, wächst sich zunehmend zum Selbstzweck aus, denn *innerhalb* der Republiken setzt sich dieser Trend laufend fort. Ende Januar 1991 haben beispielsweise die Kabardiner und die Balkaren ihre Unabhängigkeit verkündet, zwei im Nordkaukasus beheimatete Völker, die bisher in der Karbadino-Balkarischen Autonomen Republik innerhalb der Russischen Republik zusammenlebten und jeweils rund 200 000 Menschen umfassen.

Die gewalttätigsten Auseinandersetzungen spielten sich in der Tat innerhalb der Republiken ab und nicht zwischen Republik und Zentrale. Wenn beispielsweise die Abchasen lieber Moskau unterstellt sein möchten als den Georgiern und beide Gruppen sich gegenseitig umbringen. Oder in Moldawien: die Gagausen gegen die Moldawier und die wiederum gegen die Russen in der neu ausgerufenen Dnestr-Republik innerhalb von Moldawien. Da ist eine ganz gefährliche Lawine losgetreten worden.

Übrigens – auch hier treffen wir wieder auf ein Dilemma. Es kann weder im Sinne der Sowjetunion noch im Sinne der Welt sein, wenn die Moskauer Zentrale diesem unkontrollierten Auseinanderdriften freien Lauf läßt. Das hat nichts mit Moral oder Freiheit zu tun, das ist eine Frage der Sicherheit und der Berechenbarkeit.

Wegen des aufgestauten Hasses mancher Nationalitäten ist es aber fast nicht mehr zu schaffen, politische Überzeugungsarbeit zu leisten. Vertrauen ist nicht mehr vorhanden. Wenn man also einer Republik zum Beispiel vorrechnet, daß sie alleine, so wie sie sich das vorstellt, gar nicht überlebensfähig ist, dann hält sie das in erster Linie für Propaganda und in zweiter Linie für Erpressung.

Daß sich viele Republiken im Trend der Zeit in grenzenloser Selbstüberschätzung nicht mehr an Lieferverpflichtungen innerhalb der Union bzw. an die Zentrale halten, trägt, wie schon gesagt, nicht unwesentlich zur allgemeinen und komplexen Versorgungsmisere bei. Eine Schwierigkeit zieht die andere nach sich, und in der Auswirkung summiert sich das nicht nur, es potenziert sich ins Unendliche. Im Grunde müßte man überall gleichzeitig Problemlösungen parat haben und sie unmittelbar umsetzen. Wer sich das vergegenwärtigt, dem wird klar, warum es mit der Perestroika nicht so vorangeht, wie wir uns das alle gedacht und gewünscht haben. Aber es wird auch klar, daß alle, die gegenwärtig von einem Scheitern der Perestroika sprechen, von diesem Land nichts begriffen haben.

Die Gewalttätigkeiten im Baltikum beherrschen die Schlagzeilen, warum interessieren wir uns aber kaum für die in Südossetien? Liegt es vielleicht daran, daß es da so schwer ist, die Guten und die Bösen auszumachen?

Der Konflikt ist kaum bekannt. Seit Ende 1989 bekämpfen sich die Georgier und die Osseten, und immer wieder gibt es Tote und Verletzte. Die Zahl der Opfer geht in die Tausende. In Südossetien spielt sich ein für die Sowjetunion typischer Konflikt ab. Südossetien ist oder, besser gesagt, war ein autonomes Gebiet innerhalb von Georgien. In der allgemeinen Aufbruchstimmung haben sich die Osseten für souverän erklärt und sind dabei auf erbitterten Widerstand der Georgier gestoßen. Diese machten den Osseten sogar ihre bisherige Autonomie streitig. Die Georgier schafften sie per Gesetz einfach ab, verhängten den Ausnahmezustand und begannen mit der Belagerung der südossetischen Hauptstadt Zchinwali. Seitdem ist ein regelrechter Stellungskrieg entbrannt. Terroranschläge von beiden Seiten sind an der Tagesordnung. Die gegenseitig begangenen Grausamkeiten sind kaum zu beschreiben. Der Konflikt treibt Flüchtlinge aus dem Gebiet, dringend benötigte Lebensmittel kommen nicht an, die Energielieferung wurde auch im Winter unterbrochen, die medizinische Versorgung befindet sich in einem erbärmlichen Zustand. Die Georgier kontrollieren bereits rund ein Fünftel der südossetischen Hauptstadt, und überall haben sie Kontrollposten aufgebaut. Ausgerechnet die Georgier, die ihrerseits bedingungslos aus der Sowjetunion herauswollen. Aber in ihrer eigenen Republik dulden sie keine Abspaltungsbewegungen.

Es gibt einen Präsidentenerlaß von Michail Gorbatschow, der die Georgier auffordert, den Südosseten ihre Autonomie wieder zurückzugeben. Aber die Georgier halten das für eine Einmischung in ihre inneren Angelegenheiten und ignorieren diesen Erlaß einfach. Noch schlimmer, sie haben sogar den hinterhältigen Vorschlag gemacht, für eine gewisse Übergangsfrist in der Sowjetunion bleiben zu wollen, wenn Moskau ihnen freie Hand dabei läßt, die Osseten gewaltsam einzuverleiben. Die Osseten ihrerseits fürchten, daß sich niemand mehr für ihr Schicksal interessiert, wenn sich Georgien ganz aus der Sowjetunion löst.

Am 9. April 1991 hat das georgische Parlament schließlich einstimmig die Unabhängigkeit der Republik beschlossen. Natürlich ist auch den Abgeordneten klar, daß noch ein großer Unterschied zwischen der formalen Erklärung und der tatsächlichen Selbständigkeit besteht, aber solch ein einstimmig gefaßter Beschluß verleiht der Absicht großes Gewicht, und entsprechend wurde er denn auch gefeiert.

Der georgische Präsident Swiad Gamsachurdia ist mittlerweile so etwas wie ein Volksheld, der gekommen ist, die Georgier vom verhaßten sowjetischen Joch zu befreien. Der betont kämpferisch auftretende Politiker, der kräftige nationalistische Töne nicht verschmäht, saß früher selbst wegen antisowjetischer Propaganda im Gefängnis. Heute läßt er seine Gegner sitzen. Der ehemalige Freiheitskämpfer hat Georgien nun seinerseits die traurige Bilanz von etwa 70 neuen politischen Gefangenen beschert, darunter der georgische Oppositionsführer Dschaba Josseliani und der südossetische Spitzenpolitiker Tores Kulumbekow. Laut Gamsachurdia handele es sich dabei ausnahmslos um »kriminelle Elemente« und »Feinde der Nation«.

Gamsachurdia ist auf dem besten Wege, ein unumschränkter Alleinherrscher zu werden, der sich keinerlei demokratischer Kontrolle unterwerfen muß. Er hat sich praktisch ein lebenslanges Mandat erteilen lassen, kann seinerseits aber das Parlament auflösen, einzelne Abgeordnete entlassen, mehrheitlich beschlossene Gesetze durch sein Veto verhindern, in Georgien das Kriegsrecht ausrufen und den Krieg erklären. Gamsachurdia hat sich mit der Einrichtung sogenannter Präfekten ein zusätzliches Machtmittel geschaffen. Diese Präfekten übernehmen legislative, exekutive und Justizfunktionen, haben das Recht, örtliche Machtorgane zu kontrollieren, Fabrikdirektoren zu entlassen oder einzusetzen, und sind ihrerseits nur Gamsachurdia verantwortlich. Der hat sich zwischenzeitlich seinen eigenen Geheimdienst geschaffen. Von freiheitlicher Presse kann überhaupt keine Rede mehr sein. Mehrere oppositionelle Blätter wurden einfach verboten, und die Klagen von Journalisten häufen sich, in ihrer Arbeit massiv behindert und von offizieller Seite bedroht zu werden.

Das sprengt unser vorbereitetes Raster im Kopf – nach der Devise: Selbstbestimmungsrecht, also lassen wir's lieber weg. Erklären kann man das in der üblichen Länge aktueller Berichte ohnehin nicht. Dann lieber Litauen, da weiß man, woran man ist, nicht wahr?

Zu Georgien. Mit dem Datum 9. April, dem Tag, als das Parlament die Unabhängigkeit beschloß, hat es noch eine besondere Bewandtnis. Zwei Jahre vorher, am 9. April 1989, demonstrierten in der georgischen Hauptstadt Tbilissi Zehntausende für die Selbständigkeit ihrer Republik. Als sowjetisches Militär die Demonstration gewaltsam auflöste, wurden zahlreiche Menschen verletzt und 20 getötet. 16 von ihnen waren Frauen, eine schwanger. Sie wurden mit Spaten erschlagen oder kamen durch Giftgas ums Leben, dessen chemische Zusammensetzung das Militär tagelang nicht preisgab, obwohl die Mediziner auf die Information dringend angewiesen waren, um den Verletzten helfen zu können. Dieser Schock sitzt bei den Georgiern tief, und das haben sie Moskau bis heute nicht verziehen. Diese blutigen Ereignisse haben der Unabhängigkeitsbewegung viel Auftrieb verliehen und sie auch fanatischer gemacht.

Georgien wird den neuen Unionsvertrag nicht unterzeichnen, ganz gleich, wie der im einzelnen aussehen mag, und unabhängig davon, was für das Land objektiv besser wäre. Die Kluft ist zu tief.

Wirtschaftlich gesehen hat Georgien Gemüse, Obst und Wein zu bieten und etwas Tourismus im Kaukasus und am Schwarzen Meer. Es gibt reiche Manganvorkommen, aber im Energiesektor ist Georgien auf Zulieferungen angewiesen. Die Hoffnung, seine landwirtschaftlichen Produkte gegen Devisen im Westen absetzen zu können, wird sich aus vielen Gründen als trügerisch erweisen. Sinnvoll wäre, wenn Georgien Obst und Gemüse in die Ukraine und nach Rußland exportierte und von dort Rohstoffe und Energie bezöge. Das wäre aber sicher unkomplizierter und vorteilhafter *innerhalb* einer neuen Union zu gestalten, die Rußland und die Ukraine mittragen wollen. Obwohl es auch dort, gerade in der Ukraine, ganz starke Kräfte gibt, die für Unabhängigkeit und völlige Selbständigkeit eintreten. Aber dort hat die Vernunft gesiegt oder, unfreundlicher ausgedrückt, das Kalkül. Auch wenn viele Republikführer das öffentlich nie zugeben würden, ihnen ist doch klar, was Michail Gorbatschow im Mai 1991 so formulierte: »Wir sollten von der Tatsache ausgehen, daß erstens die Sowjetunion existiert, zweitens, daß sie weiter existieren wird, drittens, daß es sich um einen mächtigen Staat handelt, der viertens ein mächtiger Staat bleiben wird.«

Was man heute allgemein das Nationalitätenproblem in der Sowjetunion nennt, kam Anfang 1988 ins Bewußtsein der internationalen Öffentlichkeit mit dem kleinen Autonomen Gebiet Nagorny Karabach. Noch einmal zur Erinnerung: Es gehört verwaltungstechnisch seit 1923 zu Aserbaidschan, wird aber zu 80 Prozent von Armeniern bewohnt. Der Streit um die Zugehörigkeit besteht von Anfang an. Einer der Gründe ist in der unterschiedlichen Religion zu suchen, die Armenier sind Christen, die Aserbaidschaner Moslems. Darüber hinaus fühlen sich die im Handel sehr geschickten Armenier von den Aserbaidschanern wirtschaftlich unterdrückt. Jahrzehntelang hat man es, unwillig zwar, hingenommen, denn in der Sowjetunion war es nicht üblich, sich zu wehren. Erst die Politik Gorbatschows ermutigte die Armenier, ihre Forderungen vorzubringen.

Gleich zu Beginn gab es in Moskau einen, wie ich finde, recht vernünftigen Vorschlag, nämlich Nagorny Karabach Moskau direkt zu unterstellen. Damit kam man den Armeniern entgegen, indem man den Aserbaidschanern die Zuständigkeit entzog, und man kam den Aserbaidschanern entgegen, die mit dieser Moskaulösung wesentlich besser hätten leben können als mit einer, die die armenische Position gestärkt hätte. Leider hat sich dieser Vorschlag aber politisch nicht realisieren lassen. Möglicherweise fürchteten damals zu viele, eine solche Entscheidung könne einem Dammbruch gleichkommen, andere Nationalitäten könnten sich unter Berufung auf dieses Beispiel mit ihren Forderungen auch zu Wort melden.

Eine Lösung des Konflikts ist bis heute nicht in Sicht. Lediglich die Stoßrichtung änderte sich. Was als bilaterale Auseinandersetzung zwischen Armeniern und Aserbaidschanern begonnen hatte, wurde mit unterschiedlicher Intensität zum Freiheitskampf gegen Moskau.

Die Armenier fühlten sich von Moskau verraten, weil Moskau die Massaker nicht verhindert hat, die Aserbaidschaner an Armeniern begingen. In der Stadt Sumgait machten sie regelrecht Jagd auf Armenier, es wurde geprügelt und gemordet, verstümmelt und vergewaltigt. Da wurde sogar im Westen nach den sowjetischen Truppen gerufen und in den Kommentaren die vorwurfsvolle Frage gestellt, warum Moskau das zuläßt.

Ein russischer Kommandeur, der für die aserbaidschanische Hauptstadt Baku zuständig war, hat mir damals folgendes geschildert. Als es zu ersten Ausschreitungen gegen Armenier kam und die aserbaidschanische Miliz nicht eingriff, sollte das dort stationierte sowjetische Militär aushelfen. Als dann aber die Kasernen von aufgebrachten Aserbaidschanern blockiert wurden, wollte niemand den Befehl zu einem gewaltsamen Ausbruch geben. Man wartete ab und hielt sich zurück. »Wissen Sie, wie wir's machen, machen wir's verkehrt«, meinte der russische Kommandeur, »greifen wir ein und es gibt Tote, dann ist das der Rückfall in stalinistische Terrormethoden, greifen wir nicht ein und es gibt Tote, werden wir auch dafür verantwortlich gemacht.«

Das mag vielleicht ein wenig zu simpel sein, aber ganz von der Hand zu weisen ist es nicht. In der Tat verhält es sich so, daß die Sowjetunion angestrengt darauf achtet, ihr politisches Handeln auch vor den Augen der internationalen Öffentlichkeit mit ihrem politischen Anspruch der Demokratisierung in Einklang zu bringen. In der Praxis ist das ein schwieriges Unterfangen. Wer hätte geahnt, daß die meisten ausländischen Beobachter nahezu mit Erleichterung das Verhängen des Ausnahmezustandes und die Entsendung von zusätzlichen Truppen in die Krisenregion meldeten.

Im Januar 1990 spitzte sich die Lage erneut zu, als beim brutalen Durchgreifen sowjetischer Sicherheitskräfte in Baku aserbaidschanische Demonstranten zu Tode kamen. Während Moskau 57 Tote und etwa 300 Verletzte nannte, sprachen aserbaidschanische Quellen von bis zu dreieinhalbtausend Toten. Moskau wurde der Vorwurf gemacht, erst dann die Innentruppen eingesetzt zu haben, als es um politische Interessen ging, als die neue aserbaidschanische Volksfront zu stark wurde und den Kommunisten die Führung streitig machte.

In Baku wurde tagelang geschossen. Trotz militärischer Sondereinheiten, trotz KGB und regulärer Armee mußten über 15 000 Armenier die aserbaidschanische Hauptstadt verlassen, weil es immer wieder zu pogromartigen Überfällen kam. Alles steuerte auf eine Katastrophe zu: Im Hafen drohte eine Gruppe von Extremisten damit, einen Tanker in die Luft zu jagen, Sprengstoffanschläge legten die Energieversorgung lahm. Junge Soldaten, die gerade der Hölle von Afghanistan entronnen waren, fanden sich bei Kampfhandlungen im eigenen Land wieder als Schiedsrichter zwischen verfeindeten Völkern, als Feuerwehr gegen einen Brand, den man mit politischen Entscheidungen zur rechten Zeit vielleicht doch hätte verhindern können. »Als ob es nicht bei uns in der Sowjetunion, sondern irgendwo im Ausland wäre – so kommt mir das hier vor«, sagte fassungslos ein junger Russe.

Wie ernst die Lage war, zeigt zudem die Tatsache, daß sich der damalige sowjetische Außenminister Schewardnadse mit seinem iranischen Amtskollegen in Verbindung setzte, denn der lokale Konflikt zwischen christlichen Armeniern und islamischen Aserbaidschanern drohte sich auszuweiten. Schließlich leben in der Sowjetunion beinahe 70 Millionen Moslems. Ihre Sympathie und die der benachbarten Iraner galt eindeutig den aserbaidschanischen Glaubensbrüdern und -schwestern. Moslemische Extremisten begrüßten es als willkommene Gelegenheit, den alten Traum eines großen islamischen Weltreichs über bestehende Grenzen hinweg zu verwirklichen, und begannen bereits damit, Grenzanlagen zwischen Aserbaidschan und Iran abzureißen. Iranische Polizisten drangen auf aserbaidschanisches Gebiet vor, und aserbaidschanische Kämpfer zogen sich auf iranisches Gelände zurück, um der Verfolgung durch sowjetische Soldaten zu entgehen.

Laut offiziellen Angaben waren im Mai 1991 mehr als 665 000 Menschen registriert, die aufgrund nationaler Konflikte innerhalb der Sowjetunion fliehen mußten. Allein 474 000 davon flohen wegen der armenisch-aserbaidschanischen Auseinandersetzung, und zwar jeweils zur Hälfte aus beiden Republiken. Das Elend, das damit verbunden ist, verraten diese Zahlen nicht.

Im Laufe der Zeit begann sich die Sympathie für die streitenden Parteien neu zu verteilen. Zu Anfang schien Moskau die Armenier, wenn auch nur um Nuancen, zu bevorzugen, und die internationale westliche Presse vertrat mehrheitlich armenische Positionen. Was ihr den Vorwurf aserbaidschanischer Politiker und Intellektueller einbrachte, einseitig zu berichten. »Ihr Journalisten haltet von vornherein zu den Armeniern, weil sie Christen sind wie ihr.« Daher wurden Nachrichten über von Armeniern begangene Greueltaten ebensowenig verbreitet wie die Distanzierungen von den an Armeniern verübten Pogromen, die viele Aserbaidschaner mit ehrlichem Abscheu vorbrachten.

Mittlerweile wird die Haltung Moskaus durch die Tatsache beeinflußt, daß sich Aserbaidschan bereit erklärt hat, den neuen Unionsvertrag zu unterzeichnen, Armenien hingegen, genau wie Georgien, die baltischen Republiken und zeitweise auch Moldawien, eine solche Unterzeichnung weit von sich weist. Nach den neuesten Informationen (Juli 1991) tragen sich allerdings Armenien und Moldawien nun doch wieder mit dem Gedanken, möglicherweise die neue Union mitzutragen.

Der bewaffnete Kampf zwischen Armeniern und Aserbaidschanern hält an. Armenische Dörfer auf aserbaidschanischem Gebiet und umgekehrt werden überfallen, belagert, beschossen mit gestohlenen Maschinengewehren und selbstgebauten Granatwerfern. Einzelne Orte, so das armenische Dorf Getaschenn, können nur noch per Hubschrauber versorgt werden. Bei schlechtem Wetter warten die Menschen vergeblich auf Lebensmittel, Medikamente, Benzin.

Die sowjetischen Innentruppen, die im Krisengebiet patrouillieren, halten sich raus, berichten Armenier. Sie wurden auch nicht eingesetzt, um den Präsidentenerlaß zu kontrollieren, der die Entwaffnung der streitenden Parteien befahl. Das besorgten gegen die armenischen Kämpfer aserbaidschanische Spezialeinheiten. Dabei hausten sie wie die Vandalen, nahmen mit, was nicht niet- und nagelfest war, der Rest wurde zerstört. Bei der Suche nach bewaffneten Armeniern wurden Frauen vergewaltigt und gequält, Kinder und alte Leute geschlagen. Und wieder die Frage: Warum läßt Moskau das zu, warum kümmern sich nicht die sowjetischen Innentruppen um die Entwaffnung der haßerfüllten Parteien? Wenn Grausamkeit und Brutalität der Preis für die Nichteinmischung der Zentrale ist, dann müssen zumindest Zweifel am praktischen Wert einer theoretisch sicher richtigen Forderung erlaubt sein.

Die Reihe zwischennationaler Konflikte, in denen Menschen verletzt und getötet werden, ließe sich weiter fortsetzen. Auch im mittelasiatischen Teil der Sowjetunion. Da wurden im Fergana-Tal, einem Grenzgebiet zwischen Usbekistan, Kirgisien und Tadschikistan, die ursprünglich aus dem Kaukasus stammenden Mescheten im Frühjahr 1990 regelrecht gejagt und abgeschlachtet. Da gehen immer mal wieder die Usbeken und die Kirgisen wegen Landstreitigkeiten aufeinander los.

Und diese Probleme entschärfen sich eben nicht automatisch dadurch, daß Moskau alle Völker in die Unabhängigkeit entläßt. Damit löst sich nur ein Teil des sowjetischen Nationalitätenkonflikts. Die direkte Ursache ist zwar in vielen Fällen die Annexion ganzer Nationen und die massenweise Deportation ihrer Völker unter Stalin. Aber wirtschaftliche Gründe spielen zunehmend eine Rolle, wenn Arbeitslosigkeit, zerstörte Umwelt und primitivste Lebensbedingungen Aggressionspotential mobilisieren. Kein Wunder, daß sich die Menschen

Sündenböcke suchen, und das sind bekanntlich immer die mit einer anderen Kultur, einer anderen Sprache, einer anderen Nationalität.

Seit Michail Gorbatschow Präsident der Sowjetunion ist, also seit dem 15. März 1990, existiert auch der sogenannte Föderationsrat. In ihm sind alle Republikführer vertreten, und es wurden von Anfang an im Volksdeputiertenkongreß und auch im Obersten Sowjet Rufe laut, diesem Gremium besonderes politisches Gewicht zu verleihen. Damit sollte dem neuen Selbstbewußtsein der Republiken und ihrem Streben nach Eigenständigkeit entgegengekommen und ein unkontrolliertes Auseinanderbrechen der Union verhindert werden. Doch was nützt das beste Gremium, wenn es von seinen Mitgliedern nicht angenommen wird. Als sich im April 1991 die Lage im ganzen Land durch die Streiks und Massendemonstrationen zuspitzte und der Föderationsrat zu diesem Thema tagte, um gemeinsam Auswege aus der Sackgasse zu finden, da fehlten folgende Mitglieder: der georgische Präsident Swiad Gamsachurdia mit dem Hinweis auf die komplizierte Situation in seiner Republik, der litauische Präsident Vitautas Landsbergis und der estnische Staatschef Arnold Rüütel, die beide ihre Anwesenheit aus grundsätzlichen Erwägungen für nicht angebracht hielten. Der lettische Parlamentspräsident Anatoli Gorbunow und der moldauische Präsident Mirtscha Snegur ließen sich beide aus gesundheitlichen Gründen entschuldigen, und der russische Präsident Boris Jelzin schließlich befand sich im Urlaub und schickte den stellvertretenden Parlamentspräsidenten Rusland Chasbulatow.

Hoffnungsvoller scheint sich die Arbeit der »9 plus 1« zu gestalten. Dahinter verbergen sich Michail Gorbatschow und neun Republikführer*, u. a. auch Boris Jelzin, die sich in einer

---

* Die beteiligten Republiken sind: Rußland, Weißrußland, Ukraine, Aserbaidschan, Kasachstan, Kirgisien, Usbekistan, Tadschikistan und Turkmenistan.

Datscha bei Moskau in Nowo Ogarjowo treffen, um die Details des neuen Unionsvertrages auszuarbeiten. Als »Neuner-Erklärung« vom 23. April 1991 ging der einmütige Appell dieses Gremiums durch die internationale Presse. Darin forderten sie die seit Monaten streikenden Bergleute auf, wieder an ihre Arbeit zu gehen. Angesichts der Krisenlage des Landes erklärten sie alle Versuche für »untragbar, politische Ziele durch Aufstacheln zum zivilen Ungehorsam und zu Streiks sowie Aufrufe zum Sturz der bestehenden und legal gewählten Organe der Staatsmacht zu erreichen«. Sie unterstützten das gerade erst vorgelegte Antikrisenprogramm der sowjetischen Regierung, und sie erkannten im Bezug auf den neuen Unionsvertrag das Recht der anderen sechs Republiken an, diesen Vertrag nicht zu unterschreiben, also der neuen Union fernzubleiben. Es hatte sich die Einsicht durchgesetzt, daß gegenseitige Vorwürfe und Dauerkonfrontation nicht weiterhelfen und daß man gemeinsam einen Weg suchen muß. Man kann gar nicht hoch genug einschätzen, daß das gelungen ist.

An der Bezeichnung UdSSR wird sich zwar auch künftig nichts ändern, aber das eine »S« steht dann für »souverän« statt »sozialistisch«. Wer hätte das gedacht? Eine deutsche Tageszeitung machte mit einem Vergleich die Bedeutung dieser Entscheidung klar. »Die Vorstellung, die Sowjetunion könnte das Wort ›sozialistisch‹ aus ihrem Staatsnamen streichen, erschien noch vor kurzem so bizarr wie eine Entscheidung des Papstes, das Kreuz aus dem Vatikan entfernen zu lassen.«

Wenn dieses neue Gebilde gelingt, diese »Union der souveränen Sowjetrepubliken«, dann könnte man nicht nur in der Sowjetunion aufatmen.

»Michail Sergejewitsch ist einverstanden«
Das Interview mit Gorbatschow

Es müßte der 19. Februar 1990 gewesen sein, wenn ich nicht irre, als wir – Stephan Kühnrich, mein Kollege vom DDR-Fernsehen, und ich – uns mal wieder über unsere Arbeit, das Leben an sich und die Zukunft der beiden Deutschlands unterhielten. Wir hatten uns bereits zu Beginn meiner Moskauer Tätigkeit kennengelernt und uns gegenseitig mit Bildmaterial ausgeholfen, wenn Honecker oder Kohl zu Besuch nach Moskau kamen, denn nach den hier geltenden Regeln sind bei den wichtigen Fototerminen immer nur die »eigenen« Leute zugelassen. Im übrigen keine deutsch-deutsche Besonderheit, sondern übliche Praxis bei ausländischen Gästen. Amerikanischer Besuch bedeutet amerikanische Journalisten, japanische Politiker zu Gast in Moskau heißt japanische Journalisten bei den offiziellen Terminen – jeweils zusätzlich zu den sowjetischen Medienvertretern, versteht sich.

Mein – damals noch – DDR-Kollege hatte mit seiner Hilfe für mich mehr Schwierigkeiten als ich umgekehrt. Die deutsch-deutschen Berührungsängste des mit Honecker aus Berlin angereisten Journalistentrosses waren doch enorm, und deutsch-deutsches kollegiales Verhalten hatte was Anrüchiges, wenn nicht gar Verdächtiges.

Gerade waren Bundeskanzler Kohl und Außenminister Genscher überraschend in Moskau gewesen (am 10. Februar 1990) und hatten nach ihren dortigen Gesprächen erklärt, nun sei alles in Ordnung mit der deutschen Vereinigung und selbst die Sowjets hätten zugestimmt, daß es Sache der Deutschen sei, über ihr weiteres Schicksal zu entscheiden. Inklusive der

Frage, zu welchem Militärbündnis die beiden deutschen Teile denn zukünftig gehören wollten!

Auf sowjetischer Seite zog man ein etwas zurückhaltenderes Fazit dieses Besuchs. Michail Gorbatschow habe nun eben auch der bundesdeutschen Seite das gesagt, was er Ministerpräsident Modrow vor kurzem in Moskau mitgeteilt habe. Und damit seien nun beide deutschen Seiten über die sowjetische Position voll im Bilde.

Die hatte sich ja in den letzten Monaten stark gewandelt. Noch im Dezember 1989 hatte Michail Gorbatschow erklärt, die deutsche Vereinigung sei kein aktuelles Thema, und der damalige sowjetische Außenminister Schewardnadse warnte, solche Gedanken gefährdeten lediglich die Stabilität in Europa. Ende Januar 1990 war dann in Moskau zu hören, die Vereinigung der Deutschen sei niemals und von niemandem in Zweifel gezogen worden. Bei diesem Besuch von Kohl und Genscher im Februar 1990 nun erinnerte Eduard Schewardnadse an den sowjetischen Vorschlag Anfang der fünfziger Jahre, ein vereintes neutrales Deutschland zu schaffen, und meinte, das sei eine alte und sehr gute Idee.

Die Zugehörigkeit eines geeinten Deutschlands zur NATO beherrschte die Diskussion, und in Deutschland machten die abenteuerlichsten Interpretationen die Runde, in denen man sich auf tatsächliche oder vermeintliche Gorbatschow-Berater berief und ignorierte, was Gorbatschow selbst zu diesem Thema unüberhörbar gesagt hatte: Die NATO-Mitgliedschaft eines geeinten Deutschlands komme aus sowjetischer Sicht nicht in Frage.

In der Sowjetunion reagierte man schon ein wenig überrascht, um es dezent zu formulieren, wie in der Bundesrepublik über die Moskauer Gespräche berichtet wurde. Ein Sprecher des sowjetischen Außenministeriums faßte das in dem Satz zusammen: Da sei eine gewisse Einseitigkeit und eine Neigung zur Euphorie festzustellen.

Eigentlich hätte wirklich jedem klar sein müssen, der mit Politik zu tun hat, daß die deutsche Frage nicht nur von den

Deutschen selbst entschieden werden konnte. Daß die Sowjetunion keine Stolpersteine in den Weg legen wollte und das Selbstbestimmungsrecht der Deutschen anerkannte, das war das eine, und darüber konnte man sich freuen. Aber es war zu dem Zeitpunkt blauäugig, anzunehmen, daß damit der Durchbruch endgültig geschafft sei.

Es gab damals, im Februar 1990, keinerlei Anzeichen dafür, daß sich die Sowjetunion ohne weiteres von der Idee eines neutralen vereinten Deutschlands verabschieden wollte oder gar eine irgendwie geartete Mitgliedschaft in der NATO akzeptierte. Das mochte mal so kommen (und so kam es dann ja auch), aber damals – und nur das ist wichtig im Zusammenhang mit seriöser Berichterstattung, aber auch mit seriöser Politik – konnte davon noch überhaupt keine Rede sein. Es war unredlich, diesen Eindruck zu erwecken. Von den Schwierigkeiten, die man Michail Gorbatschow mit solchen vollmundigen Äußerungen machte, gar nicht zu reden. Der mußte diese Politik ja erst mal in seinem eigenen Land durchsetzen.

In Moskau wurde offen darüber gesprochen, daß man in Deutschland dieses heikle und schwierige Thema wegen des Wahlkampfjahres möglicherweise nicht angemessen behandeln könnte. Man fürchtete auch, die deutsche Politik orientiere sich an Wahlterminen statt an der Sache. Ein sowjetischer Kollege drückte das so aus: »Wenn ihr schon ein gemeinsames deutsches Haus bauen wollt, dann muß das überlegt und solide gebaut werden. Ihr geht da ran, als handele es sich nur um eine Bretterbude.«

Stephan Kühnrich und ich redeten uns in Rage über diesen auf Spekulationen und Interpretationen gegründeten Journalismus bei uns zu Hause, über die schlechten Sitten zu Wahlkampfzeiten, und plötzlich war die Idee geboren: Michail Sergejewitsch selbst zu befragen. Er könnte einem Ost- und einem West-Korrespondenten gleichzeitig seinen Standpunkt zu dieser Frage mitteilen und erläutern, es gäbe keine zwischengeschalteten Instanzen, und man könnte diese Information aus erster Hand in Ost und West zeitgleich senden.

Eine kühne Idee, denn bis dahin hatte Gorbatschow in Moskau nur einheimischen Journalisten Fernsehinterviews gegeben. In der sowjetischen Hauptstadt akkreditierte ausländische Korrespondenten hatten keine Chance. Der einzige Ausländer, der bis dahin in Moskau wegen eines Fernsehinterviews zu Gorbatschow vorgedrungen war, wurde unmittelbar vor dem sowjetisch-amerikanischen Gipfeltreffen im Dezember 1989 eigens zu diesem Zweck eingeflogen.

Wir versuchten es dennoch, besorgten uns also Anfang März einen Termin im sowjetischen Außenministerium, unserer zuständigen Anlaufstelle – und waren vom Ergebnis dieses Gesprächs völlig verblüfft. Als wir nach der etwa einstündigen Unterredung wieder auf der Straße standen, waren wir beinahe sicher, das Interview zu bekommen. Gleichzeitig trauten wir uns nicht so recht, es wirklich zu glauben.

Aber wenn unser Gesprächspartner im Außenministerium bereits mit dem Terminkalender in der Hand über ein sinnvolles Datum für dieses Interview mit dem Generalsekretär sinnierte, dabei konkret vom 9. März, also Freitag nächster Woche, sprach und laut darüber nachdachte, daß es um Himmels willen nicht nach Einmischung in die inneren deutschen Angelegenheiten aussehen sollte, so kurz vor der Wahl in der DDR ... dann mußte man doch fast davon ausgehen, daß unserem Wunsch entsprochen werden würde. Als man uns dann auch noch sagte, wir bekommen morgen Bescheid, waren wir vollends verwirrt. Wesentlich unkompliziertere Anfragen brauchen in der Regel wesentlich mehr Zeit bis zu einer Entscheidung.

Wenn ich beschreiben soll, wie mir zumute war, als ich mit dem Auto wieder ins Büro fuhr, um noch einen Beitrag für die Tagesthemen zu machen, dann vielleicht so: erhöhter Puls, weiche Knie und dennoch Bärenkräfte.

Wie so oft im Leben kam an diesem Tag dann alles zusammen. Was ich monatelang beantragt hatte, wurde mir nun plötzlich genehmigt: eine Reise an den Aralsee, wo sich eine Umweltkatastrophe größten Ausmaßes abspielt, weil dieser große See langsam, aber sicher austrocknet und bereits jetzt nur noch zwei Drittel seiner früheren Größe, fast 65 000 Quadratkilometer ausmacht. Aber wie konnte ich an den Aralsee fliegen, wenn ein Interview mit dem sowjetischen Staatschef bevorstand. Folglich sagte ich die Reise schweren Herzens ab. Es war auch deshalb nicht ganz einfach, weil ich zu dem Zeitpunkt ja mit niemandem über das Gorbatschow-Projekt reden konnte. Ich mußte in Kauf nehmen, daß man mich für verrückt erklärte, weil ich die lang ersehnte Reise an den Aralsee platzen ließ.

Lange vor der Idee, Gorbatschow zu befragen, hatte ich ein Interview mit Boris Jelzin beantragt, dessen Buch gerade in Deutschland erschienen war. Ein Interview mit Jelzin war lediglich eine Frage des Termins, kein grundsätzliches Problem. Aber es paßte mir natürlich überhaupt nicht in den Kram, als ich um drei Uhr nachmittags erfuhr, daß Jelzin wegen einer Auslandsreise nur noch diesen Abend zur Verfügung stand.

Kurz nach fünf war ich zum Glück mit dem Beitrag für die Tagesthemen fertig. Um sechs hatten wir den Termin bei Jelzin. Im Gebäude pünktlich angekommen, trafen wir im Foyer auf ein britisches Fernsehteam, das bereits seit zwei Stunden hier wartete. Jelzin sei aus der Plenarsitzung noch immer nicht zurück, hieß es. Und dann erzählte jemand, Zeitungskollegen der *New York Times*, denen es gelungen war, bereit ins Arbeitszimmer vorzudringen, seien ebenfalls mit Jelzin fest verabredet.

Das konnte ja heiter werden, denn ich wollte ursprünglich heute abend noch in die DDR-Botschaft zu einem Empfang anläßlich der Visite von Ibrahim Böhme, dem neuen SPD-Vorsitzenden der DDR. Ich hoffte dort zu erfahren, welche DDR-Politiker sich in der allernächsten Zeit zu einem Moskau-Besuch angesagt hatten, was ja nicht unwichtig war für das Timing des geplanten Gorbatschow-Interviews.

Doch zunächst mal formulierte ich, im Mantel im Foyer stehend, die Fragen, die ich hoffentlich heute noch Jelzin stellen würde. Erstaunlicherweise wurden wir dann vor den britischen Kollegen hereingebeten, und die Amerikaner waren bereits gegangen. Jelzin selbst war immer noch nicht da, aber das Kamerateam konnte die Zeit nutzen, Lampen aufzubauen, und ich, um mich überhaupt erst mal zu schminken. Ich huschte mit der Puderquaste übers Gesicht, denn es wäre mir natürlich höchst peinlich gewesen, wenn Boris Jelzin just in dem Moment das Zimmer betreten hätte.

Doch als er aufgeräumt und gutgelaunt erschien, waren wir mit unseren diversen Vorbereitungen fertig. Sehr lebendig und mit aussagekräftiger Mimik stellte sich Boris Jelzin meinen Fragen. Allerdings wanderten seine Augen immer wieder zu einem der Männer in unserem Team, so als wollte er damit sagen, daß sich Frauen lieber anderen Aufgaben als dem politischen Journalismus widmen sollten. Ich will ihm ja nicht zu nahe treten, aber nach meinem Eindruck hat er doch etwas Chauvinistisches ...

Jelzin wirkte in dieser Zeit allgemein sehr nachdenklich, dabei aber nicht weniger gradlinig oder entschlossen, was das von ihm geforderte Tempo bei der Umgestaltung der Sowjetunion betraf. Er machte nicht mehr so sehr den Eindruck eines Polterkopfes, er hatte nun eher etwas Staatsmännisches an sich, war darüber aber nicht langweilig geworden und hatte sich auch nicht darauf verlegt, nur noch diplomatische Luftblasen abzusondern. Eine ganz eigenartige Mischung.

In unserem Interview griff er Michail Gorbatschow nicht an, wie er das ja vorher und auch später wieder tat, er kritisierte lediglich in gesetzten Worten dessen Politik. Der Hauptfehler von Gorbatschow bestehe darin, so Jelzin, daß er zu Beginn des Perestroikaprozesses nicht gewußt habe, wohin er die Gesellschaft damit führt. Es habe keine komplexe Konzeption der Perestroika gegeben mit festgelegten Etappen oder gar Etappenzielen. So habe man auch die Wirtschaftsreform einfach verkündet, ohne sich genügend Gedanken über das notwendige Fundament zu machen. Eigentumsgesetz, Bodengesetz, Gesetze über das Kredit- und Finanzwesen – all das hätte man vor drei oder gar fünf Jahren verabschieden müssen.

Der zweite große Fehler Gorbatschows besteht nach Jelzins Ansicht darin, daß er mit allem immer zu spät komme. »Wir schaffen es ständig, gerade noch auf den letzten Waggon aufzuspringen, bevor der Zug abgefahren ist.« Das sei auf die Dauer ein riskantes Verfahren. Und Jelzin entwickelte dann folgende Vision: Wenn die Reformen in dem Tempo weitergingen wie bisher, wenn es bei den halbherzigen Maßnahmen, bei der Unentschlossenheit und bei den vielen Kompromissen bliebe, dann führe das unweigerlich zur »Machtübernahme des Volkes«. Denn die kritische Masse werde weiter wachsen und irgendwann explodieren, wenn sich der Lebensstandard nicht endlich verbessere. »Dann wird die Masse entscheiden.«

Jelzins Rat: »Man braucht einen großen Schritt nach links und einen nach vorne, wahrscheinlich eher mehrere Schritte, um den rechten Flügel hinter sich zu lassen, sich dem Zentrum zu nähern und mich von links zu überholen.«

Wie das praktisch funktionieren soll, ist mir nicht klar.

Im Laufe des Gesprächs flocht er irgendwann mal ein, was ihn bei der Fragestellung westlicher Journalisten immer so störe: »Sie personalisieren ständig alles auf Gorbatschow. *Seine* Politik, *seine* Initiative. Wo bleiben denn die 280 Millionen Sowjetbürger. Sie stellen das immer so dar, als hätten die damit nichts zu tun.«

Wenn man mal davon absieht, daß bei dieser Bemerkung sicher auch persönliche Beweggründe eine Rolle spielen – warum immer nur *der* und nicht vielleicht auch andere Namen mutiger Politiker –, so macht sie auf jeden Fall etwas deutlich, was wir im Westen in der Tat oft zu übersehen scheinen: Es gibt nicht nur den Michail Gorbatschow, der einsam und allein und von lauter Feinden umgeben ist. »Seine« Politik der Perestroika konnte überhaupt nur deshalb greifen, weil starke gesellschaftliche Kräfte diese Politik unterstützen und befördern. In der Konsequenz heißt das: Der eingeschlagene Weg könnte auch von anderen weitergegangen werden.

Das Interview war vorbei, und mittlerweile war es fast acht Uhr, und ich hetzte zum Empfang in die DDR-Botschaft. In vertraulichen Gesprächen stellte sich tatsächlich heraus, daß DDR-Ministerpräsident Hans Modrow am kommenden Montag die Sowjetunion besuchen wollte. Wir hatten Donnerstag.

Der Freitag verging ohne einen näheren Bescheid aus dem sowjetischen Außenministerium wegen des geplanten Interviews mit Michail Gorbatschow, das man uns ja für den nächsten Freitag nahezu versprochen hatte. Am Wochenende passierte gar nichts. Am späten Montagvormittag kam dann endlich der ersehnte Anruf: »Ja, Michail Sergejewitsch ist einverstanden, morgen, aber wann genau und wo das Interview stattfinden soll, werden wir Ihnen noch mitteilen.«

Jetzt wäre es natürlich nicht schlecht gewesen, sich in Ruhe und mit Muße auf das Interview vorzubereiten – inhaltlich, aber auch sprachlich, denn es würde sich ja alles auf russisch abspielen, ohne Dolmetscher, so hatten wir es verabredet. Aber zunächst mußten wir uns beide darum kümmern, daß sowohl die ARD als auch der DFF (Deutscher Fernsehfunk) im wahrsten Sinne des Wortes von heute auf morgen einen entsprechenden Sendeplatz frei schaufelten, denn auch unseren Sendern hatten wir vage den Freitag in Aussicht gestellt.

Den ganzen Tag über wurde nicht klar, wann und wo wir uns denn morgen wegen des Interviews einfinden sollten. Erst am Abend hieß es dann plötzlich: morgen vormittag um zwanzig nach zehn vor dem Eingang Nr. 1 im Gebäude des Zentralkomitees der Kommunistischen Partei.

Natürlich hatte ich an diesem Abend Mühe einzuschlafen und konzentrierte mich immer und immer wieder auf das Gespräch mit dem sowjetischen Staatschef (Präsident wurde Gorbatschow ja erst wenige Tage später). Meine größte Sorge galt der Sprache. Was, wenn mir plötzlich die Worte fehlten? Sich auf russisch zu verständigen ist das eine, auf russisch ein außergewöhnliches Interview zu einem heiklen Thema auf höchster Ebene zu führen ist das andere. Die Geschichte verfolgte mich bis in meine Träume. Da saß ich mit irgendwelchen Betreuern des Außenministeriums in irgendwelchen Fluren herum und wartete und wartete ... Als ob ich's geahnt hätte.

Am nächsten Morgen klingelte um halb zehn das Telefon. Wir sollten wegen der Spezialausweise bitte vorher im Außenministerium vorbeikommen und erst dann zum ZK fahren. Im Außenministerium angekommen, mußten wir erst mal warten. Einer der beiden uns zugeteilten Begleiter war nicht aufzufinden. Das ging ganz schön an die Nerven, wer läßt schon gerne einen Staatschef warten – und noch dazu so einen.

Schließlich fuhren wir mit einem Begleiter los, der uns unterwegs eröffnete, daß das Treffen nun doch nicht im ZK, sondern im Kreml stattfinden würde. Das wußte unser Kamerateam aber nicht, und so hetzten wir am ZK vorbei, weil wir uns nicht darauf verlassen wollten, daß man unsere Kollegen dort rechtzeitig weiterschickte.

Vor dem ZK-Eingang Nr. 1 – keine Menschenseele. Also weiter zum Spasski-Turm des Kreml, auf Höhe der Basilius-Kathedrale am Roten Platz. Und richtig – da standen sie bereits: der BRD- und der DDR-Kameramann und ein Toningenieur. Mehr waren nicht erlaubt. Wir durften das Tor passieren, aber am Eingang zum Gebäude des Ministerrates, zu dem man uns auf dem Kremlgelände führte, hieß es erst mal wieder warten. Es war kalt und windig, und es regnete, unser Begleiter vom Außenministerium – nennen wir ihn ab jetzt einfach Wladimir – lief ständig kopfschüttelnd rein und raus.

Heute war ja auch Ministerpräsident Modrow zu Besuch, und deshalb gesellten sich nach einiger Zeit noch ein paar DDR-Journalisten zu uns, um bei dem üblichen Fototermin dabeizusein, wenn sich Gast und Gastgeber die Hände schütteln und ein paar unverbindliche Begrüßungsworte austauschen.

Endlich durften wir das Gebäude betreten. Für mich bedeutete das zunächst einmal weiter warten, denn als Bürgerin der Bundesrepublik hatte ich kein Recht, diesem Termin irgendwo auf einem der oberen Stockwerke beizuwohnen. Ich spazierte unten neben der Garderobe auf und ab und versuchte mir auszumalen, wie lange Michail Gorbatschow und Hans Modrow wohl zusammensitzen, ob sie im Anschluß an ihr Gespräch erst gemeinsam zu Mittag essen oder ob wir vorher unseren Termin beim sowjetischen Staatschef haben werden oder . . .

Meine einzige Sorge zu dem Zeitpunkt bestand darin, daß man mich nicht rechtzeitig holen könnte. Hier unten war ich von den Informationen dort oben abgeschnitten. Mittlerweile war es Viertel nach elf, das Treffen sollte um elf Uhr beginnen, und in der Regel fliegen die Journalisten nach fünf Minuten wieder raus, damit die Politiker mit ihrer Arbeit beginnen können. Was war also passiert? Ob man die Medienmenschen diesmal bis zum Ende des Gesprächs oben vor der Tür warten ließ, so etwas kommt, wenn auch selten, vor.

Es erschien mir wie eine Ewigkeit, bis ich den Pulk meiner Kollegen die Treppe herunterkommen hörte. Mir fiel gleich das angespannte, fast enttäuschte Gesicht von Stephan Kühnrich auf, der ja als DDR-Bürger mit oben gewesen war. Also war doch was passiert.

Entgegen allen hier üblichen Regeln hatte einer der DDR-Journalisten beim Fototermin Michail Gorbatschow quasi von der Seite angesprochen und nach der natürlich alle interessierenden NATO-Problematik gefragt. Und Michail Gorbatschow – locker und aufgeschlossen – hat geantwortet, ruhig und ausführlich.

Was wir erst viel später erfuhren, war, daß es sich dabei um eine gezielte, sagen wir deutsch-deutsche konzertierte Aktion gehandelt hat. Ein paar Kollegen – na ja, kollegial war das nicht gerade – hatten die Vorstellung nicht ertragen, daß da zwei Korrespondenten ein Exklusivinterview mit dem sowjetischen Staatschef vor sich hatten; das wollten sie mit den ihnen zur Verfügung stehenden Mitteln sabotieren.

Die Rechnung schien aufzugehen. Ein paar Offizielle redeten aufgeregt mit Wladimir, und alles lief darauf hinaus, daß man Michail Sergejewitsch ein weiteres Interview nicht zumuten könne. Außerdem habe man ohnehin den Zeitplan bereits überschritten. Da schießt einem natürlich einiges durch den Kopf: Wut, Enttäuschung, auch der Gedanke: Welche Blamage, wenn die Sondersendung platzt, und wie gehen wir mit der »kollegialen« Häme um? Die Oberhand gewann die Überlegung: Wie kann man das reparieren?

Hier im Gebäude des Ministerrats war erst mal nichts mehr zu machen, das war in der Tat gelaufen. Also ein Haus weiter im Kreml, zum Obersten Sowjet, wo sich Gorbatschow und Modrow nach ihrem Gespräch unter vier Augen mit der gesamten Delegation treffen wollten. Modrow hatte immerhin 15 Minister mitgebracht.

Inzwischen hatte Schneeregen eingesetzt, der Wind war noch stärker geworden, und ich fragte mich, ob ich wegen des Wetters oder aufgrund der Anspannung fror. Als wir den nächstliegenden Eingang zum Gebäude des Obersten Sowjets benutzen wollten, schickte man uns höflich, aber bestimmt wieder weg, wir könnten nur durch den Haupteingang hinein. Also wieder raus mit unseren Gerätschaften, um die nächste Ecke rum und rein in den Haupteingang.

Da standen wir nun in dem Riesenfoyer und bangten um unser Interview. Wie es weiterginge, war völlig unklar. Definitiv absagen, das wollte wohl niemand verantworten, und definitiv zusagen, das konnte offenbar auch keine der uns begleitenden Personen entscheiden. Um kurz nach zwölf kam Hans Modrow mit einigen seiner Minister. Das hieß also, das Gespräch unter vier Augen war zu Ende, und jetzt folgte hier die Fortsetzung im großen Kreis.

Eine weitere Stunde verging. Dann erschien einer der stellvertretenden Außenamtssprecher und teilte uns offiziell mit, daß wegen der Vorkommnisse am Morgen an ein Interview heute nicht mehr zu denken sei. Schock. Aber ehe er sich umdrehen konnte, um zu gehen, bombardierte ich ihn mit allem, was mir durch den Kopf schoß, ohne Rücksicht auf irgendwas:

»Das ist wirklich unmöglich, verstehen Sie? Ich bitte Sie herzlich, diese Entscheidung noch einmal genau zu überdenken, denn nicht nur wir blamieren uns, Sie blamieren sich damit auch. Ich fürchte, man hat Michail Sergejewitsch gar nicht umfassend informiert, denn ich kann mir nicht vorstellen, daß er so eine Entscheidung trifft.

Wie sieht das denn aus: Gestern bekommen wir eine definitive Zusage, kein ›Vielleicht‹ oder ›Mal sehen‹, und das Fernsehen in beiden Teilen Deutschlands hat daraufhin sein Abendprogramm geändert. Zudem – von sowjetischer Seite hat es doch Bedenken gegeben, es könnte kurz vor der Wahl in der DDR nach Einmischung in die inneren Angelegenheiten aussehen. Wie kann man dann eine so günstige Gelegenheit – das Interview mit dem Besuch von Hans Modrow zu verbinden – wegen so einer Lappalie verstreichen lassen?«

Ich hatte den Eindruck, daß mein Gesprächspartner im Grunde meiner Meinung war. Auf jeden Fall erkundigte er sich hektisch nach ein paar Telefonnummern und verschwand. Wladimir kreuzte dann auch wieder auf und erzählte, daß der »Boß« an drei Apparaten gleichzeitig telefoniere.

Es dauerte und dauerte. Grauenvoll. Je näher die Zeit rückte, zu der das offizielle Mittagessen angesetzt war, halb zwei, desto konzentrierter wurden Stephan Kühnrich und ich – wenn da überhaupt noch eine Steigerung möglich war. Denn irgendwann lief uns natürlich auch die Zeit weg. Das Interview – wenn es denn jemals dazu kommen sollte – mußte ja auch sorgfältig übersetzt und bearbeitet werden. Wir spazierten durch die Lobby, jeder auf seine Art damit beschäftigt, die Nerven zu behalten.

Als wir dann später im Büro die Sendefassung des Interviews mit der deutschen Übersetzung produzierten, erzählte mir Stephan Kühnrich plötzlich von zwei Erlebnissen in Afghanistan, die ihn und seinen Kameramann in Lebensgefahr gebracht hätten. Bevor ich danach fragen konnte, fügte er hinzu: »All das hat mich nicht soviel Nerven gekostet wie der heutige Tag.«

Wir beide hatten zunächst verabredet, daß Stephan die erste Frage stellte, er war schließlich der Korrespondent aus dem Land, um dessen NATO-Mitgliedschaft gestritten wurde. In diesem unübersichtlichen Chaos, wo wir im Grunde mit allem rechnen mußten, auch damit, sozusagen nur im Vorbeigehen unsere Fragen loswerden zu dürfen, einigten wir uns jetzt darauf, daß, wenn wir Michail Gorbatschow denn je zu fassen kriegen sollten, ich den Überfall startete. – Seltsamerweise war ich jetzt fast ruhig, meine nächtliche Angst vor dem Sprach-Blackout nahezu verschwunden.

Endlich erschien der stellvertretende Außenamtssprecher und sagte nur ganz kurz: »Sie möchten bitte raufkommen, aber gleich.« Die Kollegen des sowjetischen Fernsehens, die unser Interview mitdrehen wollten, waren längst verschwunden, denn die hatten die Hoffnung, daß es klappen könnte, aufgegeben.

Vor lauter Aufregung habe ich nicht darauf geachtet, auf welche Etage wir fuhren. Oben angekommen, führte man uns in eine Art Salon oder Empfangszimmer, prunkvoll ausgestattet, aber für die Details hatten wir keine Augen. Irgend jemand meinte plötzlich, ganz sicher sei das Ganze aber immer noch nicht, wir säßen hier nur für alle Fälle . . . Stephan und ich begannen uns körperlich unwohl zu fühlen. Dann steckte jemand den Kopf rein und stieß hervor: »Der Termin ist zu Ende. Achtung.«

Ich warf einen Blick auf den Flur und sah den Außenamtssprecher im Laufschritt durch eine Tür stürmen und uns herbeiwinken. Also los. Entschlossen, aber fast wie in Trance ging ich den Flur entlang und erschrak beinahe, als ich vor der geöffneten Flügeltür stand. Bislang wurden die Kreml-Flügeltüren immer nur für andere geöffnet, und ich stand im Gedränge der Journalisten, die solche Szenen stumm zu beobachten hatten. Für mich hatte noch niemand eine Flügeltür aufgerissen, schon gar nicht im Kreml.

Und da stand er nun: Michail Sergejewitsch Gorbatschow sah aus wie das blühende Leben. Um ihn herum an der Wand aufgereiht alle möglichen Leute. Auf die schnelle erkannte ich Valentin Falin, den früheren Botschafter in Bonn und jetzigen ZK-Abteilungsleiter, und Gennadij Gerassimow, den damaligen Sprecher des Außenministeriums.

Michail Gorbatschow kam freundlich lachend auf uns zu und empfing uns mit der Bemerkung: »Aha, ihr habt euch also schon vereinigt.« Es lag an der Art des sowjetischen Staatschefs, daß von Anfang an eine angenehme und sehr entspannte Atmosphäre herrschte. Ungezwungen fragte er uns, wie wir die Aufnahme denn haben wollten, im Sitzen oder im Stehen. Wir entschlossen uns aus technischen Gründen blitzschnell doch für ein Interview im Stehen. So kann man guten Gewissens ein Interview mit einem Mikrofon in der Hand führen; wenn wir uns, wie sich die Situation hier darstellte, gesetzt hätten, zwischen uns ein nicht gerade schmaler Tisch, hätte dieses Hin und Her mit dem Handmikrofon gestört, möglicherweise gar lächerlich gewirkt, auf jeden Fall wäre es ein unmögliches Bild geworden. Andererseits konnte ich ja wohl schlecht Michail Gorbatschow erst mal eines dieser kleinen Mikrofone ans Revers stecken. Kurz und gut, wir blieben stehen.

Nachdem mir meine erste Frage so gelungen war, wie ich mir das gewünscht hatte, ließ meine innere Anspannung nach. Ich genoß den intensiven Blickkontakt, und mir wurde blitzartig klar, daß es kaum möglich ist, sich der Ausstrahlung dieses Mannes zu entziehen – das ist im übrigen durchaus keine Frage des Geschlechts.

Ein glaubwürdiger, sympathischer Politiker, dachte ich bei mir. Und: Wie kann jemand trotz dieser unmenschlichen Arbeitsbelastung und dieses ungeheuren Drucks angesichts der Probleme der Sowjetunion so unverschämt gut aussehen? Leicht gebräunt, kein Fältchen, ausgeruht und ein offener Blick aus wirklich sehr schönen braunen Augen. Keine Spur von Nervosität oder Hetzerei, obwohl doch schon die nächsten Termine drängten. In keiner Phase des Gesprächs gab er uns das Gefühl, im Grunde keine Zeit für uns zu haben. Er weiß, wie er wirkt, denke ich mir, und er genießt es. Aber vielleicht gehört ein gewisses Maß an Eitelkeit dazu, um dieser Aufgabe angenehme Seiten abgewinnen zu können und aus der Bestätigung – wenn schon nicht im eigenen Land, so doch wenigstens international – Kraft zu schöpfen.

Und das ist das Interview im Wortlaut:

Gabriele Krone-Schmalz:
Was den militärischen Status eines vereinten Deutschlands angeht – ist es denkbar, daß die Sowjetunion einer wie auch immer beschaffenen Mitgliedschaft in der NATO zustimmt, oder welche Vorstellungen haben Sie?

Michail Gorbatschow:
Nein, da werden wir nicht zustimmen, das ist absolut ausgeschlossen. Wir glauben, daß der Prozeß der Wiedervereinigung der beiden deutschen Staaten ein natürlicher Prozeß ist. Das zeigt sich auch in der Auffassung, die ich immer vertreten habe. Die Geschichte hat uns diese Frage als Erbe hinterlassen. Die Geschichte wird zeigen, wie diese Frage zu lösen ist, und eben jetzt hat sich die Geschichte plötzlich mit großer Geschwindigkeit in Bewegung gesetzt.

Ich bin der Ansicht, daß dabei die Interessen der Deutschen berücksichtigt werden müssen. Das steht außer Zweifel, und wir sind dazu bereit. Aber auch die Deutschen und alle an diesem Prozeß Beteiligten müssen die natürlichen Interessen jener Staaten berücksichtigen, die mit den beiden deutschen Staaten eine gemeinsame Grenze haben. Sie müssen die Interessen aller Europäer berücksichtigen. Und da die deutsche Frage nun einmal zu den großen Fragen der Weltpolitik zählt, müssen auch die Interessen der übrigen Welt berücksichtigt werden. Das darf man nicht vereinfachen. Bei so großen, schicksalsträchtigen Fragen, die so fundamentale Dinge wie die Interessen der Völker, der Deutschen selbst, der Europäer und der ganzen Welt berühren, bei solchen Fragen rücksichtslos und ungeschickt zu handeln wäre keine angemessene

Methode der großen Politik. An diese Frage muß in Etappen herangegangen werden. Ich glaube, daß das im Interesse sowohl der Deutschen in der DDR liegt, die wissen möchten, was aus ihnen wird und welches Schicksal die nächsten Generationen erwartet, als auch der Deutschen der Bundesrepublik, die wissen möchten, was die Wiedervereinigung von ihnen fordert. Ich glaube, daß auch alle Geschäftsleute darüber nachdenken. Es handelt sich um eine sehr wichtige Frage, was die internen Prozesse betrifft, das Leben innerhalb der beiden deutschen Staaten, der Deutschen in der DDR und in der Bundesrepublik.

Ich glaube, daß ein etappenweises, ausgewogenes Herangehen an diese Frage zum Wohl aller beitragen würde. Aber auch, was dann die äußeren Angelegenheiten betrifft, wenn dieser Prozeß mit dem europäischen verknüpft wird. Das bedeutete dann, daß diese beiden Prozesse aufeinander abgestimmt und daß so alle Bedenken ausgeräumt würden, die entstehen können, wenn dies nicht geschieht. Solche Bedenken gibt es ja bereits.

Es ist davon die Rede, was mit den Grenzen sein wird. Ich habe bemerkt, daß der Kanzler in den letzten Tagen einige seiner Positionen korrigiert hat, und begrüße das.* Denn Unklarheiten bei solchen fundamentalen Fragen gehören nicht zur seriösen Politik. Man muß alles klar darstellen, und die Leute müssen alles wissen, das ist das eine.

Das zweite ist nun, wo ein vereinigtes Deutschland stehen soll. Ich glaube, daß es einen einheitlichen europäischen Prozeß gibt. Es gibt den Wiener Prozeß, wir sehen Helsinki II entgegen, es werden sich NATO und Warschauer Pakt zu militärisch-politischen oder politischen Organisationen hin verändern. In diesem Fall muß um die Frage, wo Deutschland stehen soll, nicht geschachert werden.

Vor kurzem wurde ich von einem führenden Vertreter des

---

* Michail Gorbatschow bezieht sich dabei auf Äußerungen von Helmut Kohl in bezug auf die Garantie der deutsch-polnischen Grenze.

Westens gefragt, warum diese Frage Herrn Gorbatschow eigentlich solches Kopfzerbrechen bereite. Die Deutschen seien nicht mehr die, die sie einmal waren. Die Deutschen in Ost wie in West seien für den Frieden. Sie hätten viel dazu beigetragen. Das alles stimmt auch. Aber in diesem Fall könnte man die Frage auch so stellen: Warum müssen sie der NATO angehören? Sollen sie doch dem Warschauer Pakt beitreten, wenn diese Frage schon so nebensächlich ist. Nein, aber warum denn, hieß es dann gleich. Nun, sage ich, diese Gegenfrage erklärt alles. Lassen Sie uns doch ernsthaft über diese Frage sprechen.

Jetzt und auch früher schon, das habe ich immer unterstrichen, sind wir Zeugen von großen Veränderungen in der Welt, in Europa. Diese Prozesse umfassen alle Länder. Sie versprechen große Veränderungen, Wohlergehen, ein neues Europa, neue Beziehungen zwischen den Menschen, den Staaten, den Völkern. Das heißt, wir dürfen diese Gelegenheit nicht ungenutzt vorübergehen lassen. Aber das erfordert von uns allen großes Verantwortungsbewußtsein, damit nicht das zerstört wird, wozu wir alle beigetragen haben. Denn das, was jetzt vor sich geht, ist das Ergebnis gemeinsamer Bemühungen von Jahrzehnten. Wir haben aus positiven sowie negativen Erfahrungen gelernt. Nun, wo sich die Gelegenheit bietet, muß man Verantwortungsbewußtsein beweisen.

Ich habe jetzt so ausführlich auf Ihre kurze Frage geantwortet, weil das für uns alle von großer Bedeutung ist. Wir werden aktiv und konstruktiv daran teilhaben, doch wir werden es nicht zulassen, daß diese zunehmend positiven Tendenzen der Veränderungen in Europa sowie der Erneuerung der Beziehungen zwischen den europäischen Staaten zerstört werden. Davon gehen wir aus.

Stephan Kühnrich:

Sie sprechen davon, daß dieser schwierige Prozeß in Deutschland besondere Verantwortung verlangt. Haben Sie nicht den Eindruck, daß besonders in Deutschland im Zusammenhang mit den bevorstehenden Wahlen diese Verantwortung nicht immer ausreichend vorhanden ist?

Michail Gorbatschow:

Wissen Sie, es gibt sehr heikle Gebiete, in denen man sich nicht in die inneren Angelegenheiten eines Staates einmischen darf. Diese Meinung vertreten wir mit allem Nachdruck. Das bedeutet aber nicht, daß wir einen Prozeß nicht unterstützen, wenn wir für ihn sind, oder daß wir nicht gegen einen anderen auftreten. Aber das ist letztendlich die Entscheidung eines jeden Volkes. Ich verfolge von Moskau aus die Wahlkampagne und sehe, daß einige es sehr eilig haben, daß einige anderen ihre Ansichten, ihre Meinungen aufdrängen möchten.

Ich sehe auch, daß es Versuche gibt, auf die Menschen in der DDR im Interesse von Parteien und politischen Überlegungen Druck auszuüben. Sie haben mir diese Frage gestellt und so meine Antwort provoziert. Ich hoffe aber, daß die in der DDR und in der Bundesrepublik nicht so aufgefaßt wird, als ob ich mich in den Wahlkampf einmischen wollte. Im Gegenteil, ich sehe, wie viele Besucher aus der Bundesrepublik kommen und wie sie sich in die Angelegenheiten der DDR einmischen.

Als ob die DDR bereits kein souveräner Staat mehr wäre, als ob die DDR kein unabhängiger und allseits anerkannter Staat mehr wäre. Doch das sollen die Deutschen untereinander ausmachen. Aber ich glaube, daß sich das Volk sehr gut überlegen muß, wem es seine Stimme gibt. Gerade in dieser Phase ist es überaus wichtig, daß Leute in die Parlamente, Regierungen und Machtorgane gewählt werden, die in der Lage sind, Verantwortung zu tragen und verantwortungsvoll zu handeln im Einvernehmen mit allen anderen Regierungen und Völkern.

Gabriele Krone-Schmalz:

Wie stellen Sie sich die zukünftigen Beziehungen der Sowjetunion zu einem vereinten Deutschland vor? Könnte es sein, daß es grundsätzlich andere sein werden als früher zur DDR und zur Bundesrepublik?

Michail Gorbatschow:

Ich glaube natürlich, daß sich die Beziehungen verändern werden. Es fällt einem die Vorstellung schwer, daß sie sich nicht verändern könnten. Gerade vorhin habe ich vor der Regierung Modrow zu dieser Frage Stellung genommen. Ich glaube, daß diese Beziehungen gute Aussichten haben. Aber das hängt natürlich auch davon ab, wie wir zueinander stehen werden. Es kann zu einer Erweiterung, ja sogar zu einer Vertiefung der Zusammenarbeit kommen. Es kann aber auch Mißtrauen entstehen.

Was die bilaterale Zusammenarbeit betrifft, so glaube ich, daß beide Seiten verantwortungsvoll handeln müssen. Wir unterhalten sehr umfangreiche Beziehungen mit den sozialistischen Staaten, das war auch mit der DDR so und wird auch so bleiben. Wir haben sehr umfangreiche Beziehungen mit den westeuropäischen Staaten, mit der Bundesrepublik Deutschland. Auch das ist sehr wichtig. Wir möchten, daß diese Interessen, die der Bundesrepublik und die der Sowjetunion, nicht darunter leiden, wenn es zu einer Vereinigung kommt, die alle Bereiche, auch die der Wirtschaft, umfassen wird. Wenn wir einen Blick auf unsere gemeinsame Geschichte werfen, dann wissen Sie, daß die Beziehungen Deutschland – Rußland eine lange Geschichte haben. Es hat immer eine Zusammenarbeit gegeben, auch wenn man aus manchem eine Lehre ziehen muß. Insbesondere dürfen wir nicht vergessen, was geschah, als in Deutschland der Faschismus an die Macht kam, welche Folgen er für uns alle hatte, für das sowjetische Volk und für die Deutschen.

Daß wir nun einen vertrauensvollen Weg eingeschlagen und die Beziehungen auf eine neue Grundlage gestellt haben, auch die Zusammenarbeit im bilateralen Interesse und im Interesse der ganzen Welt, das ist, glaube ich, eine wichtige Errungenschaft der beiden Völker, der beiden Staaten, und das muß so bleiben. Wir unsererseits werden alles tun, damit es so bleibt, aber hier spielt eben, wie gesagt, das gegenseitige Interesse eine große Rolle. Die Aussichten sind gut. Ich sehe, wie groß das Interesse der Deutschen aus der Bundesrepublik, der Geschäftsleute, ist. Einc Vereinigung der intellektuellen und wissenschaftlichen Kräfte und der technischen Ressourcen zwischen unseren Staaten und Völkern kann auch für unsere Völker von Vorteil sein. In diesem Sinne bin ich sehr optimistisch.

Glanz und Elend der Hoffnungsträger
Zur Person und Rolle Michail Gorbatschows und Boris Jelzins

Auf bestimmte Dinge im Leben kann man sich immer verlassen, zum Beispiel auf das Kurzzeitgedächtnis der Menschen. Das funktioniert in guten und in bösen Tagen. Politiker können ein Lied davon singen. Wenn auf den Wähler überhaupt irgendwie Verlaß ist, dann auf sein Kurzzeitgedächtnis.

Wer Böses dabei denkt, dem sei gesagt, daß sich natürlich fast jeder Erscheinung auch etwas Positives abgewinnen läßt. Also bitte: Wer schnell vergißt, ist wenigstens nicht nachtragend. Und wie steht es mit der Dankbarkeit? Sie ist im Grunde doch auch nur eine Form, jemandem etwas nachzutragen.

Unser aller Kurzzeitgedächtnis und die Neigung des Menschen, sich Trends anzuschließen, Moden mitzumachen, haben eine große Rolle gespielt bei der Beurteilung der Person Michail Gorbatschows.

Erinnern Sie sich noch an die enthusiastischen Gorbi-Rufe bei seinem Deutschland-Besuch im Juni 1989? Und haben Sie die Schlagzeilen von Januar 1991 noch vor Augen, als Gorbatschow nach den blutigen Ereignissen in Litauen in dicken Lettern als Diktator bezeichnet wurde, als der er sich nun letztendlich – was kann man von einem Kommunistenführer auch anderes erwarten – entlarvt habe? Zeitschriften und Zeitungen, die für sich die Etiketten fortschrittlich und liberal in Anspruch nehmen, schreckten vor gröberen Geschmacklosigkeiten nicht zurück. Die einen ließen das Mal an Gorbatschows Kopf in Farbe bluten, die anderen bildeten sein Gesicht im Strahlenkranz eines Zielfernrohres ab. Erinnern Sie sich? Und nun scheint sich wieder alles einzurenken. Gorbatschow ein Diktator? Wie kommen Sie denn darauf? Dann vielleicht schon eher Jelzin mit seiner unberechenbaren Art ...

Es wäre sicher nicht gerechtfertigt, Gorbatschow lebenslang mit unkritischer Dankbarkeit zu begegnen, weil er die deutsche Vereinigung ermöglicht hat (über die sich viele, die sie früher ständig im Mund führten, heute gar nicht mehr so zu freuen scheinen), und dabei alles andere, das sich kritisieren ließe, nicht mehr zur Kenntnis zu nehmen. Aber ich denke, auch und gerade dieser Politiker hat einen Anspruch auf eine faire Beurteilung.

Es ist in jedem Land der Welt schwierig, als Journalist an den Kern politischer Macht heranzukommen, dort duldet man nur seinesgleichen. Aber in der Sowjetunion ist dieser Weg aufgrund der politischen Tradition des Landes mit zusätzlichen Hindernissen versehen. Die Gefahr ist also groß, immer dann, wenn man etwas nicht genau weiß, ins Spekulieren zu geraten. Dabei macht man zwangsläufig sein eigenes Wertsystem und das Raster der eigenen Erfahrungen zum Maßstab aller Dinge, und das kann nur schiefgehen.

Als Gorbatschow die weltpolitische Bühne betrat, hat er im Ausland zunächst mal für erhebliche Irritationen gesorgt. Er verhielt sich ganz anders als alle seine Vorgänger, war aufgeschlossener, weltoffener und sprach von konkreter Abrüstung, wirtschaftlicher Zusammenarbeit und Demokratisierung. Es hat lange gedauert, bis man im Westen bereit war, ihm zu glauben und nicht alles nur für eine besonders raffinierte Finte eines rhetorisch ungemein begabten Politikers zu halten. Dann kam die Phase, in der man ihn als *den* Entspannungspolitiker und Friedensbringer schlechthin feierte, dem die ganze Welt und in erster Linie wir Deutschen eine Menge zu verdanken haben.

Viele im Westen meinen, daß diese Anerkennung Gorbatschow im eigenen Land weiterhelfen müßte, daß seine Reisen ins Ausland auch innerhalb der Sowjetunion sein Ansehen festigen. Dem ist nicht so. Ganz im Gegenteil.

In der Anfangszeit erfüllte es viele Sowjetbürger vielleicht noch mit ein wenig Stolz, daß man im internationalen Geschehen jetzt diese anerkannte Rolle spielte. Aber daran gewöhnten sich die Menschen schnell und nahmen es als etwas Selbstverständliches hin, das, einmal geschaffen, auch ohne weitere Mühe und Pflege weiter existieren werde. Also solle sich Gorbatschow nun gefälligst mit der Lage im eigenen Land beschäftigen, so die verbreitete Meinung, statt ständig durch die Weltgeschichte zu gondeln – und es sich dort wohl sein zu lassen.

Es ist nur zu verständlich, daß die Menschen in der Sowjetunion auch irgendwann einmal ein Leben führen möchten, das in vergleichbaren Ländern als normal angesehen wird. Dennoch erschreckten mich mitunter die feindseligen Reaktionen auf diese Auslandsreisen oder, besser gesagt, diese Form von Außenpolitik. In vielen Köpfen ist nur noch Platz für den simplen Gedanken: Was treibt der sich im Ausland herum, anstatt sich um uns zu kümmern? Dazu die neiderfüllten Bemerkungen, die sich vor allem auf Raissa Gorbatschowa beziehen, auf der wirklich alle herumhacken. Die Rolle einer First Lady hat in der Sowjetunion keine Tradition, und Raissa paßt nicht ins gängige Frauenbild.

Um eine authentische Vorstellung davon zu bekommen, wie große Teile der Bevölkerung die außenpolitischen Aktivitäten bewerten, muß man nur einen Blick in die sowjetische Presse werfen. Und da war zu einem Zeitpunkt, als bei uns in Deutschland große Hoffnungen mit dem KSZE-Sondergipfel in Paris verbunden wurden – das war im November 1990 –, zum Beispiel in der *Komsomolskaja Prawda* zu lesen, also dem recht aufmüpfig gewordenen Organ des kommunistischen Jugendverbandes:

»Unser genervter und strapazierter Mensch [gemeint ist der in der Sowjetunion, d. Verf.] hat eine einfache Logik. Was geht mich das europäische Haus an, wenn das eigene Heim in Flammen steht? Was nützt mir die europäische Übereinstimmung, wenn sie mich in der nächsten Querstraße dafür verprügeln können, daß ich die eigene Muttersprache spreche? Was interessiert mich die umfassende europäische Abrüstung, wenn an Moskauer Bahnhöfen Granatwerfer angeboten werden und niemand weiß, in wessen Hände sie gelangen? Paris hat klar gezeigt«, so ist als Fazit da weiter zu lesen, »daß die Diskrepanz zwischen der Außen- und der Innenpolitik größer wird. Unser neues Denken entwickelt sich nur auf der einen Seite der Grenze, nämlich außen; diesseits aber ist es gleichsam gefesselt. Und in unseren häuslichen Angelegenheiten schaffen wir immer noch nicht den Schritt von fruchtlosen Diskussionen zu realen Handlungen.«

Was Michail Gorbatschow in diesem Zusammenhang im eigenen Land oft zum Vorwurf gemacht wird, sind seine Kompromisse. Er sei nicht entschlossen genug und hinke mit Entscheidungen immer der Entwicklung hinterher. Dieser Kritik schließen sich gerne westliche Beobachter der sowjetischen Szene an, um dann von Boris Jelzin zu schwärmen.

Man kann das natürlich auch anders sehen. Etwa so: Bis jetzt ist Gorbatschow bei seiner Gratwanderung nicht abgestürzt, und vielleicht gerade, weil er Kompromisse eingeht, weil er ein Gespür für Machtverhältnisse hat. Wer will denn sagen, daß entschlossenere Schritte in Richtung Marktwirtschaft oder das Zulassen einer größeren Autonomie der Republiken zu einer Zeit, als die konservativen Kräfte der Kommunistischen Partei noch sehr präsent waren, präsenter als heute, nicht äußerst riskant gewesen wären? Im nachhinein sagt sich das alles leicht.

Der nächste Vorwurf an Gorbatschow ist, er statte sich selbst mit einer ungeheuren Machtfülle aus, was nur auf eine Diktatur hinauslaufen könne. Es sei nur schwer verständlich, so war ja auch bei uns im Westen zu hören, wie jemand, der stets von Demokratie und Dezentralisierung der Macht rede, sich selbst in eine solche Superposition katapultieren könne, wie sie in diesem Riesenreich die Verbindung des Generalsekretärpostens der Kommunistischen Partei und des neu geschaffenen Präsidentenamtes bedeute.

Die Angst, daß ein Mann an der Spitze diese Machtfülle mißbrauchen könnte, um ins zentrale Kommandosystem zurückzusteuern, ist berechtigt. Aber zur gegenwärtigen Situation ist auch folgendes zu sagen: Es gibt in der Sowjetunion keinerlei demokratische Traditionen; es gibt aber diesen Michail Gorbatschow, der sich demokratischen Ideen verpflichtet fühlt und der keine Zeit hat, darauf zu warten, bis sich in diesem Lande demokratische Strukturen etabliert haben. Kurz, es gibt da jemanden, der mit autoritären Mitteln etwas Demokratisches aufbauen will.

So etwas tut natürlich jedem Demokraten westlicher Prägung in der Seele weh, aber manchmal ist eben auch Pragmatismus gefragt. Und pragmatisch betrachtet – immer im Sinne der angestrebten Umgestaltung, der Demokratisierung in der Sowjetunion –, kann man doch nur froh sein, daß jemand an der Spitze steht, der die Dinge kraftvoll vorwärtstreibt, auch wenn er vielleicht manchmal die Regeln einer westlich-parlamentarischen Demokratie nicht einhält – dafür nach meinem Eindruck aber trotz aller »Winkelzüge« doch immer die Richtung des eingeschlagenen Weges.

Und wenn Machtfülle und Autorität tatsächlich helfen, unterwegs die Bremser und Quertreiber loszuwerden, Ordnung in das von allen beklagte Durcheinander zu bringen, was ist dagegen einzuwenden? Für den moralischen Puristen sieht das alles gar nicht schön aus, das ist mir klar, doch so, wie die Dinge stehen, kann man darauf in der Sowjetunion keine Rücksicht nehmen.

Einem objektiven Betrachter müßte sich erschließen, daß die Führung eines Landes, das sich in diesem Zustand befindet, ein Machtzentrum braucht, um eine bestimmte Politik durchzusetzen. Als Gorbatschow klar wurde, daß er diese Macht als Parteichef nicht mehr hatte, weil das Ansehen der Kommunisten kontinuierlich sank und der Partei scharenweise die Mitglieder wegliefen, verschaffte er sich am 1. Oktober 1988 ein zweites »Machtbein«, indem er sich zum Vorsitzenden des Obersten Sowjets und damit zum Staatschef wählen ließ. Dann folgte die Umwandlung der Sowjetunion in einen Präsidialstaat, im Grunde die logische Fortführung der Idee, Staat und Partei zu entflechten, voneinander zu trennen.

Diese Schritte passen ganz konsequent in eine Reihe von Maßnahmen, die zunächst immer, gerade auch im Westen, mißtrauisch beäugt und kurzsichtig kritisiert worden sind. Das begann schon, als im Sommer 1988 auf der 19. Parteikonferenz beschlossen wurde, in der Regel den Ersten Parteisekretär zum Vorsitzenden des jeweiligen Sowjets zu machen. Nichts anderes war damit bezweckt, als daß sich die Parteimitglieder vor den Menschen verantworten müssen, die sie in Regierungsfunktionen gewählt haben. Oder andersherum ausgedrückt: Nichts anderes war damit bezweckt, als Parteifunktionäre in die Wüste schicken zu können, wenn sie die ihnen anvertraute Aufgabe nicht schafften.

Auch das ist ja im Westen erst mal ganz anders verstanden worden, nach dem Motto: Aha, jetzt will Gorbatschow entgegen aller Demokratisierungsbeteuerungen nun doch Parteileute mit Gewalt in Regierungsfunktionen bringen.

Damals wurde man, wenn man versuchte, diesen Schritt vor dem spezifisch sowjetischen Hintergrund zu erklären und ihm in demokratischer Hinsicht etwas Positives abzugewinnen, beinahe als naiv belächelt. Aber gerade dieses Beispiel zeigt, daß man mit abstrakter Theorie, die sich westlicher Denkbausteine bedient, auf die falsche Fährte gerät, denn mittlerweile läßt sich beweisen, daß dieses Konzept aufgegangen ist. Unzählige Parteivorsitzende haben genau wegen dieser Regelung ihre Regierungsämter verloren, und an der Spitze stehen vielerorts entweder Parteilose oder aber Parteimitglieder, die entschlossen sind, die Politik der Perestroika zu befördern. Parteimitgliedschaft gleich Karrierefreibrief, diese Formel taugte schon ab 1988 nicht mehr so recht. Genauso wie nicht automatisch alle Nichtkommunisten zu den »fortschrittlichen« Kräften zu rechnen sind und umgekehrt, so schön einfach und übersichtlich ist das längst nicht mehr.

Als Gorbatschow dann immer weiter neue Vollmachten für

sich reklamierte, trug er damit verschiedenen Erfahrungen konsequent Rechnung. Einmal kommen die Gesetzgebungsorgane aus mindestens zwei Gründen nicht voran. Sie sind, wie schon gesagt, zu diskussionsverliebt und haben einen ungeheuren Nachholbedarf, alles in Frage zu stellen. Darüber hinaus sind sie fachlich überfordert, und einen unterstützenden Apparat, eine Infrastruktur wie in westlichen Demokratien (Datenbanken etc.) gibt es nicht. Hinzu kommt, daß sich die Exekutive niemandem verantwortlich fühlt und daher macht, was sie will, solange in der Legislative ein derartiges Chaos herrscht.

Das Verrückte, aber gleichzeitig Symptomatische für den Zustand dieses Landes ist auch, daß die Kritik an Gorbatschows Vollmachten aus mindestens zwei verschiedenen Richtungen kommt. Während Boris Jelzin darin eine Bevormundung der einzelnen Republiken sieht und die Gefahr einer Diktatur wittert, ist beispielsweise der Leningrader Bürgermeister Anatoli Sobtschak, ein politischer Freund Jelzins, anderer Meinung. Er sagt, ihm, Gorbatschow, fehle der Biß, da nützten auch die Vollmachten nichts. Die unteren politischen Ebenen müßten am Drücker bleiben.

Der Name Boris Jelzin ist nun schon ein paarmal gefallen. Aus Gorbatschow und Jelzin macht man im Westen immer wieder nahezu Todfeinde. Besondere Freunde sind sie sicher nicht, dafür haben sie sich gegenseitig zu sehr und zu oft verletzt, aber beide sind Symbolfiguren für den Umbau der Sowjetunion, beide sind mit den Begriffen Perestroika, Glasnost, Demokratisierung ganz eng verbunden. Wenn man das in ein Bild kleiden will, könnte man sagen, Gorbatschow und Jelzin ziehen beide am gleichen Strang, nur unterschiedlich stark, weil der eine mehr Angst hat als der andere, daß das Seil reißen könnte.

Die tatsächlich bestehenden Meinungsverschiedenheiten beider Männer lassen sich auf wenige Punkte reduzieren; und je höher Jelzin in seinen Ämtern steigt, desto geringer werden die Differenzen. Das hat auch etwas damit zu tun, daß man freischwebend in der Opposition, in der sich Jelzin lange Zeit befand, unbefangener und rigoroser Forderungen stellen kann, solange man sich mangels eines Regierungsamtes nicht um deren Realisierung zu kümmern braucht. Nicht von ungefähr hat sich Jelzin in dem Moment, in dem er in Regierungsverantwortung den Druck zu spüren bekam, seine Worte mit entsprechenden Taten untermauern zu müssen, auch mit Präsidialvollmachten ausstatten lassen – genau mit den gleichen im übrigen, die er vorher bei Gorbatschow als pure Machtgier diffamiert hatte.

Der starre Blick auf die angebliche Feindschaft zweier Persönlichkeiten hat zum Teil in der deutschen Berichterstattung zweifelhafte Blüten getrieben – wenn da zum Beispiel die Rede davon war, Jelzin sei scharf auf Gorbatschows Amt. Wenn etwas klar auf der Hand liegt, dann daß Jelzin zwar mit Erfolg alles darangesetzt hat, Präsident der russischen Republik zu werden, aber doch niemals die Nachfolge Gorbatschows antreten wollte. Im Gegenteil, er ist wohl eher froh, daß er sich mit der undankbaren Aufgabe nicht herumschlagen muß, wie sie das »Abwickeln« eines anachronistischen Gebildes wie der alten Sowjetunion bedeutet.

Um ein deutlicheres Bild der beiden Personen, Michail Gorbatschow und Boris Jelzin, zu bekommen, hilft es vielleicht, wenn man ihren Weg, ihre Ziele und ihre Eigenschaften einmal vergleicht.

Michail Gorbatschows Parteikarriere ist hinlänglich bekannt. Aber auch Boris Jelzin hat, wie jeder Politiker von Rang und Namen in der heutigen Sowjetunion, zunächst einmal innerhalb der Kommunistischen Partei Karriere gemacht, bevor er sie im Juli 1990 verließ. Bereits 1987 brachte er den gesamten Parteiapparat, inklusive Gorbatschow, gegen sich auf, als er öffentlich forderte, die Privilegien der Parteifunktionäre abzuschaffen und ein Mehrparteiensystem in der Sowjetunion einzuführen. Durch den Willen des Volkes kehrt Jelzin auf die politische Bühne zurück. Bei den Wahlen zum unionsweiten Volksdeputiertenkongreß im März 1989 erreicht er im Moskauer Wahlbezirk stolze 89 Prozent der Stimmen. Ein fulminanter Triumph, wie er Gorbatschow in der Weise bisher versagt geblieben ist. Heute stehen sich ein vom russischen Volk mit 57 Prozent der Stimmen gewählter russischer Präsident Jelzin und ein lediglich vom Obersten Sowjet bestätigter sowjetischer Präsident Gorbatschow gegenüber. Allein aus dieser Tatsache leitet Jelzin für sich eine qualitativ andere Legitimation ab, die ihm Kraft und Stärke verleiht.

Was die Stärken und Schwächen der beiden Vollblutpolitiker betrifft, so könnte man sie folgendermaßen skizzieren:

Michail Gorbatschow ist durch und durch ein Realpolitiker mit ausgeprägtem Instinkt für Machtverhältnisse und das Machbare. Er ist ein sehr geschickter Taktiker, der dennoch dabei überwiegend glaubwürdig bleibt, weil er die einmal eingeschlagene Richtung nicht aus dem Auge verliert, auch wenn sich das dem Betrachter auf den ersten Blick manchmal so darstellen sollte. Michail Gorbatschow ist von großer Überzeugungskraft im persönlichen Gespräch. Bisher hat er für relative Stabilität gesorgt, indem er sich weder von »rechts« noch von »links« hat vereinnahmen lassen – was ihm seine Gegner allerdings als Schwäche ankreiden und was Boris Jelzin bei seinem ersten USA-Besuch als russischer Präsident im Juni 1991 mit dem Begriff Wankelmut belegte.

Boris Jelzin, der Volksheld, beinahe eine Kultfigur, ist mit einem enormen Vertrauensvorschuß ausgestattet. Er hat Mut und Entschlossenheit zu einer Zeit bewiesen, als man sich damit beruflich und persönlich ruinieren konnte. Das haben ihm die Menschen bis heute nicht vergessen. Boris Jelzins große Stärke liegt darin, daß er den Bürgern den Eindruck vermittelt, er sei einer von ihnen.

Michail Gorbatschow, der vor Boris Jelzin die Rolle des Hoffnungsträgers bekleidete, hat sich zu lange darauf verlassen, daß ihm seine außenpolitischen Erfolge über die innenpolitischen Klippen hinweghelfen werden. Er hat die Unabhängigkeitsbewegungen in der Sowjetunion zu spät ernstgenommen, obwohl er doch schon vor 1985 mit der damaligen britischen Regierungschefin Margaret Thatcher darüber räsoniert hatte, wie die Sowjetunion vom Commonwealth lernen könnte, ein Riesenreich friedlich zu entflechten. Er ignoriert zuweilen seine politischen Gegner über Gebühr lange, bevor er sich ihnen stellt. Dann jedoch gibt er meist die bessere Figur ab. Daß er der Generalsekretär einer ungeliebten Partei bleibt, schwächt ihn und kostet ihn Sympathien, zeugt aber von großem Verantwortungsbewußtsein, weil er wie kein anderer die gegenläufigen Strömungen in der immer noch stärksten gesellschaftlichen Kraft der Sowjetunion, zumindest der bestorganisierten, wie ein erfahrener Zirkusdompteur unter Kontrolle hält.

Boris Jelzin, der an seinen Aufgaben gewachsen ist, neigt von seinem Naturell her zu der Methode »mit dem Kopf durch die Wand«; er verläßt sich darauf, daß es schon gut werden wird, wenn man nur das Gute will. Das macht ihn menschlich sehr sympathisch, ist politisch aber nicht von Vorteil. Boris Jelzin hält nach Art eines »richtigen Kerls« alle, die aus taktischen Gründen Umwege in Kauf nehmen und Kompromisse eingehen, von vornherein für Schwächlinge oder gar Verräter, statt sie in seine politische Strategie mit einzubeziehen. Er ist undiplomatisch und ziemlich stur. In dem Zusammenhang vielleicht auch nicht ganz uninteressant: Seine Frau hält ihn für autoritär.

Gemeinsam ist Boris Jelzin und Gorbatschow ohne Zweifel, daß sie im Prinzip beide aus der Sowjetunion einen demokratischen Rechtsstaat machen wollen, wobei Jelzin kompromißlos die Systemfrage stellt und Gorbatschow immer noch das Modell einer sozialen Marktwirtschaft mit sozialistischen Elementen vorzuschweben scheint. Er sucht nach einem Weg, der das Sowjetsystem verbessert, nicht vollkommen zerstört.

Der größte Gegensatz zwischen den beiden Charakteren besteht darin, daß sich Boris Jelzin als polteriger Haudegen, als unkonventioneller Populist an der Meinung der Masse orientiert, die ihn ja auch trägt. Michail Gorbatschow hingegen agiert durch und durch als Staatsmann, der sich jeden Schritt dreimal überlegt, bevor er ihn geht, denn um politische Stabilität zu bewahren, nimmt er auch Zeitverzug in Kauf. Das Risiko dieser Methode liegt allerdings darin, daß sie sich kontraproduktiv auswirken kann, daß alleine die Überlänge der Zeiträume destabilisierend wirkt.

Beide werfen sich gegenseitig Machtverliebtheit vor; und sicher finden auch beide Gefallen an der Macht, denn sonst würden sie sich kaum den Torturen unterwerfen, die ihre jeweiligen Aufgaben bedeuten.

Für Gorbatschow ist Boris Jelzin nicht seriös genug, er läßt sich in der Sicht des sowjetischen Präsidenten vor den Karren von Extremisten spannen, ohne das zu bemerken und die damit verbundenen Gefahren zu erkennen. Für Boris Jelzin wechselt das Bild, das er sich von Gorbatschow macht. Einmal hält er ihn für den kommenden Diktator und für einen Verräter an der Sache der Perestroika, dem man den Krieg erklären muß, weil er die Menschen betrogen hat (März 1991), dann wieder ist Gorbatschow für ihn ein Verbündeter auf dem Weg in eine bessere Zeit (April 1991).

Beide halten sich gegenseitig gleichermaßen für ein politisches Risiko, und dennoch sehen sie im anderen eine Chance, gemeinsam politisch zu überleben. Ein höchst ambivalentes Verhältnis, dem man nicht mit Etiketten wie Freund oder Feind gerecht wird. Davon abgesehen, es reicht doch, daß man jemandem prinzipiell mit Respekt begegnet, um mit ihm konstruktive Politik zu betreiben. Dazu muß man sich ja nicht unbedingt lieben. Eine gewisse kritische Distanz ist im Gegenteil wesentlich hilfreicher.

Beide Persönlichkeiten können große Leistungen auf ihrem Konto verbuchen. Das Verdienst Michail Gorbatschows ist es, die Perestroika überhaupt eingeleitet und sie bis heute durchgehalten zu haben. Dank seiner Politik ist der kalte Krieg zu Ende, ein Prozeß hat begonnen, der substantielle Abrüstung erwarten läßt. Er setzte die Breschnew-Doktrin außer Kraft und ließ Osteuropa los. Und schließlich: Er ermöglichte die Vereinigung Deutschlands.

Boris Jelzins Verdienst besteht darin, die ungeduldigen Kräfte bis heute kanalisiert und damit verhindert zu haben, daß sich die aufgestauten Aggressionen und Enttäuschungen bei den Massen unkontrolliert und explosionsartig entladen. Er hat es geschafft, die Hoffnungen der Menschen am Leben zu erhalten. Eine unermeßlich große Leistung.

Welche Perspektiven resultieren daraus für den Westen? Michail Gorbatschow hat trotz aller Irritationen seine Verläßlichkeit als Partner bewiesen. Er vertritt nach wie vor den von ihm eingeleiteten Reformkurs, variiert allenfalls die Geschwindigkeit. Boris Jelzin muß seine Verläßlichkeit erst noch unter Beweis stellen. Sein Zickzackkurs, etwa in bezug auf die Einschätzung Gorbatschows, gibt zumindest zur Vorsicht oder zu einer gewissen Skepsis Anlaß. Wird Jelzin opportunistischen Überlegungen dauerhaft widerstehen, oder beugt er sich nicht doch irgendwann einmal irgendeinem Druck der Straße?

In dem Zusammenhang sind zwei Hinweise aufschlußreich. Weil Jelzin pausenlos und vehement von Privatisierung redete, hatte sich sogar im Bewußtsein vieler Russen festgesetzt, es gäbe in der RSFSR, der russischen Republik, bereits ein entsprechendes Gesetz, das die Privatisierung regelt. Dem war nicht so. In dieser zentralen Frage war die russische Gesetzgebung ganz eindeutig keinen Deut fortschrittlicher als die sowjetische.

Der zweite Punkt bezieht sich auf das Thema Nationalitäten. Boris Jelzin praktiziert auf Republiksebene genau das, was er Gorbatschow auf Unionsebene vorwirft: Er tut sich ausgesprochen schwer mit den Unabhängigkeitsbestrebungen einzelner Völker innerhalb Rußlands.

Wenn man die politischen Positionen der beiden schlaglichtartig gegenüberstellt, dann muß man sagen, sie treten beide ein für Marktwirtschaft mit gemischten Eigentumsformen, wobei Michail Gorbatschow dem Kollektiveigentum, Boris

Jelzin dem Privateigentum den Vorrang gibt. Beide befürworten ein pluralistisches System und halten nichts vom gewohnheitsmäßig garantierten und bis vor kurzem noch in der Verfassung festgeschriebenen Führungsanspruch der Kommunistischen Partei. Boris Jelzin als Nicht-mehr-Kommunist sowieso und Michail Gorbatschow als Kommunist und Generalsekretär seiner Partei mit etwas Verspätung dann ebenfalls. Im Unterschied zu Jelzin wünscht Gorbatschow allerdings, daß sich die innerlich erneuerten Kommunisten ihre Rolle als Avantgarde in der Gesellschaft mit demokratischen Mitteln erarbeiten. Eine logische Konsequenz aus seiner Mitgliedschaft in der Kommunistischen Partei, denn Jelzin wünscht das gleiche für seine politischen Freunde.

Opposition ist ein wichtiger Bestandteil einer funktionierenden Demokratie, und da sich weder in der sowjetischen noch in der russischen Geschichte – bis auf winzigste Ausnahmen – Opposition jemals entwickeln konnte, gibt es natürlich auch auf diesem Gebiet eine Menge nachzuholen. Aber selbst auf die Gefahr hin, daß es sich undemokratisch und elitär anhört: Gesellschaftliche Zerreißproben, politische Machtspielchen aus Freude am Freiraum sind Gift für den Zustand der heutigen Sowjetunion. Dieses gebeutelte Land verträgt kein kleinkariertes politisches Gezänk, das ja leicht entsteht, wenn es mehr um die Profilierung einer Gruppe oder einzelner Personen geht als um die Sache selbst. Um aus dieser Misere herauszukommen, müssen alle fortschrittlichen Kräfte zusammenarbeiten. Das hat nichts mit falscher Harmonisierung zu tun, es ist vielmehr zu einer Existenzfrage geworden. Gorbatschow und Jelzin sind intelligent genug, das zu begreifen, und zum Glück nicht borniert genug, immer nur die eigene Personality-Show zu inszenieren. Und realistischerweise muß eben auch Jelzin eingestehen, daß seine starken Worte allein nicht alles von heute auf morgen einreißen können.

Es ist zu befürchten, daß die Sowjetunion die Talsohle noch nicht erreicht, geschweige denn durchschritten hat. Um die kommenden Anstrengungen zu bestehen, ist es unbedingt erforderlich, daß die politische Führung eine gewisse Glaubwürdigkeit vermittelt und daß es auch nach Gorbatschow und Jelzin noch Hoffnungsträger geben wird, auch wenn deren Namen zur Zeit noch nicht in Sicht sind. Farblose Politfunktionäre haben in diesem Land keine Chance, unabhängig davon, daß auch das Land mit ihnen keine hätte. Genauso wichtig ist es, daß der Rest der Welt die Sowjetunion nicht aufgibt. Das muß sich nicht nur in D-Mark oder US-Dollar ausdrücken, das ist auch eine Frage des Respekts und der Anerkennung. Solange die elementaren Menschenrechte garantiert sind und ein Fortschreiten auf dem Weg der Demokratisierung erkennbar ist, sollte der Westen so oder so helfen, jedenfalls nicht, nachdem die Kommunisten von ihrem Weltmissionsdrang abgelassen haben, den gleichen Fehler mit umgekehrtem Vorzeichen begehen.

Nach meinem Eindruck wäre noch etwas zu wünschen: daß wir nicht immer gleich so panisch reagieren, wenn Gorbatschow im eigenen Land lautstark kritisiert oder gar zur Maifeier auf dem Roten Platz ausgepfiffen wird, wie 1990 geschehen, oder wenn zum wiederholten Male eine Meinungsumfrage veröffentlicht wird, nach der er in der Gunst der Bürger wieder zweistellige Prozentpunkte verloren hat. Auch das gehört mit zum Prozeß. Wir müssen uns daran gewöhnen, daß es sich da in der Sowjetunion ganz genauso verhält wie in westlichen Gesellschaften, daß sich nämlich Politiker auch dann an der Macht halten, wenn sie nicht besonders beliebt sind.

Wie soll so jemand wie Michail Gorbatschow es schaffen, im eigenen Land auf Dauer beliebt zu bleiben? Zu Anfang ja, da war er beliebt, als er den Druck und die Angst von den Menschen nahm und das Bild einer freiheitlichen Wohlstandsgesellschaft entwarf, in der nicht mehr das Kollektiv, sondern das Individuum im Vordergrund steht. Aber als immer deutlicher wurde, daß dieser Umgestaltungsprozeß nicht auf Knopfdruck funktioniert, und zwar ganz gleich, wer die Knöpfe drückt, sondern daß nur ein langer und beschwerlicher Weg zum Ziel führt, ließ die Begeisterung kontinuierlich nach. Vie-

Der typische »Kreml-Aufsager« für die Tagesschau

Vom Gipfeltreffen zwischen Ronald Reagan und Michail Gorbatschow 1987 berichteten wir aus dem Hotel Rossija, das in unmittelbarer Nachbarschaft des Kreml liegt

Im Gespräch mit Boris Jelzin

Interview mit dem Ersten Sekretär der litauischen KP, Algirdas Brasauskas

Gespräch in Leningrad mit dem vom KGB verfolgten Literaturwissenschaftler Konstantin Asadowskij

Gespräch mit Michail Kulagin, dem Augenzeugen der im Wald bei Jaroslawl durchgeführten Erschießungen

Die berüchtigte Ljubjanka, das Moskauer Hauptquartier des KGB

Bergleute in Prokopjewsk

Mein Patenkind Alissija auf den Armen ihres Vaters Valerij bei der Taufzeremonie

Frauen vor einem Geschäft in Prokopjewsk, das für die Bergarbeiter eigentlich besser ausgestattet sein sollte

le ahnen, daß sie die Segnungen einer besseren Gesellschaft gar nicht mehr erleben werden, auch wenn sie jetzt dafür schuften und leiden. Wie sollen sie für jemanden Sympathie und Begeisterung empfinden, der ihnen alle Werte kaputtgemacht hat? Beinahe alles, was in den letzten 74 Jahren als gut und richtig propagiert wurde, stellt sich als ein einziger überdimensionaler Fehler heraus. Über die eigene Geschichte hat man die Menschen betrogen, das hochgelobte Wirtschaftssystem, das jedem gleichermaßen nutzen sollte, hat mindestens ebenso große soziale Unterschiede produziert wie in den kapitalistischen Ländern. Verkürzt ausgedrückt: Die glorreiche Sowjetunion ist gar nicht so glorreich, und der teuflische Westen ist gar nicht so teuflisch.

Witalij Korotitsch, der Chefredakteur der Zeitschrift *Ogonjok,* ein reformorientierter, mutiger Mann, der sein Land kennt, hat einmal über Gorbatschow gesagt: »Er will ein Koalabärchen sein, aber er muß ein Grizzlybär sein. Die Gefahr besteht, daß er eines Tages doch auftreten muß wie ein russischer Bär und ein paar liberale Reformen zurücknehmen, um das Ganze nicht zu gefährden.«

Als Michail Gorbatschow im Juni 1991 in Oslo mit halbjähriger Verspätung eine Rede zur Verleihung des Friedensnobelpreises hielt, wies er darauf hin, daß die Perestroika jetzt in ihre dramatischste Phase eingetreten sei:

»Wenn die Perestroika-Philosophie zu Realpolitik umgesetzt wird, wenn alte Lebensformen buchstäblich gesprochen dabei sind, gesprengt zu werden, nehmen auch die Schwierigkeiten langsam zu. Viele sind erschreckt und möchten zu dem Alten zurückkehren. Nicht nur Menschen, die im Zentrum der Macht gesessen haben, in Regierungskreisen, im Heer und den Behörden, und die weichen mußten. Sondern auch viele Menschen, die sehen, daß ihre Interessen und ihre Lebensformen unter Druck geraten ... Hieraus entstanden Unzufriedenheiten, Protestausbrüche und übertriebene, wenn auch verständliche Forderungen, die, wenn man sie alle auf einmal erfüllen würde, zum vollständigen Chaos führen würden. Daraus entstanden auch erhitzte politische Leidenschaften und oft destruktive und irrationale Opposition anstatt konstruktiver Opposition, wie sie in einem demokratischen System normal ist. Gar nicht zu reden von den extremistischen Kräften, die besonders grausam und unmenschlich in Zonen mit ethnischen Zusammenstößen sind.«

Wenn angesichts dieser Schwierigkeiten dann in einem Kommentar einer deutschen Zeitung bedauernd festgestellt wird: »Der Kremlchef legte wieder kein schlüssiges Gesamtkonzept vor, um Demokratie und Marktwirtschaft in der UdSSR schnell und umfassend durchzusetzen. In Warschau, Prag und Budapest ist man da viel weiter«, dann ist bei dieser Bewertung sowohl die Geographie als auch die Geschichte vollkommen außer acht geblieben. Und es muß ein besonderes Weltbild dahinterstehen, das suggeriert, für jedes Problem im Maßstab1:1 eine Modellösung anbieten zu können.

Der französische Staatspräsident François Mitterrand entwickelte da bei seinem Moskaubesuch im Mai 1991 wesentlich mehr Verständnis, als er sagte: »Man setzt eine so tiefgreifende Revolution nicht in Gang, ohne sich vielfachen Konsequenzen auszusetzen. Wenn die Freiheit erscheint, wird sie immer fordernder.«

Es hat etwas Paradoxes, daß ausgerechnet diejenigen, die sich früher nicht trauten, den Mund aufzumachen, am lautesten Gorbatschows Rücktritt fordern, der doch erst dafür gesorgt hat, daß man in der Sowjetunion angstfrei seine Meinung sagen kann. Und es hat etwas Tragisches, daß die Menschen in der Sowjetunion mittlerweile Michail Gorbatschow alle Miseren dieses Landes persönlich anlasten, ausgerechnet dem Mann, der noch immer unterwegs ist, sie von einem unmenschlichen totalitären System zu befreien, und der der Sowjetunion in der Welt ein bisher nie dagewesenes Ansehen verschafft hat.

Es ist sehr viel Ungerechtigkeit im Spiel, aber Gerechtigkeit ist offenbar keine akzeptierte Größe in der Politik.

»Willkommen in der Steinzeit«
Bei den streikenden Arbeitern im Kusbass-Gebiet

Als wir das erstemal nach Westsibirien ins Kusbass-Gebiet* geflogen sind, um dort über die streikenden Bergarbeiter zu berichten, stand diese Reise zunächst unter keinem guten Stern.

Nach dem viereinhalbstündigen Flug von Moskau nach Nowokusnezk in der bei sowjetischen Inlandsflügen üblichen eng bestuhlten und bis auf den letzten Platz ausgebuchten Maschine, beunruhigt uns der letzte Teil des Fluges insofern, als wir nahezu eine halbe Stunde in niedriger Höhe (etwa 500 Meter) ziemlich langsam über eine relativ flache unwirtliche Gegend fliegen. Eine für europäische und auch amerikanische Verhältnisse höchst ungewöhnliche Flugweise. Niedrig und langsam – so fliegt man nicht ohne Not. Aber eine Erklärung bekommen wir dafür natürlich nicht.

Die Landung selbst ist dann nicht weniger beunruhigend. Die Maschine berührt die Piste unsanft, hebt noch mal ab und rollt erst nach der dritten Bodenberührung kontinuierlich weiter. Ungewöhnlich – denn während meiner ganzen Zeit in der Sowjetunion und der häufigen Fliegerei innerhalb des Landes haben mich die Flugkünste der Aeroflot-Piloten immer mit dem miserablen technischen Zustand der Maschinen versöhnt.

Am Flughafen angekommen, fehlt das bestellte Auto – ein Kleinbus für unser Team und unsere Gerätschaften. Da hier meist nur gasbetriebene Taxis fahren, deren Gastanks den hal-

---

* Kusbass = Kusnezkij Bassin, also Kusnezker Becken

ben Kofferraum einnehmen, brauchen wir drei Wagen, um die Strecke vom Flughafen außerhalb der Stadt bis ins Zentrum von Nowokusnezk zu überwinden, wo wir im gleichnamigen Hotel Zimmer reserviert haben.

Moskau und Nowokusnezk trennen vier Stunden Zeitunterschied. Da wir um halb elf Uhr abends von Moskau abgeflogen sind, kommen wir um sieben Uhr morgens Ortszeit in Nowokuznezk an. Um halb acht etwa haben wir unser Hotel erreicht. Das Zimmer übertrifft alle Erwartungen: eine Suite, bestehend aus Schlafzimmer, Arbeitszimmer, einem großen Wohnzimmer mit Kühlschrank, separater Diele, Bad und Toilette. Das heiße Wasser funktioniert auch.

Wegen der Zeitverschiebung wollen wir uns erst ein paar Stunden aufs Ohr legen, bevor wir mit der Arbeit beginnen, und so verabreden wir uns für halb eins. Gegen elf reißt mich das Telefon aus dem Halbschlaf, es ist Tamara von der Stadtverwaltung in Nowokusnezk. Wir hatten unseren Besuch vor Tagen schon angemeldet und um organisatorische Hilfe gebeten, aber das Telegramm hat sie erst heute morgen erreicht, sagt Tamara, und deshalb habe sie uns auch nicht abholen können.

Um halb eins ist Tamara dann samt Bus mit von der Partie, und wir sehen uns zunächst Nowokusnezk etwas genauer an. Mit 600 000 Einwohnern ist die Stadt die größte in diesem Kohlebecken, das man Kusbass nennt. Eingekreist von metallurgischen Fabriken und Stahlwerken. Die Rauchfahnen in allen denkbaren Farben von Giftgelb bis Dunkelviolett lassen ahnen, wie ungesund diese Abgase sein müssen. Nach ein paar Stunden Aufenthalt in dieser Stadt, in der es einem den Atem verschlägt, glaube ich, was ich bereits in Moskau gelesen hatte: Die Menschen in dieser westsibirischen Region sterben im Durchschnitt zehn Jahre früher als in der übrigen Sowjetunion. Sieben von zehn Neugeborenen sind bereits krank.

Wir fahren zum Büro eines örtlichen Volksdeputierten, der mit der Sache der streikenden Bergarbeiter befaßt ist, um uns einen ersten Überblick zu verschaffen. Von ihm erfahren wir, daß sich diese Woche in Kemerovo, der Gebietshauptstadt, gut 250 Kilometer von Nowokusnezk entfernt, Vertreter aller Streikkomitees des Kusbass-Gebietes treffen. Das heißt also: Die erste und zweite Garnitur ist für uns gar nicht greifbar. Wie gesagt – unter einem guten Stern schien diese Reise zunächst nicht zu stehen.

Wir hatten für unsere Dreharbeiten im westsibirischen Kohlegebiet nur knapp vier Tage vorgesehen, der Sendeplatz für die »Weltspiegel«-Reportage stand bereits fest, und eine Fahrt nach Kemerovo hätte unseren ganzen Plan völlig durcheinandergebracht, denn für 250 Kilometer braucht man bei den hiesigen Straßenverhältnissen mindestens vier, fünf Stunden, und unser Hauptziel war die Bergarbeiterstadt Prokopjewsk, die Stadt, in der der große Streik begann. Von Prokopjewsk aus hatte sich die Streikwelle zunächst über das westsibirische Kohlegebiet ausgedehnt, griff dann im Süden auf das Donez-Kohlebecken in der Ukraine und schließlich auf die Gruben hoch im Norden bei Workuta über, dem berüchtigten ehemaligen Straflager am Polarkreis.

Nach diesen ersten, für den weiteren Verlauf unserer Arbeit nicht gerade ermutigenden Gesprächen in Nowokusnezk machen wir uns auf den Weg nach Prokopjewsk, um an Ort und Stelle nachzuschauen, wie sich die Arbeit des dort verbliebenen Restes der Streikkomitees gestaltet.

Prokopjewsk liegt knapp 50 Kilometer östlich von Nowokusnezk, das bedeutet etwa eine Stunde Fahrzeit mit dem Auto. Aber der »besondere Stern« hatte sich noch nicht entschlossen, uns zu verlassen. Und so bringen wir eine geschlagene Stunde an einem geschlossenen Bahnübergang zu, den man passieren muß, um nach Prokopjewsk zu gelangen. Unser Fahrer meint: »Ja, das kommt ab und zu vor, da hilft nur Geduld. Eine andere Strecke gibt es nicht.«

Unterwegs nach Prokopjewsk kommen wir an Holzhäusern vorbei, auf die weithin sichtbar mit weißer Farbe Protestparolen gemalt sind. Zu der Zeit, im Sommer 1989, war das für die Sowjetunion noch ungewöhnlich, schon gar in der Provinz.

»Willkommen in der Steinzeit«, heißt es da an einer Hauswand und an der nächsten: »Für unsere glückliche Kindheit vielen Dank der Stadtverwaltung« – in Anlehnung an die Dankesformeln, die zu Stalins Zeiten üblich waren.

Durch den unfreiwilligen Aufenthalt an der geschlossenen Bahnschranke erreichen wir Prokopjewsk erst gegen halb sieben Uhr abends und stehen beim Streikkomitee vor verschlossenen Türen. Ein wirklich sehr erfolgreicher Tag. Für Recherche und Dreharbeiten bleiben uns jetzt noch zweieinhalb Tage.

Um nicht noch mehr Zeit zu verlieren, bestellen wir den Kleinbus für den nächsten Morgen bereits um acht und verabreden uns für sieben zum Frühstück – nach unserer inneren Uhr immerhin erst drei Uhr nachts. Trotzdem sind alle pünktlich – bis auf unser Auto. Das kommt dann um halb zehn. Dennoch, als wir den Bahnübergang diesmal ungehindert sofort passieren können, beschließe ich, das als gutes Zeichen zu werten, denn irgendwann müssen sich die Sterne und deren Einfluß doch mal ändern . . .

Und richtig, in Prokopjewsk angekommen, ist beim Streikkomitee bedeutend mehr los, als ich zu hoffen gewagt hatte. Die Arbeit läuft auf Hochtouren weiter. Das Treffen in Kemerovo tut den Aktivitäten hier offenbar keinen Abbruch. Das Streikkomitee hat sich in Prokopjewsk im »Haus der wissenschaftlich-technischen Information« einfach einquartiert, ohne bei den städtischen Stellen auf allzu großen Widerstand zu stoßen. In der obersten Etage des dreistöckigen Gebäudes arbeiten nun das Stadt- und auch das Gebietsstreikkomitee, aber da der Streik seit ein paar Tagen ausgesetzt ist, nennen sie sich selbst im Moment aus Gründen der Opportunität Arbeiterkomitee.

Die Position der Arbeiter ist zur Zeit sehr stark. Die Direktoren der Gruben haben ihre reale Macht verloren, die Belegschaft entscheidet – und die hat entschieden, daß jeder im Streikkomitee weiter von seiner Arbeitsstelle voll bezahlt wird, auch wenn er schon längere Zeit hauptamtlich im Komitee arbeitet. Ein wesentlicher Punkt ihrer Aufgaben besteht jetzt darin, zu kontrollieren, ob die nach dem Streik gemachten Zusagen auch wirklich eingehalten werden. Außerdem haben die Streikkomitees sich für die Bevölkerung zu einer Anlaufstelle entwickelt, an die man sich mit allen erdenklichen Problemen wenden kann.

Es herrscht eine ganz besondere Atmosphäre hier: geschäftig, aber nicht hektisch, selbstbewußt, aber nicht überheblich, optimistisch, aber nicht naiv. Man spürt, daß die Arbeiter davon überzeugt sind, eine wichtige Aufgabe zu erfüllen, indem sie endlich das umzusetzen versuchen, »was jahrzehntelang nur in Reden und auf dem Papier existierte«: nämlich die Interessen der Arbeiter wirklich und wahrhaftig zu vertreten.

Abgesehen von ein paar Einzelbüros, spielen sich die meisten Aktivitäten in einem schmalen, langgezogenen Raum ab, in dem ein fast ebenso langer Tisch steht, rundherum Stühle und an der Stirnseite des Raumes zwei quergestellte Schreibtische hintereinander, auf beiden stehen Telefone. Am äußersten Ende des langen Tisches sitzen zwei Männer des Komitees und diskutieren erregt über die weitere politische Linie. Einer gehört zur Gruppe der eher gemäßigten, die auch zu Zugeständnissen bereit sind und Kompromisse nicht von vornherein für unanständig halten; der andere zählt zu den Radikaleren, die sich auf nichts mehr einlassen wollen und auf dem Standpunkt stehen: Wenn wir uns jetzt nicht alles holen, dann sind wir spätestens in ein paar Wochen wieder die Angeschmierten. Also: Wenn nicht bis zum Soundsovielten die Zusage aus Moskau da ist, daß die zentralen Planvorgaben abgeschafft werden und wir über unsere Kohle frei bestimmen dürfen, dann müssen wir eben weiterstreiken.

Mitten im Raum sitzt eine ältere Frau, die jemandem vom Arbeiterkomitee verschiedene Papiere und Unterlagen zeigt. In diesem Raum gibt es keine Hemmungen und keine Geheimnisse voreinander, und so hat sie auch nichts dagegen, daß ich mich dazusetze. Es geht um ihren Sohn, der ein paar

Monate zwangsweise in der Psychiatrie zugebracht hat. »Das ist jetzt schon fünf Jahre her«, sagt die Frau, »aber er wird nirgendwo wieder angestellt, und dabei hat er damals doch nur das gesagt, was heute offizielle Politik ist. Er ist normal und gesund, und die, die ihn damals abgeholt haben, wissen das genau. Das waren ...«, sie nennt zwei Namen, »und ich möchte, daß die jetzt dafür zur Rechenschaft gezogen werden.«

Mit manchen Hilfeersuchen aus der Bevölkerung sind die Männer aus dem Arbeiterkomitee hoffnungslos überfordert, aber sie hören sich die Klagen an und versuchen nach Kräften Rat zu erteilen. In einigen Fällen begleiten sie die Menschen auch zu den entsprechenden Verwaltungsstellen, um berechtigten Forderungen Nachdruck zu verleihen. Denn mit Leuten aus dem Arbeiterkomitee will sich niemand anlegen.

Die meisten Anfragen und Klagen beziehen sich auf die miserable Wohnsituation. Man hat ein Dreierteam gebildet, das sich speziell mit diesem Thema befaßt. Pavel, bislang in einem großen Autokombinat beschäftigt, Valerij, Schlosser unter Tage, und Konstantin, Lkw-Fahrer im Tagebau. Wir begleiten die drei zu einem Ortstermin in eine der zahlreichen Barackensiedlungen von Prokopjewsk.

Hier leben überwiegend Bergarbeiter mit ihren Familien. Es gibt keine asphaltierten Straßen – im Sommer kommt man um vor Staub, im Frühjahr versinkt man im Matsch. In dieser Beziehung ist die kalte Jahreszeit noch die beste, wenn alles gefroren ist. Aber es gibt auch keine Kanalisation, dafür am Ende jeder Straßenzeile ein Gemeinschaftsplumpsklo, und das wiederum ist im sibirischen Winter noch schlechter zu ertragen als in den anderen Jahreszeiten.

In der ersten Baracke, die sich das Inspektionsteam vom Arbeiterkomitee ansieht, beginnen die Schwierigkeiten schon damit, daß sich die Tür nicht ohne weiteres öffnen läßt. Zu zweit ziehen und reißen sie daran herum, bevor die Brettertür einen Spalt freigibt, durch den wir uns alle hindurchzwängen.

Zwei ältere Frauen sind zu Hause, eine von ihnen liegt teilnahmslos auf einem Bettgestell in der Küche. Die andere, sie heißt Ljuba, hobelt Kohl zum Einlegen für den Winter. Die übrigen Bewohner sind zur Arbeit. Die Baracke besteht aus einem Zimmer und jener Küche, mit einer winzigen abgetrennten Nische, die gerade mal Platz für zwei sehr schmale Betten bietet. Bis vor einem Jahr wohnten acht Personen hier, jetzt sind es »nur« noch fünf. Die Frau schämt sich vor mir und meint: »Das gibt's bei euch nicht, was? Hast du gewußt, daß wir hier so wohnen?« – Ich habe es nicht gewußt.

Ljuba lebt seit 40 Jahren in dieser Baracke. 36 Jahre hat sie selbst in einer Zeche gearbeitet, davon sieben Jahre unter Tage, den Rest als Fahrkorbführerin. Ihr Mann ist lange tot. Sie haust hier mit ihrer bettlägerigen Mutter, ihrer Tochter Galja, die in der Bergbauverwaltung arbeitet, ihrem Schwiegersohn Schenja, einem Hauer, und ihrer 14jährigen Enkelin. Bis vor einem Jahr mußte der Platz auch noch für ihren Sohn und dessen Frau und Kind reichen, denen dann endlich eine Wohnung in einem Neubaugebiet zugeteilt wurde.

»Durch die Risse in der Wand kommt schon das Licht von draußen durch«, sagt Ljuba und schiebt einen abgewetzten Teppich zur Seite, »wir stopfen das immer wieder mit Papier zu.« Valerij hat ein Notizbuch dabei und schreibt sich jede Information genauestens auf.

Mit Blick auf unsere Kamera meint Ljuba: »Ihr könnt alles in der Baracke filmen – nur nicht mein Gesicht. Was sollen denn eure Leute von mir denken.«

Ein paar Straßenzüge weiter tritt abgesehen von der Wohnsituation in diesen baufälligen Baracken noch ein ganz anderes Problem auf. Die Brunnen in dieser Gegend geben nicht immer Wasser. Wenn es warm ist – und sibirische Sommer sind heiß –, kommt es vor, daß die Brunnen drei Tage lang trocken sind. Auch sonst haben sie so wenig Wasser, daß Berufstätige, deren Haushalt tagsüber keine Oma versorgt, sich nachts zwischen halb eins und vier Wasser holen, weil abends nach der Arbeit erst mal alles verbraucht ist.

Tamara von der Nowokusnezker Stadtverwaltung, die uns begleitet, ist geschockt. Solche Probleme waren ihr wohl auch neu. Und ich bemerke, daß Tamara angesichts des Elends mit ihren Tränen kämpft.

Es war eine Gewerkschaftsvorsitzende aus der Straßenbahnverwaltung, die die Leute vom Arbeiterkomitee alarmiert und in die Barackensiedlung geführt hatte. Ausgerechnet eine Gewerkschaftsvorsitzende. Einen schlagenderen Beweis dafür, wie wenig oder wie erfolglos sich die Gewerkschaft in der Vergangenheit um die Belange der Arbeiter gekümmert hat, kann man sich kaum denken. Pavel, Valerij und Konstantin gehen aber sehr behutsam damit um und vermeiden jeden Anschein von Triumph. Später sagt mir Valerij: »Die von der Gewerkschaft sind ja auch nicht alle schlecht gewesen. Und wenn die jetzt mit uns zusammenarbeiten wollen – um so besser.«

Die Gewerkschaftsvorsitzende, eine Frau von Ende Dreißig, führt uns auch in ihre Wohnung. Hier sind es keine Baracken, sondern zweistöckige Holzhäuser, aber ebenfalls ohne Toilette, ohne fließendes Wasser und mit Wänden voller Löcher. In der kleinen Küche stehen überall bis zum Rand gefüllte Wasserbehälter. Die Frau erzählt, daß ihr Mann, der bei der Miliz arbeitet, manchmal nachts von Brunnen zu Brunnen zieht auf der Suche nach Wasser. »Im Winter«, berichtet sie weiter, »wenn der Transport Probleme macht, dann gehen wir nicht mit Eimern los, sondern füllen die großen Milchkannen mit Wasser und ziehen sie auf Schlitten nach Hause.«

Nachdem Valerij wieder alles notiert hat, ist unsere nächste Station eine Art Wohnungsamt, in dem es Unterlagen über den Zustand der Baracken und Holzhäuser geben müßte. Es wäre die Aufgabe dieses Amtes, zumindest für die dringlichsten Reparaturen zu sorgen. Das Amt ist selbst in erbärmlichen, dunklen Räumen untergebracht, zu denen eine halb verfallene Treppe ohne Geländer führt und die ein penetranter Kloakengestank erfüllt. Ich habe den Eindruck, die drei vom Arbeiterkomitee haben Mitleid mit den Angestellten dieser

Karikatur einer Wohnungsverwaltung, als sie sich schnell wieder verabschieden und zur nächsthöheren Dienststelle aufbrechen. Die residiert in einem anderen Viertel der Stadt, in einfachen, aber ordentlichen Verhältnissen.

In diesem Falle tun wir etwas, was wir sonst nie tun: Wir gehen den Männern des Arbeiterkomitees mit laufender Kamera einfach hinterher, ohne in der Behörde um Erlaubnis zu fragen – in der Bundesrepublik unmöglich und eigentlich auch in der Sowjetunion undenkbar, zumindest für ein ausländisches Fernsehteam. Aber das Arbeiterkomitee hat zur Zeit das Sagen hier, und die haben nichts dagegen, wie sich denken läßt. Tatsächlich wagt es niemand der in der Behörde Beschäftigten, uns die Filmaufnahmen zu verbieten, was theoretisch ihr gutes Recht gewesen wäre. Als wir endlich im Zimmer der zuständigen Sachbearbeiterin angekommen sind, ist die zwar reichlich irritiert durch uns und unsere Kamera, aber sie macht nicht einmal einen Ansatz, unsere Anwesenheit in Frage zu stellen. Mit dem Arbeiterkomitee legt man sich zur Zeit nicht an, und in dessen Schutz sind wir ja offensichtlich hier.

Pawel, Valerij und Konstantin treten hier sehr forsch auf. Sie scheinen entschlossen, mit Schlamperei und bürokratischer Gleichgültigkeit aufzuräumen. Sie wollen Papiere sehen, aus denen der Zustand der Bausubstanz jener Baracken und Häuser hervorgeht, die sie heute besichtigt haben. Greifbar ist zunächst nur ein sogenanntes Arbeitsheft, das bereits neun Jahre alt ist. Nach langem Suchen stellt sich heraus, daß selbst nach diesen alten Angaben 76 Prozent der besagten Baracken baufällig sind. Welche Konsequenzen denn daraus gezogen werden, wollen die Arbeiter wissen. Die Antwort der Sachbearbeiterin, die im Grunde auch nur ein Rädchen im großen Getriebe ist: »Wir leiten die Zahlen nach oben weiter, dort wird dann entschieden.«

Konstantin fährt die Frau an: »Wozu seid ihr eigentlich da in diesem Amt, wenn ihr euch nicht weiter drum kümmert?!«

»Wir können doch auch nichts ändern«, wehrt sich die Frau,

»Sie wissen doch, daß fast alle Häuser so sind und daß wir kein Material haben.«

Als die drei Arbeiter eine komplette Liste aller baufälligen Häuser in Prokopjewsk einsehen wollen, heißt es zunächst, diese Unterlagen seien an eine übergeordnete Stelle weitergegeben worden. Als die drei aber nicht lockerlassen, werden sie auf die Ankunft der Chefin vertröstet. Wann das sein wird, wo sie sich befindet, kann oder will niemand sagen.

Zwischendurch fragt Konstantin, wie lange die Frau denn schon hier in diesem Amt arbeite. Als sie antwortet: »Vier Monate«, brechen er und die anderen in schallendes Gelächter aus.

Zu mir gewandt, meint er: »Sehen Sie, genauso ist das. Die Belegschaft hier bleibt nur so lange, bis sie sich selbst mit Wohnungen versorgt hat, und dann kommen Neue.« Und wieder an die Frau gerichtet: »Na, haben Sie denn schon eine Wohnung in Aussicht?«

Und die Frau antwortet tatsächlich: »Ja, in einem halben Jahr.« Bei den hier üblichen Wartezeiten von zehn, ja sogar zwanzig Jahren wirkt alleine diese Antwort von jemandem, der sozusagen an der Quelle sitzt, wie eine Provokation.

Nach einer kurzen Pause fährt die Frau fort: »Ihr Heuchler, ihr wißt doch ganz genau, wie wir hier alle leben und daß jeder zusehen muß, wo er bleibt.« Sie verspricht schließlich, im Arbeiterkomitee anzurufen, sobald die Chefin auftaucht, die zu den gefragten Unterlagen verhelfen kann.

Wir sind zum Schichtwechsel heute nachmittag mit Sergej vom Arbeiterkomitee vor einem Zechentor verabredet. Auf das Werksgelände kommen wir problemlos; keine Anmeldung, kein Passierschein, keine Kontrolle. Die Arbeiter haben alles in der Hand.

Auf einem Wiesenstück neben dem Eingang zum Schacht liegen einige der Bergleute, deren Schicht gleich beginnt, im Gras. Wir erfahren, daß unter Tage fast ohne Maschinen gearbeitet wird, nur mit Sprengmaterial, Hacke und Spaten – und mit was für Hacken, zum Teil ist der Stiel nur notdürftig zusammengebunden. Plötzlich fragt mich einer: »Und wie ist es bei Ihnen zu Hause, leben die Bergleute da besser als bei uns?« Ehe ich mich auf eine ehrliche Antwort besinne, die ihn dennoch nicht verletzen soll, kommt er mir zuvor: »Na klar werden sie besser leben.«

Sie erzählen mir, daß ihr Verdienst so um die 500 Rubel liege, davon blieben nach den verschiedensten Abzügen noch 350 Rubel übrig. Die Seifenzuteilung reiche nie aus und sie wüßten manchmal wirklich nicht, wie sie die Kohlenschmiere vom Körper und aus den Kleidern kriegen sollten. Sie beklagen sich, daß man kein Fleisch kaufen könne, nicht mal in den Spezialgeschäften, die in den fünfziger Jahren extra eingerichtet wurden, um die schwer arbeitenden Bergleute besser zu versorgen. Aber auch dort kämen keine Lieferungen mehr an. – Als wir uns am nächsten Tag eines dieser Spezialgeschäfte anschauen, werden da lediglich Knochen verkauft, die bereits riechen – um es dezent zu formulieren. Wenn man die Dinge beim Namen nennen soll, dann bleibt nichts anderes übrig, als von stinkenden Knochen zu sprechen.

»Wie wir wohnen, haben Sie heute morgen ja gesehen«, meint einer, »weiterer Kommentar dazu ist also überflüssig. Aber es ist doch eigentlich unmenschlich und entwürdigend, so leben zu müssen, wenn man so hart arbeitet.«

»Das war auch der Grund für unseren Streik«, meint ein anderer, »da ging es nicht nur um Seife. Darum ging es natürlich auch, aber bei Gott nicht nur. Es geht um alles – wie wir leben und wie wir arbeiten. Wir haben auch gestreikt, damit wir unsere Gruben selbst verwalten dürfen und damit wir die notwendigen Geräte bekommen. Versprochen haben die uns das jetzt in diesen Beschlüssen, die wir ausgehandelt haben. Deswegen setzen wir unseren Streik jetzt erst mal aus – zu Ende ist er nicht, nur ausgesetzt.«

»Ja, die Beschlüsse hat es gegeben«, sagt der erste, »aber wer die erfüllt, weiß niemand. Und wo sind sie denn, die Geräte für die Gruben? Gar nichts gibt's, und erreichen kann man auch nichts. Es ist nur noch schlechter geworden.«

»Als hier der Streik anfing«, schaltet sich ein weiterer Bergmann ein, »wollten wir, daß Ryschkow [der damalige sowjetische Ministerpräsident] herkommen und sich das alles mal aus der Nähe begucken sollte. Der hat aber nur seinen Stellvertreter geschickt. Wer war das noch, ach ja, Sljunkow. Ryschkow war auch mal hier, das war im Mai oder vielleicht schon im Februar. Von hier aus ist er dann nach Abchasien [eine georgische Teilrepublik] gereist und hat da dann erzählt: Bei euch in Abchasien, da kann man noch leben, ihr habt ja Luft hier. Ich war in Prokopjewsk, da sieht's vielleicht aus.« Er greift sich zur Unterstützung dieser Aussage mit der Hand ans Kinn: »Ja, und noch mal wollte er dann nicht zu uns. So ist das.«

Es ist eine seltsame Mischung zu spüren aus Resignation und Kraft. Sie glauben im Grunde an nichts mehr, dennoch ist die Hoffnung nicht ganz tot, und dieser erste Streik hat ein starkes Selbstbewußtsein entstehen lassen. Auch wenn sich die Lebens- und Arbeitsbedingungen so bald nicht ändern werden, so haben sie mit diesem Streik doch etwas bewegt. Man ist auf sie aufmerksam geworden, man redet mit ihnen, sie sind eine politische Größe, die die Politiker nicht mehr einfach vernachlässigen können.

»Wenn sich nichts ändert, machen wir wieder Krach«, sagt einer der Älteren hier, »auf jeden Fall. Wir haben's jetzt gelernt. Wir werden nicht mehr den Mund halten.«

»Ganz genau«, stimmt ein anderer zu, »an unser Streikkomitee glauben wir, an die Herrschenden nicht. Zu denen haben wir kein Vertrauen, denn Vertrauen hängt von Taten ab. Wenn konkret etwas getan wird, dann gibt's auch Vertrauen, wenn nicht, dann nicht.«

Die Bergleute, die für heute ihre Schicht hinter sich haben, fahren aus, und wir begleiten sie ins Werk hinein, wo sie sich umziehen und duschen. Überall, wo sich einer auszieht, liegt ein Haufen Kohlenstaub, die Arbeitskleidung ist zum Teil zerrissen. »Die Klamotten passen auch nicht«, meint einer, »die laufen bei der Wäsche ein.«

Jahrzehntelang wurde aus diesem Gebiet immer nur rausgeholt und nichts reingesteckt, denn die Zentrale sitzt in Moskau, und die Verantwortlichen müssen hier nicht leben. Der Streik im Sommer 1989 war ein Schrei der Verzweiflung gegen die Kommandowirtschaft und all die damit verbundenen Entbehrungen und Demütigungen gewesen. Es ging auch um fehlende Seife, aber in erster Linie um die Ungerechtigkeit, daß diese Menschen im westsibirischen Kohlerevier von einer fernen Zentrale so schamlos ausgebeutet wurden. Als besonderer Hohn wurde empfunden, daß diese Zentrale ja ständig verkündete, vor allen Dingen das Wohlergehen der Arbeiter im Blick zu haben.

Die Unfallzahlen sind hoch, und die Zahl der Toten ist es auch. Täglich passieren fünf, sechs Unfälle pro Zeche; in den letzten zehn Jahren sind in sowjetischen Kohlegruben etwa 13 000 Bergleute ums Leben gekommen.

Plötzlich heißt es, Teimuraz Avaliani, der Vorsitzende des hiesigen Gebietsstreikkomitees, solle morgen in Prokopjewsk sein. Eigentlich hatte ich erwartet, daß er beim Treffen in Kemerovo bliebe, wo Vertreter aller Streikkomitees der Gegend die weitere politische Linie abstecken und Strategien ausarbeiten wollen, um sich gegen den alten Partei- und Verwaltungsapparat zu wehren, der seine Macht nicht kampflos aufgeben will, sondern plant, die Arbeiterkomitees in sogenannten erweiterten Räten zu schlucken. Avaliani ist auch Volksdeputierter in Moskau. Er hat sich schon zu Breschnews Zeiten einen Namen gemacht und Schwierigkeiten eingehandelt, weil er den Generalsekretär zum Rücktritt aufforderte.

Avaliani taucht tatsächlich am nächsten Tag im Büro des Arbeiterkomitees auf, ein weißhaariger, mürrisch wirkender Mann. Ich habe den Eindruck, er redet nur widerwillig mit mir. Er hat wohl Wichtigeres zu tun, als einer ausländischen Journalistin ein Interview zu geben. Dann allerdings nimmt er kein Blatt vor den Mund. Der Streik hätte gut vermieden werden können, meint er, ohne eine Miene zu verziehen, wenn man die Arbeiter nur einmal angehört und ernst genommen hätte. Schon letzten Oktober hätten sich die Arbeiter in einem Brief direkt an Michail Gorbatschow gewandt und ihm die Situation geschildert. Allerdings wisse man natürlich nicht, ob ihn das Schreiben jemals erreicht habe. »Aber die Regierung hätte informiert sein können, wenn sie sich dafür interessiert hätte. Sie hätte wissen müssen, daß sich hier was zusammenbraut. Und darum, weil die Regierung nichts unternommen hat, muß ich sagen, ist sie zu 100 Prozent schuld daran.«

Wir haben in der kurzen Zeit sehr viel erfahren und eine Menge Material gedreht – genug für eine Reportage von mindestens 30 Minuten, um den deutschen Zuschauern den Alltag dieser Menschen mit all ihren Problemen und Sorgen wenigstens ansatzweise nahezubringen. Aber es gibt keinen Sendeplatz dafür. Die Kollegen der »Weltspiegel«-Redaktion, die dieses Thema fest gebucht hatten, springen über sämtliche Schatten, räumen drei Minuten mehr als sonst üblich ein und bringen sich selbst dadurch ihre Sendestruktur durcheinander.

In den folgenden Monaten reisten Delegationen hin und her: Abgesandte der Arbeiterkomitees nach Moskau in den Kreml und Regierungsbeauftragte aus Moskau nach Nowokusnezk und Prokopjewsk. Und dann wurde es wie meist bei solchen Themen. Man kennt das Problem, es gibt nichts wesentlich Neues mehr, also scheinbar keinen Grund, sich noch mal darum zu kümmern – es sei denn, es wird demonstriert oder »es passiert was«. Aber warum denn nicht auch mal nachschauen, was sich vielleicht im kleinen an Ort und Stelle geändert hat, oder ob tatsächlich alles beim alten geblieben ist? Und wie denken die Menschen mit gewissem zeitlichen Abstand über den Streik, wie ist es um die Glaubwürdigkeit der Regierung bestellt, haben die Arbeiterkomitees ihre Macht behalten?

Ebensolche Überlegungen führten dazu, daß wir uns nach einem halben Jahr, in den frühen Januartagen 1990, noch einmal auf den Weg zu den Bergarbeitern von Prokopjewsk machten.

Am 3. Januar nehmen wir die Morgenmaschine um kurz nach zehn von Moskau nach Nowokusnezk. Als sich diesmal der Anflug auf den westsibirischen Flughafen ganz genauso abspielt wie beim erstenmal im August 1989 – also etwa eine halbe Stunde lang in nur wenigen hundert Metern Höhe, dazu bei bemerkenswert geringer Geschwindigkeit –, kommt uns dieses Anflugverfahren bereits bekannt vor, und wir entschließen uns, darauf zu vertrauen, daß das schon irgendeinen Sinn haben wird.

Bei der Landung in Nowokusnezk gegen halb sieben Uhr abends – wegen der Zeitverschiebung von vier Stunden – erwarten uns zwei vom Arbeiterkomitee, einer namens Viktor, und Valerij, den wir schon vom Sommer her kennen. Viktor und Valerij sind in einem geliehenen Schulbus extra aus Prokopjewsk hergekommen, um uns abzuholen. Valerij hatte drei rote Nelken zur Begrüßung für mich mitgebracht. Keine Ahnung, wie er das bei dem Frost von minus 20 Grad geschafft hat. Auf dem Weg vom Flughafengebäude zum Schulbus versuchen wir zu zweit diese Kostbarkeiten vor dem eisigen Wind zu schützen.

Wir fahren – wie schon beim letztenmal – zum Hotel »Nowokusnezk« in Nowokusnezk, werden wie alte Bekannte begrüßt und bekommen die gleiche Zimmerflucht wie im Sommer. Mit Viktor und Valerij bespreche ich am selben Abend noch die weiteren Pläne für die nächsten zweieinhalb Tage. Heute ist Mittwoch, und Samstag am späten Nachmittag fliegen wir wieder zurück nach Moskau, denn der Bericht soll bereits am darauffolgenden Mittwoch gesendet werden. Viel Zeit bleibt also nicht.

Trotzdem möchte ich diesmal auch das zentrale Unfallkrankenhaus der Gegend besuchen. Ich bitte Valerij, sich darum zu kümmern, daß uns wieder jemand vom Arbeiterkomitee begleitet, damit wir keine umständlichen offiziellen Genehmigungsverfahren über uns ergehen lassen müssen. »Kein Problem«, winkt Valerij ab. Ob wir nicht auch mal beim Pfarrer von Prokopjewsk vorbeischauen sollten, fragt er plötzlich.

»Ja, warum denn nicht«, sage ich sofort.

Und Valerij fragt weiter: »Glaubst du an Gott?«

Ich antworte ihm, daß ich an Gott glaube, aber mit der offiziellen Kirche so meine Schwierigkeiten habe.

Valerij lacht: »Macht nichts. Kannst du dir vorstellen, bei meiner Tochter Taufpatin zu sein?«

Mit dieser Frage habe ich nun wirklich nicht gerechnet, bin gleichermaßen irritiert wie erfreut und sage: »Ja, das kann ich mir vorstellen.«

Dieses Angebot ist ein großer Vertrauensbeweis, denn als Taufpate wird man Familienmitglied. Valerijs Tochter, Alissija heißt sie, ist knapp zwei Jahre alt, und das nächste Kind ist schon unterwegs. Valerij will gleich morgen früh mit Vater Wladimir reden, dem Popen von Prokopjewsk, damit die Taufe auf jeden Fall vor unserem Abflug stattfinden kann.

Als Viktor und Valerij sich verabschieden, um mit dem Schulbus wieder nach Prokopjewsk zurückzufahren, taucht Tamara auf, die uns schon bei unserem Besuch im Sommer organisatorisch behilflich gewesen war und die wir auch diesmal über unser Kommen informiert hatten.

»Der Baum ist geschmückt, der Tisch ist gedeckt«, strahlt sie uns an und will uns zum Abendessen zu sich nach Hause abholen. Ich bin zwar von der Reise einigermaßen geschafft, aber eine solche Einladung kann man nicht ablehnen. Vom Hotel sind es etwa 15 Minuten zu Fuß bis zu dem Wohnkomplex, in dem Tamara mit ihrem Mann Gennadij und ihrem 16jährigen Sohn Schenja, der noch zur Schule geht, eine Dreizimmerwohnung bekommen hat. Der Weg führt an einem kleinen Festplatz vorbei – es ist schließlich auch hier Weihnachten, und nach dem alten Kalender steht das Neujahr vor der Tür –, wo die Kinder mit schlittenartigen Vehikeln noch im Dunkeln einen kleinen Hügel herunterfahren. Mitten auf dem Platz ein riesiger Tannenbaum mit vielen bunten Lichterketten, die abwechselnd aufleuchten. Vor dem Baum zwei überlebensgroße Figuren, Väterchen Frost und eine Frau, aus zusammengepreßtem Schnee gemacht.

Gennadij, Tamaras Mann, ist bei der Fluggesellschaft Aeroflot angestellt und leitet eine Hubschrauberstaffel. Seine Dienstzeiten sind sehr unregelmäßig, weil zu Gennadijs Aufgaben auch Rettungsflüge gehören, und da fällt einiges an. Sei es, daß verletzte Bergleute ins Krankenhaus transportiert werden müssen oder daß sich Kinder in der sibirischen Taiga verlaufen haben.

Die Wohnung der drei ist für sowjetische und schon gar für sibirische Verhältnisse nahezu ein Traum. Vom Eingangsflur geht es gleich links ab zu Bad und separater Toilette und weiter um die Ecke in eine Küche, in der man auch zu dritt sitzen kann. Schräg gegenüber der Eingangstür liegt Schenjas kleines Reich mit vielen Postern sowjetischer und ausländischer Popstars an den Wänden. Rechts von der Eingangstür gelangt man durch ein relativ schmales Wohnzimmer in den Schlafraum. Die ganze Wohnung macht einen liebevoll gepflegten Eindruck.

In einer Ecke im Wohnzimmer ein zwei Meter hoher Weihnachtsbaum, reich behangen mit bunten Lichtern und Christbaumschmuck aus Lauscha im Thüringer Wald. Der sei mindestens dreißig Jahre alt, erzählt Tamara, sie habe ihn von ihren Eltern geerbt. Ein merkwürdiger Kontrast: die alten, dezent verzierten Christbaumkugeln neben den modernen superbunten Lichterketten, von denen jeweils verschiedene per automatischer Wechselschaltung aufleuchten – eine ziemlich nervöse Angelegenheit.

Am Wandteppich über dem Sofa hat Schenja aus einer silbernen Lamettaschlange die Zahl 1990 aufgesteckt und sie mit den gleichen Lämpchen wie am Weihnachtsbaum umrahmt, die ebenfalls in regelmäßigen Abständen blinken.

Mit dem Essen hat sich Tamara eine Menge Arbeit gemacht: Es gibt Hering im Gemüsepelz – so heißt das –, danach Krabbensalat und eine Sülze mit Eiern und Hühnerfleisch. Dann machen wir erst mal eine Eßpause, in der wir ausgiebig Fotoalben begucken, bevor es mit dem warmen Hauptgang weitergeht, einem schmackhaften Eintopf aus Kartoffeln und Rindfleisch. Zu trinken gibt es wahlweise Saft, Wodka oder Schampanskoje, den relativ süßen sowjetischen Sekt.

Beim Essen kommt es zu einer interessanten Unterhaltung. Tamara und Gennadij erzählen, daß sie viele Leute kennen, die sich zunehmend weniger trauten, den Mund aufzumachen, um irgendwelche Mißstände zu kritisieren. Die Angst ginge um, Gorbatschow könne es vielleicht doch nicht schaffen und alles werde wieder wie früher. Also lieber nicht auffallen und erst mal abwarten. Tamara meint schließlich sogar, sie würde sich nicht wundern, wenn sie der sowjetische Geheimdienst KGB nach unserem Besuch in die örtliche Dienststelle bitte, um zu erfahren, worüber wir uns unterhalten haben. Sie erzählt, daß sie Anfang der siebziger Jahre als Dolmetscherin gearbeitet hat. Obwohl ihr dieser Job sehr viel Spaß gemacht habe, hat sie ihn schließlich aufgegeben »wegen des ganzen Drum und Dran«, wie Tamara sich ausdrückt. Sie habe es nicht mehr ausgehalten, ständig unter Beobachtung zu stehen und für alles und jedes Rechenschaft ablegen zu müssen. Seither arbeite sie unbehelligt in der Nowokusnezker Stadtverwaltung.

Es ist Mitternacht, als uns die ganze Familie wieder zum Hotel zurückbringt.

Am nächsten Morgen fahren wir nach Prokopjewsk. Die Straßen sind vereist, aber solche Bedingungen ist man hier gewohnt. Und auch wir haben uns innerhalb kürzester Zeit daran gewöhnt, daß man in Sibirien die Fahrweise der Witterung allenfalls sehr begrenzt anzupassen scheint, denn wir brauchen für die Strecke Nowokusnezk–Prokopjewsk nur unwesentlich länger als im Sommer bei guten Straßenverhältnissen.

Im Büro des Arbeiterkomitees herrscht ähnliche Geschäftigkeit wie vor einem halben Jahr. Überall bekannte Gesichter und meist herzliche Begrüßung. Sie sind alle immer noch sehr engagiert und entschlossen bei der Sache, obwohl sie beinahe übereinstimmend zu dem Schluß kommen, daß der Streik bisher nicht allzuviel gebracht habe. Die Ausrüstung ist nach wie vor miserabel; auch auf die zugesagten Baumaterialien, mit denen die Schächte sicherer gemacht werden sollten, warten sie noch. Seife gibt es jetzt genug, aber die Lebensmittelversorgung hat sich noch nicht gebessert. Und die für den 1. Januar fest versprochene wirtschaftliche Selbständigkeit, die hat man erst mal wieder aufgeschoben.

Ihren Mut haben die Arbeiter nicht verloren. Zugleich herrscht eine gewisse Ratlosigkeit, weil man Angst hat, durch einen erneuten Streik konservativen Kräften Argumente in die Hand zu geben und die Perestroika ernsthaft zu gefährden.

Wir wollen Meinungen der unter Tage Arbeitenden einholen und fahren zum Schichtwechsel zu der Zeche, die wir auch im August besucht haben. Der Zufall will es, daß wir auch einige der Bergleute von damals wiedertreffen. Derjenige, der sich im Sommer darüber aufregte, daß der damalige sowjetische Ministerpräsident Ryschkow es nicht für nötig befunden habe, die streikenden Bergarbeiter im Kusbass zu besuchen, sagt mir heute: »Wahrscheinlich muß man wieder an einen Streik denken, weil sich gar nichts bewegt. Man muß irgendwas tun. Aber was, weiß keiner so genau. Denn das Land ist doch wirtschaftlich so runtergekommen, daß man eigentlich nicht streiken darf; aber nicht streiken, das darf man auch nicht.« Und dann erzählt er von den enormen Kohlebergen, die nicht abtransportiert werden, obwohl es versprochen wurde. Wie schizophren und verfahren alles ist, bringt er auf folgenden Nenner: »Man sagt uns, wir sollen Kohle fördern, aber man braucht sie offensichtlich nicht.«

Im Kusbass-Gebiet liegen tatsächlich einige Millionen Tonnen Kohle auf Halde, die sich bereits selbst entzündet, also unbrauchbar wird. Gleichzeitig können selbst hier die Menschen nur unter größten Schwierigkeiten Kohle für den Eigenbedarf kaufen.

Als wir die enormen Kohlehalden filmen möchten, will der Direktor der Zeche das verbieten. Aber der dortige Gewerkschaftsvorsitzende mischt sich ein und nimmt die Dreherlaubnis mutig auf seine Kappe. »Wieso soll man die Realität nicht zeigen dürfen? Die Zeiten sind doch wohl vorbei« ist sein Kommentar, bevor er den Direktor einfach stehenläßt und uns zu den Halden begleitet. Als wir schließlich vor diesen Bergen angekommen sind, die unaufhörlich rauchen, meint er: »Die Menschen arbeiten sich im Schacht die Knochen kaputt, und manche verlieren ihr Leben dabei. Allein in dieser Zeche sind 100 000 Tonnen geförderter Kohle bereits verloren, das bedeutet einen Schaden von 40 000 Rubel. Aber das ist gar nichts gegen den moralischen Schaden, der damit angerichtet wird.« Und dann kommt ihm eine verzweifelte Idee: »Wieso läßt man die Bergarbeiter nicht lieber Wohnungen bauen, statt Kohle zu fördern, die niemand haben will!«

An der Wohnsituation hat sich in Prokopjewsk nichts geändert. Wie sollte es auch – in den sechs Monaten. Aber es gibt nicht mal einen neuen Funken Hoffnung. Die Menschen kommen erst gar nicht in die Verlegenheit, auf neue Versprechungen hereinzufallen, weil man es aufgegeben hat, Versprechungen zu machen.

Wir besuchen Ljuba in ihrer Baracke. Diesmal ist auch Galja, ihre Tochter, zu Hause. Auf die Frage, wie es denn jetzt weitergehen solle und wie jetzt die Stimmung sei, lautet Galjas Antwort: »Welche Stimmung? Es gibt keine Stimmung. Wir haben auf 1990 gewartet wie auf Gott und haben gehofft, daß wir endlich wie die weißen Menschen wohnen werden. 1990 ist da, und alle unsere Hoffnungen sind verschwunden. Jetzt wissen wir nicht mehr weiter, und das Leben vergeht.«

Galja zeigt uns ein Schriftstück, nach dem sie bis 1990 aus dieser Baracke in eine »richtige Wohnung« hätten umziehen sollen. Aber sie stehen immer noch an 460. Stelle der Warteliste, und bei den Behörden sagt man ihnen nur: »Es gibt keine Wohnungen« – und »Streikt lieber weniger!«

Als wir im Sommer hier waren, wollte sich Ljuba aus Scham nicht von uns filmen lassen, jetzt ist ihr auch das schon egal. Sie erzählt von ihrer 14jährigen Enkelin, die mit ihr in der Nische bei der Küche schläft und die auch gerne mal alleine sein und Musik hören möchte. »Ist doch noch ein junges Ding, das muß man doch verstehen«, meint Ljuba, »aber ich kann mich nirgendwo ausruhen. In der Nische sitzt die Enkelin, dann kommt meine Tochter von der Arbeit, die muß ja auch irgendwohin. Ich möchte normal leben und – Entschuldigung – nicht im Frost auf dem Klo sitzen.«

Valerij hat zwischenzeitlich mit Vater Wladimir gesprochen und erfahren, daß nur vormittags getauft wird. Da der Andrang zur Zeit sehr groß ist, haben wir für morgen um 12 Uhr einen Termin bekommen. Immer mehr Gläubige, die es früher nicht wagten, die Kirche zu besuchen – das hätte an der Arbeitsstelle Probleme gemacht, der Karriere geschadet und in jeder Beziehung nur Nachteile gebracht –, strömen in das Gotteshaus. Die Menschen suchen zunehmend Trost und Kraft in der Kirche. Obwohl Prokopjewsk fast 300 000 Einwohner hat, gibt es hier nur eine einzige Kirche, die Gottesdienste abhält und Sakramente erteilt.

Das Kirchengebäude ist frisch gestrichen, in einem leuchtenden Blau, mit Weiß abgesetzt. Es wirkt in der tristen Umgebung beinahe wie ein Fremdkörper, viel zu sauber, viel zu intakt. Aber von dem wenigen, das die Menschen besitzen, spenden sie noch, damit, wie sie sagen, wenigstens Gott in einem anständigen Hause wohnt.

Als wir überpünktlich ein paar Minuten vor zwölf in der Kirche ankommen, ist weder der Priester zu sehen noch Valerij mit seiner Familie. Dafür ist eine alte Frau mit Putzarbeiten beschäftigt. Sie faucht mich gleich an, ich solle gefälligst meine Kopfbedeckung abnehmen, weil sie mich in den dicken Stepphosen, dem ebenso dicken Anorak und der typisch russischen Pelz-Schapka für einen Mann hält. Frauen sind hier in der Regel anders gekleidet. Sie laufen auch bei größter Kälte nicht in langen Hosen herum, sondern tragen Röcke und Kleider. Als die alte Frau ihren Irrtum bemerkt, entschuldigt sie sich überschwenglich, kann sich aber gar nicht über meine kurzen Haare beruhigen.

Dann erscheint Vater Wladimir, ein pausbäckiger, recht junger Mann mit dichten langen Locken. Er sieht wirklich aus wie ein netter rosiger Posaunenengel mit besonders wachen Augen. Erfrischend unkompliziert und aufgeschlossen, wie sich herausstellt. Vater Wladimir besucht regelmäßig die Zechen. Die Grubenleitungen haben sich daran gewöhnt, daß er auf dem Werksgelände so eine Art Sprechstunde abhält. Sehr viele junge Leute suchten Rat und Trost, erzählt Vater Wladimir, und die Zeiten, da man »nur alte Weiber in Kopftüchern« in der Kirche finden konnte, die seien endgültig vorbei, fügt er hinzu.

»Das wichtigste ist, daß die Menschen keine Angst mehr haben, in die Kirche zu kommen, und zwar ganz gleich, was sie beruflich machen«, fährt Vater Wladimir fort. »Früher konnte ein Lehrer es sich doch gar nicht leisten, sich in der Kirche sehen zu lassen. Wenn herauskam, daß ein Lehrer an Gott glaubte, dann durfte er nicht mehr unterrichten. Aber so was gibt's bei Ihnen in der Bundesrepublik doch auch«, verblüfft er mich, »ich habe im Fernsehen gehört, daß Lehrer bei Ihnen ihren Beruf nicht ausüben dürfen, wenn sie Kommunisten sind.« Beides sei falsch, meint Vater Wladimir.

Es ist mittlerweile nach halb eins, und von Valerij und seiner Familie keine Spur. Im Gespräch mit Vater Wladimir stellt sich plötzlich heraus, daß er bis jetzt davon ausgegangen ist, daß ich der russisch-orthodoxen Kirche angehöre. So einen Fall habe es noch nicht gegeben, daß eine Taufe nach russisch-orthodoxem Ritus mit einem römisch-katholischen Paten vollzogen worden sei. Einen Moment lang ist Vater Wladimir irritiert, dann sagt er entschlossen: »Es ist derselbe Gott, also was soll's.«

Er fragt, ob ich ein Kreuz bei mir habe; als getaufter Christ habe man doch ein Kreuz umhängen, meint er. Ich habe nichts dergleichen bei mir. Wie soll ich ihm beweisen, daß ich selbst getauft bin? Er glaubt es mir einfach und geht kurzerhand zu dem winzigen Stand in der Kirche, wo die Gläubigen Kerzen, kleine Ikonen aus Pappe und ebendiese Kreuze an einer weißen Schnur für ein paar Kopeken kaufen können. Er greift sich so ein Kreuz und hängt es mir um. Valerij ist immer noch nicht da, und wir kommen langsam in Zeitnot wegen unserer anderen Termine. Bei aller Ehre, schließlich bin ich nicht in Prokopjewsk, um ein Kind zu taufen.

Doch da ich Valerij und seine Familie nicht enttäuschen möchte, erweitere ich ständig die Zeiträume, die ich mir als letztmögliche Wartezeit gesetzt habe. Das Pensum für heute ist sowieso nicht mehr zu schaffen. Schließlich ist es Viertel vor zwei, als wir die Kirche verlassen wollen, da kommt uns Valerij – fast den Tränen nahe – entgegen. Bei ihm seine Frau, kurz vor der Niederkunft des zweiten Kindes, und die kleine blonde Alissija, ein hübsches aufgewecktes Mädchen. Der Wagen, den sie extra organisiert hatten, um herzukommen, sprang nicht an, ein Ersatz ließ sich so schnell nicht beschaffen, ein Telefon war auch nicht in erreichbarer Nähe ... und mit Bus und Straßenbahn dauert es eben.

Vater Wladimir kommt nun auch ins Hetzen, denn ab zwei findet im Hauptraum der Kirche eine Trauerfeier statt. Die Tauf- und die Trauergesellschaft kommen sich zwar nicht ins Gehege, weil der Taufakt grundsätzlich in einem speziellen Trakt der Kirche stattfindet, der sich demgemäß auch Taufkirche nennt; aber ohne Vater Wladimir kann die Totenfeier nicht beginnen.

Die Taufzeremonie dauert in der Regel etwa eine halbe Stunde, aber in Anbetracht der besonderen Situation hat Vater Wladimir eine Kurzversion parat. Er rast durch die Gebete und Gesänge, daß ich Mühe habe, meine Einsätze zu finden, die er mir vorher erklärt hatte. Mit einem Schal auf dem Kopf und Alissija auf dem Arm stehe ich vor Vater Wladimir am Taufbecken. Er zeichnet Alissija mit geweihtem Öl Kreuze auf Stirn, Ohren, Hände und Knie. Das Entblößen der Knie ist bei der dreilagigen Winterkleidung gar nicht so einfach.

Dann wird dem Täufling reichlich Wasser über den Kopf geschüttet, und ich rechne jede Minute damit, daß Alissija anfangen könnte zu weinen – diese ungewohnte Prozedur und dann noch auf dem Arm einer völlig fremden Frau. Aber Alissija guckt nur sehr angestrengt und sagt keinen Ton. Als ich ihr das nasse Köpfchen mit einem Tuch trockne, seufzt sie hörbar, als hätte sie gewußt, daß damit die Sache mit dem Wasser erledigt sei.

In einer Hand eine brennende Kerze, auf dem anderen Arm Alissija, trotte ich nun hinter Vater Wladimir her, der laut betend Kreise um das Taufbecken zieht. Alissija vergnügt sich derweil damit, daß sie mit Erfolg versucht, die Kerze auszupusten – ein schönes Spiel, denn jedesmal wenn es ihr gelungen ist, zündet Vater Wladimir unsere Kerze mit seiner wieder an.

Nun ist Alissija also getauft, und ich habe ein Patenkind in Westsibirien.

Als wir alle zusammen die Taufkirche verlassen, betritt gerade die Trauergesellschaft den Kirchhof. Wegen des Wetters – es schneit sehr stark – haben auch sie sich verspätet. Im dichten Schneetreiben laden ein paar Männer, Freunde oder Verwandte der Toten, drei offene Särge aus dem Bus. Auf dem Weg in die Kirche schützt man die Gesichter der Toten mit Tüchern vor den dicken Schneeflocken. In den Särgen liegen eine alte Frau, die eines natürlichen Todes gestorben ist, und zwei Mordopfer: Mutter und Sohn. Beide waren in einen Überfall geraten. Die Mutter, die sich schützend vor ihren Sohn stellte, wurde erstochen, den Sohn haben sie dann erschlagen. Gewalttätigkeit und Kriminalität haben auch in Westsibirien stark zugenommen wie überall in der Sowjetunion.

Nicht weit von der Kirche liegt das zentrale Unfallkrankenhaus inmitten eines verwilderten Parks mit einer hochherrschaftlichen Einfriedung aus Naturstein – nur etwas verfallen, wie das meiste hier. Ein Bau aus der Stalinzeit, ursprünglich mal angelegt für 200 Patienten, heute genutzt von 650.

Täglich ereignen sich – wie schon gesagt – fünf bis sechs Unfälle pro Zeche, und allein Prokopjewsk hat 14 Zechen.

Die statistischen Folgen: Pro Jahr nähen die Ärzte 60 bis 100 abgerissene Füße, Hände oder Finger wieder an. Manchmal nehmen sie auch die Zehen als Ersatz für verlorene Finger. Die Operateure sind dabei auf total veraltete Mikroskope angewiesen. »Bei Ihnen würde man mit denen höchstens noch Mäuse operieren, aber sicher keine Menschen«, sagt mir einer der Mediziner. Die Operationen dauern bis zu 16 Stunden, die Ärzte leisten Übermenschliches und stoßen ständig an Grenzen, weil ihnen die technischen Mittel fehlen und sie zudem völlig überlastet sind.

Die Zahl der tödlichen Unfälle im Bergbau ist bekannt und wurde hier auch bereits erwähnt: in zehn Jahren 13 000. Aber die Invaliden hat niemand gezählt.

Es gibt eine – überbelegte – Abteilung für Kranke mit Wundinfektionen und schlimmsten Blutvergiftungen. In einer anderen Station liegen Unfallopfer mit zerquetschten Gliedmaßen. Ein paar dieser Patienten haben sich die Verletzungen bei Verkehrsunfällen zugezogen, die meisten bei der Arbeit unter Tage. Die Ärzte erklären, daß sie mit allen Mitteln versuchen, Amputationen zu vermeiden, da es fast unmöglich sei, Prothesen zu beschaffen. Ich habe in dieser Abteilung ein zerquetschtes Bein gesehen, es war regelrecht platt, und dennoch wollten die Ärzte es erhalten.

Die Krankenzimmer sind alle voll belegt. In den kleineren stehen sechs Betten auf engstem Raum, in den größeren bis zu zehn Betten. Wir werden auch in die Reanimation geführt, in der drei Betten stehen. Ohne sterile Kittel oder Überschuhe, sondern so, wie wir sind: die Stiefel an den Füßen, mit denen wir von der Straße hereingekommen waren. Unsere Hemmung, diesen Teil des Krankenhauses so »schmutzig« zu betreten, ruft bei dem dort tätigen Pflegepersonal, das ohnehin keine Zeit hat, sich um uns zu kümmern, nur Kopfschütteln hervor.

In einem Bett, an dem sich bis zu drei Krankenschwestern gleichzeitig zu schaffen machen, liegt ein Bergmann, dem ein herabfallender Kohlebrocken den Brustkorb zerschmettert hat. Sein Körper bewegt sich ruckartig in einem gewissen Rhythmus hin und her. Einen Fuß streckt er von sich wie in einem Krampf. Im Nachbarbett liegt eine junge Frau mit freiem Oberkörper, die künstlich beatmet wird. Sie ist das Opfer eines Mordversuchs. Im dritten Bett schließlich wieder ein Mann. Er ist von einer Bahn überfahren worden, heißt es.

Diese Region ist ein einziger Alptraum: Luftverschmutzung, die das Leben der Menschen verkürzt und Neugeborene bereits krank auf die Welt kommen läßt, Arbeitsbedingungen wie im vorigen Jahrhundert, ärmlichstes Leben unter miserabelsten Umständen und nicht die leiseste Hoffnung darauf, daß sich bald etwas ändert.

Wer trägt die politische Verantwortung, daß sich seit dem Streik so gut wie nichts bewegt hat und nicht einmal in der Wirtschaftspolitik die Weichen gestellt wurden Richtung Selbständigkeit und Eigenverantwortlichkeit der Gruben? Ich suche noch einmal Teimuras Avaliani auf, den Vorsitzenden des Gebietsarbeiterkomitees, der nach wie vor auch Volksdeputierter in Moskau ist.

»Die Unentschlossenheit der Regierung ist schuld«, sagt er, »daß es nicht vorangeht. In Moskau gibt es in den Führungsorganen des Staates verschiedene Kräfte. Die einen plädieren für Kommandomethoden in der Wirtschaft, für den Plan, für die Anwendung von Zwang. Die anderen haben begriffen, daß diese Methoden nicht mehr taugen. Das Verhältnis dieser beiden gegensätzlichen Kräfte ist etwa fifty-fifty. Und im Augenblick befinden wir uns in einer Periode, wo man nur schwer sagen kann, wer wen besiegt und in welche Richtung die Wirtschaft geht.«

Gut ein Jahr später, im Frühjahr 1991, ist es dann wieder soweit. Die Bergleute im ganzen Land – in Westsibirien, im ukrainischen Donezbecken, in Workuta am Polarkreis – streiken erneut. Diesmal geben sie sich nicht mit wirtschaftlichen Forderungen zufrieden. In allen Streikzentren taucht die Standardformel auf: Gorbatschow muß zurücktreten. Mir fallen die Worte eines Bergmannes ein, den ich in Prokopjewsk im Januar 1990 fragte, ob sich der Streik denn gelohnt habe. »Wir dachten, er lohnt sich«, hat er gesagt, »aber wir sollten anders streiken. Wir sollten politische Forderungen stellen. Man hat uns ein Stück Fleisch hingeworfen und den Mund gestopft, und wir haben uns beruhigt.«

Während sich der Zorn der Bergleute im Sommer 1989 und auch Anfang 1990 noch gegen die örtlichen Verwaltungen richtet, man aber im großen und ganzen die politische Führung der Union akzeptiert, ändert sich das im Frühjahr 1991 grundlegend. Die Forderungen nehmen zu und gehen immer weiter: von Lohnerhöhungen, besserer Ausrüstung, gesünderen Arbeitsbedingungen, wirtschaftlicher Selbständigkeit über Enteignung des Parteivermögens, Stopp für Rüstungsausgaben bis hin zur kompletten Auswechslung der Regierung. Daß die Verdopplung des Lohnes zugesagt wird, hilft nichts. Die Preissteigerungen werden selbst diese Erhöhung überholen, meinen die Bergleute zu Recht.

Nach etwa vier Wochen löst die fehlende Kohle eine Kettenreaktion aus: Eisenhüttenwerke und andere Betriebe sind nicht mehr funktionsfähig. Nowolipezk, das größte Eisenhüttenwerk Europas, steht unmittelbar vor der Stillegung. Immer mehr Hochöfen drohen zu erkalten, also unbrauchbar zu werden. An vielen Orten ist die Energieversorgung nicht mehr gewährleistet. Produkte, die man dringend benötigt, können nicht mehr hergestellt werden. Es ist mit einem Kollaps der gesamten Wirtschaft zu rechnen. Entsprechend dramatischer werden mit jedem Tag die Appelle von Fabrikdirektoren, die in den Fernsehnachrichten die Genossen Arbeiter anflehen, wenigstens eine Notversorgung aufrechtzuerhalten.

Am 26. März 1991 weiß sich der Oberste Sowjet nicht anders zu helfen, als das Streikrecht, das ja gerade mal anderthalb Jahre alt ist, für zwei Monate auszusetzen. Damit bewegt man sich präzise im gesetzlich vorgesehenen Rahmen, es ist also kein Bruch der Rechtsstaatlichkeit, wie ihn einige westliche Beobachter festzustellen glaubten. Aber es besteht die Gefahr, daß durch diesen Beschluß der Konflikt weiter eskaliert, denn so leicht lassen sich die politisierten Bergarbeiter ihr Streikrecht nicht nehmen. Ungeachtet dessen wird denn auch weitergestreikt. Entgegen den üblichen westlichen Befürchtungen setzt die Regierung kein Militär gegen die Streikenden ein. Die Soldaten würden sich nämlich nicht gegen die Arbeiter einsetzen lassen.

Für eine zusätzliche Belastung sorgen die für Anfang April vorgesehenen Preissteigerungen, die Lebensmittel und Kleidung auf einen Schlag bis zu 500 Prozent verteuern. In dieser Situation erklärt sich die sowjetische Regierung endlich bereit, eine Abordnung von Bergleuten im Kreml zu empfangen. Zunächst steht nur Ministerpräsident Pawlow zur Verfügung, aber damit sind die Arbeiter nicht zufrieden. Sie wollen Gorbatschow sehen, auch wenn sie seinen Rücktritt fordern. Ich habe mir während dieser Zeit den Kopf darüber zerbrochen, ob Bundeskanzler Kohl eine Gruppe von Arbeitnehmern empfangen würde, die auf seinem Rücktritt bestehen (unabhängig davon, daß auch in der Bundesrepublik politische Streiks nicht vorgesehen sind). Ich bin zu keinem Ergebnis gekommen, hätte aber Verständnis dafür, wenn er's nicht täte.

Daß es wenig Sinn macht, mit jemandem zu reden, der nur auf Konfrontation aus ist, diese Überlegung hat wohl auch Gorbatschow zunächst dazu gebracht, ein solches Treffen hinauszuschieben. Anfang April empfängt er die Delegation dann doch und überrascht sie mit der Feststellung, daß 90 oder doch wenigstens 80 Prozent ihrer Forderungen berechtigt seien – aber: »Ihr könnt die politische Führung dieses Landes erschießen, und unsere Nachfolger werden auch nichts ändern können.« Der sowjetische Präsident versucht zu erklären, daß es für die verfahrene Lage in der Union keine einfachen und schnellen Antworten gebe, und das von ihm zu verlangen sei billigste Demagogie.

Was seinen Rücktritt betreffe, den viele fordern, dafür sei in der Verfassung ein Weg vorgeschrieben, den müsse man beschreiten und dem werde er sich natürlich beugen. Alles andere sei unseriös. Er spart auch nicht mit Vorwürfen: »Wo wart ihr denn, ihr Helden, als ich mit der Perestroika damals begann?«

Gorbatschow beschwört die Bergleute, mit der Konfrontation aufzuhören und daran zu denken, daß »wir doch alle im selben Boot« sitzen. Aber der Streik dauert an.

In Workuta, dieser Stadt 160 Kilometer nördlich des Polarkreises, die wegen ihrer Straflager-Vergangenheit und ihrer reichen Kohlevorkommen bekannt ist, streiken zu dem Zeitpunkt immer noch 12 der 13 örtlichen Zechen. Diejenige, deren Arbeiter sich von Anfang an nicht am Streik beteiligt hatten, ist die einzige, die rentabel arbeitet. Bereits im Sommer 1989 hatte sich diese Zeche die wirtschaftliche Selbständigkeit erstritten, denn sie konnte was damit anfangen. Alle anderen Zechen am Ort sind heruntergewirtschaftete Betriebe, die froh darüber sein müßten, daß der Staat die Verluste ausgleicht. Eine völlig schizophrene Situation, in der Schuldige oder Verantwortliche kaum noch auszumachen sind.

Ende April schließlich zieht man die Trumpfkarte Boris Jelzin aus dem Ärmel. Er macht sich auf den Weg nach Westsibirien. Aber noch bevor er dort angekommen ist, verkündet das Streikkomitee in Nowokusnezk: »Wir sind keine einfachen Verhandlungspartner.« Das ist ein deutlicher Hinweis darauf, daß der Name Jelzin allein auch nicht mehr alles bewegt. Aber Jelzin hat ein von der Union abgesegnetes Papier in der Tasche, nach dem Rußland künftig für die Bergwerke zuständig sein soll und nicht mehr die Zentrale in Moskau. Das geht vielen schon nicht mehr weit genug, nach dem Motto: Sowjetunion oder Rußland, was macht das für einen Unterschied, wir wollen ganz allein entscheiden. Doch die Mehrheit der Streikkomitees ist damit einverstanden, und in den ersten Maiwochen kehren nach und nach alle Arbeiter wieder an ihre Arbeitsplätze zurück, die sie am 4. März verlassen hatten.

Versprochen ist jetzt wirtschaftliche Selbständigkeit, wie sie die Wirtschaftsreform vom 1. Januar 1989 theoretisch längst vorsieht. Die Betriebe sollen über 80 Prozent der Deviseneinnahmen nun selbst verfügen dürfen.

Der wirtschaftliche Schaden dieses über zwei Monate dauernden Streiks läßt sich kaum beziffern. Die ohnehin marode Wirtschaft hat noch einmal einen kräftigen Schlag bekommen.

»*Es war nicht nur Stalin...*«
Das KGB und die sowjetische Gesellschaft

Als ich im Büro zum erstenmal verlauten ließ, ich wolle jetzt einen Film über das KGB machen, das Komitee für Staatssicherheit (Komitet gosudarstwennoj besopasnosti), erklärten mich alle für verrückt. Geheimdienste auf der ganzen Welt haben mit Journalisten nicht viel zu schaffen, höchstens mit denen, die bei ihnen auf der Gehaltsliste stehen. Und der sowjetische Geheimdienst, als besonders geheim beinahe mystifiziert, würde wohl kaum ausgerechnet einer Journalistin aus dem westlichen Ausland irgend etwas von Interesse eröffnen.

Während meine deutschen Kollegen mich ob meiner grenzenlosen Naivität – so sahen die das – fast mitleidig belächelten, zeigte sich bei meinen sowjetischen Kollegen eine ganz andere Reaktion: Niemand wollte damit irgend etwas zu tun haben. Angst schwang mit und Verständnislosigkeit, daß man überhaupt auf die Idee kommen konnte, die Nähe dieser Organisation zu suchen, statt alles zu vermeiden, was sie auf einen aufmerksam machen könnte.

Doch es gab dieses Angebot der Kulturabteilung des Norddeutschen Rundfunks, einen 45-Minuten-Film über die Verfolgung sowjetischer Schriftsteller in den dreißiger Jahren zu machen. Das war ein reizvolles Thema und insofern ein Bonbon, als Sendeplätze dieser Länge rar sind.

Zu dieser Zeit (Mitte 1990) überboten sich Spitzenfunktionäre des KGB gegenseitig darin, die Vorkommnisse der dreißiger Jahre als Verbrechen zu brandmarken und sich in schärfster Form davon zu distanzieren. Vielleicht konnte das ein Einstieg sein. Die Frage war, wie und wo ansetzen. Als erstes wandte ich mich an die Gesellschaft »Memorial«, die in der Sowjetunion landesweit organisiert ist und sich um die Aufklärung der jüngsten Vergangenheit unter Stalin bemüht. Ich hoffte, dort den Anfang eines Fadens zu erwischen, den ich dann weiterspinnen konnte.

Am 23. Juli 1990 treffe ich mich mit drei Mitgliedern der Moskauer Sektion von Memorial. Es sind ein Schriftsteller mittleren Alters, der sich mit Zeitschriftenartikeln finanziell gerade so über Wasser hält, weil er von seiner schriftstellerischen Arbeit nicht leben kann; eine Rentnerin, die selbst viele Jahre in stalinistischen Lagern gesessen hatte, und eine Studentin. Sie erzählen mir, daß sie sich natürlich auch mit der Bitte um Informationen an das KGB gewandt haben. Man müsse »denen da« aber jedes Stückchen einzeln aus der Nase ziehen und ohnehin sei man im KGB – entsprechend der augenblicklichen gesetzlichen Lage – nur befugt, direkten Verwandten Auskunft über das Schicksal damals Verfolgter zu geben. Es sei also alles sehr mühsam und zäh.

Zweimal in der Woche halten Mitglieder von Memorial Sprechstunden ab, um Hilfesuchende zu beraten. Da kommen meist Frauen mittleren Alters, die nach dem Schicksal ihrer Väter und Mütter fragen, da kommen alte Leute, die für Rentenzwecke als unrechtmäßig Verfolgte anerkannt werden wollen. Die Leute von Memorial helfen dabei, entsprechende Briefe an das KGB aufzusetzen, denn dort gibt es seit 1988 nicht nur die Möglichkeit, solche Fragen zu stellen, sie müssen auch beantwortet werden.

Bei Filmen wie diesen, wo sich die Optik nicht gerade aufdrängt, laufen die Vorbereitungen zweigleisig. Zusätzlich zu den inhaltlichen Recherchen muß man Drehorte suchen, die das Thema illustrieren helfen, denn man kann ja nicht pausenlos nur irgendwelche Menschen erzählen lassen oder Akten zeigen. Dafür ist es nun einmal Fernsehen, und der Zuschauer hat einen Anspruch darauf, auch etwas zu »sehen«.

Ich hatte gelesen, daß es Hinweise auf ein Massengrab gab,

das unmittelbar in der Nähe unserer Moskauer Wohnung am Nowospasski-Kloster liegen sollte. Ein gewisser Alexander, ehemals beim staatlichen sowjetischen Rundfunk angestellt, beschäftigte sich bereits seit Jahren damit, auf eigene Faust Massengräber aus der Stalinzeit zu suchen, und veröffentlichte hie und da mal einen Artikel über seine Arbeit.

Es ist nicht schwer, einen Termin mit Alexander auszumachen, und wir treffen uns am Kloster. Alexander ist voll von Geschichten und gibt angebliche Aussagen von Augenzeugen wieder, die hier Knochen gefunden hätten und auf Desinteresse und eisiges Schweigen gestoßen seien, als sie bei der Stadtteilmiliz ihre Funde melden wollten. Aber jedesmal, wenn ich nach Dokumenten, Fotos oder der Anschrift von Augenzeugen frage, reagiert er fast beleidigt. Die Augenzeugen sind entweder gerade verstorben oder unbekannt verzogen und Unterlagen und Fotos seien im Augenblick nicht greifbar – wenn ich kein Vertrauen zu ihm hätte, dann könnten wir unsere Unterhaltung gleich abbrechen, fährt er mich aufgebracht an. Ich versuche von allen Seiten an ihn heranzukommen und irgendeinen brauchbaren Beleg für seine Aussagen zu finden. Er meint bloß, wir sollten am Wochenende die Kamera mitbringen, da würde er – voraussichtlich – mit ein paar Freunden hier am Kloster wieder graben, garantieren könne er natürlich nicht, daß sie ausgerechnet dann auch wieder was finden würden. Nach drei Stunden Gespräch beschließe ich, Alexander als Informationsquelle abzuhaken und das Kloster als Fundort eines Massengrabes zu vergessen.

Einen Termin in der Moskauer Verwaltung des KGB zu bekommen erweist sich als komplizierter. Ich hatte mich schon gewundert, als nur knapp zwei Wochen seit unserer Anfrage vergangen waren, bis wir für den nächsten Tag elf Uhr ins Empfangsgebäude gebeten wurden, dorthin, wo sowohl diejenigen Sowjetbürger erscheinen, die irgendwelche Auskünfte haben wollen, als auch diejenigen, die ihrerseits Informationen loswerden möchten. Wer zu welcher Gruppe gehört – schwer zu sagen. Nach einer guten Stunde Wartezeit kommt jemand mit der Nachricht, daß das heute nichts mehr werde mit dem Termin, da unser Gesprächspartner verhindert sei. Man gebe wieder Bescheid.

Einer der nächsten Bausteine des bislang reichlich wackligen Gebäudes ist ein Treffen mit Wladimir, einem Journalisten der Zeitschrift *Ogonjok*, die sich mit ihrer mutigen Berichterstattung über die stalinistische Vergangenheit einen Namen gemacht hat, und zwar bereits zu einem Zeitpunkt, als dazu noch Mut gehörte. Wladimir ist eine unerschöpfliche Quelle historischer Details. Bei unserem Gespräch werde ich ganz traurig darüber, was einem in diesem Land alles entgeht, wenn man ständig nur den aktuellen Berichten hinterherhetzt. Die Themen liegen auf der Straße, aber wir steigen drüber und beeilen uns, ins Büro zu kommen, um das Agenturmaterial zu lesen, damit uns nichts entgeht. Schizophren.

Das Gespräch mit Wladimir muß ich abbrechen, weil heute noch ein Tagesschau-Beitrag zu machen ist über einen erneuten Reparaturversuch sowjetischer Kosmonauten an ihrem Raumschiff. (Zehn Tage zuvor waren sie bei Reparaturen außerhalb des Schiffes in Lebensgefahr geraten, weil sich eine Luke nicht schloß. Deshalb konnten sie die Schleuse an dieser Luke nicht benutzen, mußten eine Notschleuse aktivieren und kamen wegen des Zeitverlustes in akute Sauerstoffnot.)

Unter den vielen interessanten Informationen von Wladimir stellt sich eine als ganz besonders wichtig und hilfreich heraus. Er nennt mir den Namen eines Schriftstellers, der seit etwa einem Jahr (also seit 1989) nach einem genau festgelegten Verfahren beim KGB Akten einsehen und sie journalistisch verwerten darf. Er fragt gezielt nach bestimmten unterdrückten Schriftstellern und wird dann in das Büro eines KGB-Obersten bestellt, in dessen Beisein er entsprechendes Material sichten kann. Ins Archiv selbst darf er nicht. Sein Name: Witalij Schentalinskij, Mitglied des Schriftstellerverbandes und stellvertretender Vorsitzender der Kommission für das literarische Vermächtnis unterdrückter Schriftsteller.

Als ich versuche, Schentalinskij telefonisch zu erreichen, erfahre ich, daß er bis Ende August auf seiner Datscha (ohne Telefon) Urlaub macht. Da der Sendetermin bereits feststeht – es ist der 25. September 1990 –, beginne ich zu zweifeln, ob das Projekt mit dem Titel »KGB-Verbrechen und Glasnost« bis dahin überhaupt zu schaffen ist.

Am gleichen Tag – der Beitrag für die Tagesschau ist schon per Leitung nach Hamburg überspielt – treffe ich mich noch mit ein paar weiteren Mitgliedern der Gesellschaft Memorial in einer Privatwohnung, wo große Teile des Memorial-Archivs lagern sollen. Es ist eine geräumige Altbauwohnung mit fünf recht großen Zimmern, in denen sich tatsächlich überall Stapel von Akten, Briefen und Fotos türmen. Hier gibt es weder ausreichend Platz noch die organisatorischen Mittel, all diese Unterlagen zu systematisieren. Eine wahre Fundgrube für Zeitgeschichtler. Hier möchte ich mich mal vergraben dürfen.

Mittlerweile bin ich bereits bei der Frage angelangt, welchen der in den dreißiger Jahren verfolgten Schriftsteller ich als Leitfigur in den Film einbauen soll. Ich erhoffe mir von den Memorial-Leuten Hilfestellung und erhellende Hinweise, denn zur Illustrierung bin ich darauf angewiesen, daß sich an dieser Person entlang auch eine »optische« Geschichte erzählen läßt. Zur Debatte stehen schließlich Boris Pilnjak und Nikolaj Klujew.

Für Klujew, den russischen Bauerndichter, spricht seine Herkunft. Ich sehe vor meinem geistigen Auge förmlich die pittoreske Kulisse seines Heimatdorfes. Klujew hatte die Oktoberrevolution begrüßt und sie als Bauernbefreiung begriffen. Von der nachrevolutionären Entwicklung war er enttäuscht, und er machte keinen Hehl daraus. Wegen antisowjetischer Propaganda wurde Klujew schließlich verhaftet und am 25. März 1937 umgebracht.

Boris Pilnjak, ein in der Sowjetunion sehr bekannter, aber immer auch sehr umstrittener Schriftsteller, war 1938 in den Kellern des sowjetischen Geheimdienstes ums Leben gekommen. Pilnjak hat wie sein berühmter Kollege Boris Pasternak in Peredelkino gelebt, einem idyllischen Moskauer Vorort, in dem sich seit eh und je Künstler niederlassen – auch ein attraktiver Ort für Filmaufnahmen. Zudem lebt Pilnjaks Sohn in Moskau, der könnte von seinem Vater erzählen und Fotos zeigen. Und es hatte gerade in der Zeitung gestanden, in welchem Haus Boris Pilnjak damals erschossen worden ist. Vielleicht gelänge es ja, dort hineinzukommen.

Im Gespräch mit den Memorial-Leuten fällt noch ein Name. Der Name eines Philologen aus Leningrad, der als Rilke- und Klujewforscher arbeitet und der noch in den achtziger Jahren in die Fänge des KGB geriet und beinahe darin umkam: Konstantin Asadowskij. Mit Asadowskij will ich unbedingt Kontakt aufnehmen, denn er ist für mich die Brükke zur Gegenwart. Daß sich das KGB und alle erdenklichen Organisationen von den Verbrechen des Geheimdienstes unter Stalin distanzieren, ist das eine, aber was ist mit den unbestreitbaren Verbrechen der allerjüngsten Vergangenheit? Wie geht das KGB damit um? Wie weit hinein in die Gegenwart reicht Glasnost? – Ich muß Asadowskij unter allen Umständen erreichen und davon überzeugen, daß er bei diesem Projekt mitmacht.

Übrigens – die Memorial-Leute ertrinken in Post von sogenannten Ostarbeitern, die sich zu Zigtausenden melden, weil in einer Zeitung gestanden hat, man könne Rentenansprüche geltend machen. Eine einzigartige historische Quelle, weil die Briefschreiber in der Regel detailliert angeben, wo sie wann unter welchen Umständen in Deutschland gearbeitet haben. Welch ein Schatz an Informationen.

Am darauffolgenden Tag erreiche ich Konstantin Asadowskij tatsächlich. Nach anfänglicher Skepsis ist er schließlich bereit, sich mit mir Anfang August in Leningrad zu treffen.

Dann passiert ein kleines Wunder. Witalij Schentalinskij, auf den ich händeringend warte und der erst Ende August von seiner Datscha auf dem Land nach Moskau zurückkehren sollte, ist überraschend für einen Tag in der Hauptstadt und nimmt sich zwei Stunden Zeit, mit mir das KGB-Thema durchzusprechen. Er ist skeptisch, aber er will bei dem KGB-Offizier, mit dem er es dort zu tun hat, nachfragen, ob wir ihn, Schentalinskij, bei seiner Arbeit mit den Akten in einem KGB-Büro filmen dürfen.

Zwischenzeitlich ist mein zweiter Termin bei der Moskauer KGB-Verwaltung geplatzt. Eine Begründung gibt es nicht, aber diesmal werde ich vorher telefonisch darüber informiert und fahre nicht vergeblich quer durch die Stadt.

Der nächste Schritt ist die Kontaktaufnahme mit dem Sohn von Boris Pilnjak. Ein sympathischer Mann von 56 Jahren, der immer noch unter dem Schicksal seiner Eltern zu leiden scheint. Er heißt auch Boris wie sein Vater, aber er hat aus verständlichen Gründen den Nachnamen seiner Mutter angenommen, einer georgischen Schauspielerin von adliger Herkunft, und nennt sich somit Andronikaschwili.

Boris Andronikaschwili erklärt sich bereit, uns sein ehemaliges Elternhaus in Peredelkino zu zeigen. Er wohnt längst nicht mehr dort, aber die neuen Mieter haben gegen gelegentliche Besuche nichts einzuwenden. Wir wollen uns am nächsten Tag dort treffen. Denn heute steht noch ein anderer Termin auf dem Programm. In der bereits erwähnten Zeitschrift *Ogonjok* hatte ich einen ausführlichen Artikel über eine Frau namens Efresina entdeckt, die nach 18 Jahren Lager und Haft ein bebildertes Tagebuch verfaßt hatte. Efresina führte in den zwanziger, dreißiger Jahren einen großen Bauernhof und wurde demnach als Kulakin unter dem Vorwurf, ein Schmarotzer der Gesellschaft zu sein, verhaftet. Bei der Zeitschrift erfuhr ich, daß Efresina heute in einem kleinen Ort im Kaukasus wohnt und daß sie einen »Agenten« in Moskau habe namens Gennadij. Und mit dem bin ich heute abend noch verabredet.

Mit Mühe finde ich den Eingang in einem der gleichförmigen Moskauer Wohnsilos weit draußen. Gennadij fängt mich vor der Haustür ab – als Ausländerin war ich in dieser Gegend ja leicht zu erkennen –, denn er hatte mit einem Freund länger als geplant unter dessen Auto gelegen, um ihm bei der Reparatur zu helfen. Nun steht er komplett verölt da und bringt tausend Entschuldigungen vor, daß er sich ja nun erst einmal säubern müsse.

In der Wohnung öffnet uns ein junges Mädchen mit Kopftuch die Tür, führt uns in das Arbeitszimmer ihres Vaters und bietet uns Tee an. Sie ist vielleicht 18 Jahre alt. Obwohl wir doch schon längst Sommer haben, sind hier die Fenster noch abgeklebt, wie man das wegen der Kälte im Winter tut. Entsprechend stickig ist die Luft. Im Arbeitszimmer, in dem wegen der Sonne die Gardinen zugezogen sind, hängen und stehen in einer Ecke eine ganze Anzahl von Ikonen, nur eine wirklich auf Holz gemalt, die anderen auf Pappe oder Papier. Das Mädchen folgt mit ihren Augen unseren Blicken in die Ikonenecke und sagt vorwurfsvoll: »Früher mußte man sich das alles selbst machen, erst seit zwei Jahren kann man so etwas wieder kaufen, in der Kirche und auch woanders.«

Das forsche und selbstbewußte Auftreten des Mädchens paßt irgendwie so gar nicht zu ihrem Äußeren mit diesem Kopftuch. Auf die Frage, wieso sie ein Kopftuch trage, erwidert sie ähnlich vorwurfsvoll wie eben: »Eine gläubige Frau muß doch ein Kopftuch aufsetzen, in der Kirche sowieso und zu Hause eigentlich auch.« – Wir sind nicht irgendwo in der tiefen russischen Provinz, sondern in einem Wohnsilo der 9-Millionen-Metropole Moskau.

Als Gennadij zurückkommt, schickt er seine Tochter schroff ins Bad, die Flecken in der Wanne zu beseitigen und seine Arbeitshose zu reinigen. Das Mädchen unterbricht mitten im Satz und geht mit gesenktem Kopf Richtung Badezimmer. Gennadij erzählt, daß er noch eine Tochter habe, aber die sei zur Zeit bei Efresina im Kaukasus, denn Efresina habe einen Schlaganfall erlitten und sei seither halbseitig gelähmt. Aber jetzt sei eine Ablösung unterwegs, denn mehr als drei Monate hintereinander könne er seiner Tochter diese Arbeit nicht zumuten.

Efresina hat auf etwa anderthalbtausend Seiten ihr Leben beschrieben, zunächst als junge Bäuerin auf dem großen Hof, dann die Verhaftung, die Transporte in die Verbannung, später ins Lager, das Leben dort, ihre Flucht, ihre Rückkehr ins Lager. Alles hat sie in Zeichnungen dokumentiert, und zwar sicherheitshalber in drei Kopien, die sie an unterschiedlichen Orten versteckte, aus Angst, man könnte es finden und konfiszieren.

Als wir uns über zwei Stunden in diese umfangreichen Unterlagen vertieft haben und Gennadij begreift, daß Efresinas Zeichnungen nur einen Teil meines geplanten Films ausmachen sollten, klappt er die Tagebücher abrupt zu und meint: Entweder alles oder gar nichts. »Man muß das Werk dieser Frau insgesamt würdigen, um es zu verstehen, alles andere ist unseriös.« Er erbittet sich noch Bedenkzeit. Später kamen dann Summen ins Spiel, für den Fall, daß er auch mit ausschnittweiser Verwendung einverstanden sei, die die Möglichkeiten einer öffentlich-rechtlichen Anstalt überstiegen. Efresinas Zeichnungen, die später auch in einer Zeitschrift in Deutschland erschienen, hätten dem Film sicher gutgetan, aber es mußte auch ohne gehen.

Extrem angewiesen bin ich hingegen auf historisches Filmmaterial, deshalb besorge ich mir einen Termin im sowjetischen Dokumentarfilmzentrum. Ich kenne die zuständige Abteilungsleiterin Alla von einer anderen früheren Produktion, und sie verspricht mir zu helfen. Sie erzählt von einem Film mit dem Titel »Der geheime Krieg«, den ein Regisseur namens Iwanko im Auftrag des KGB erstellt habe. Das sei genau das richtige für meinen Film, sagt Alla, und beginnt nach einer Kopie herumzutelefonieren. Aber nirgendwo ist eine aufzutreiben, es läßt sich nicht einmal eine Schnittliste finden, der man die einzelnen Sequenzen des Films wenigstens schon mal thematisch hätte entnehmen können. Das spricht in der Tat dafür, daß dieses Werk im Auftrag des KGB entstanden war. Alla schlägt vor, sich mit dem Regisseur in Verbindung zu setzen, vielleicht sei der noch im Besitz der nicht verwendeten Reste oder verfüge gar selbst über eine Kopie des Films. Darüber hinaus läßt sie mich in der Kartei blättern, und ich bestelle ein paar Dokumentationen zur Ansicht. Wir plaudern noch ein wenig. Dabei erzählt sie mir von ihren enormen Archiv-Schwierigkeiten. »Bislang haben wir ja große Teile unserer Bestände in Kirchen gelagert, aber jetzt, wo die alle systematisch zurückgegeben werden an die Kirche, wissen wir nicht, wohin mit dem Kram.«

Vom Dokumentarfilmzentrum fahre ich mal wieder zur Moskauer KGB-Verwaltung in der Hoffnung, daß es nun beim dritten Anlauf mit dem Termin klappen könnte. Und tatsächlich, diesmal hat der KGB-Offizier Zeit für mich. Ein junger Mann, fast mit Vollglatze, die nur von einem spärlichen blonden Haarkranz eingerahmt wird, bekleidet mit Jeans und einer Windjacke aus undefinierbarem glänzenden Material. Mag ja sein, daß meine Phantasie mit mir durchgeht, aber ich beschließe: *Der* im langen Ledermantel, und der klassische Geheimdiensttyp ist fertig.

Auf Anhieb ist er mir nicht sonderlich sympathisch, und ich denke mir, mit so einem möchtest du bitte lieber nichts zu tun haben. Aber im Laufe des Gesprächs gewinnt der KGB-Mann, der mir eine Visitenkarte mit dem Namen Alexander Michailow rüberschiebt. Er entwickelt eine bemerkenswerte Theorie als Grundlage für einen Film, an dem er selbst jetzt mitarbeitet unter der Fragestellung: Kann sich so etwas wie in den dreißiger Jahren jemals wiederholen?

Alexander Michailow meint: »Ja, es kann sich wiederholen, und zwar deshalb, weil das KGB eben genau die Einrichtung ist, die es nun einmal ist, die eine bestimmte Struktur hat, die benutzt werden kann. Es ist alles nur eine Machtfrage. Stalin hat damals etwa zehn Jahre lang Geduld gehabt. Als die Menschen dann immer noch nicht gefressen hatten, was er wollte, und sich in der Gesellschaft Widerstände bildeten, da hat er die mit Hilfe des Geheimdienstes gebrochen. Rein theoretisch könnte man davon ausgehen, daß auch die demokratischen Kräfte irgendwann einmal die Geduld verläßt und sie mit Hilfe des KGB gegen ihre Gegner vorgehen.«

Dann sagt er plötzlich, das sei ja nicht der erste Dokumentarfilm, an dem er mitarbeite, bereits 1986 habe er zusammen mit dem Regisseur Iwanko einen Film gemacht... Es stellt sich heraus, daß dieser Film, von dem mir ja schon Alla erzählt hatte, immer noch »in den Regalen« liegt, wie es so schön heißt, wenn etwas der Öffentlichkeit vorenthalten wird. Für damalige Verhältnisse – also vor vier Jahren – sei der Film sensationell gewesen, denn der Molotow-Ribbentrop-Pakt mit dem geheimen Zusatzprotokoll, von dem die Sowjets ja bis vor kurzem offiziell nichts wissen wollten, habe darin ebenso eine Rolle gespielt wie die Wahrheit über Katyn. (In Katyn, einem Dorf bei Smolensk, wurden 1943 von deutschen Truppen Massengräber mit über 4000 erschossenen polnischen Offizieren gefunden – auf Befehl Stalins erschossen, wie nun auch die Sowjetunion zugibt.) Das sei auch der Grund, warum der Film unter Verschluß gehalten werde. Aber ich könnte übermorgen wiederkommen und mir den Film hier beim KGB ansehen.

Alexander Michailow erzählt weiter, daß der Geheimdienst auch ab und zu Filmaufnahmen mache, wenn hier Angehörige von ehemals Verfolgten erscheinen und Auskunft über deren Schicksal einholen. »Vielleicht ist da auch was Passendes für Sie dabei«, meint Michailow. Ich bedanke mich für das Angebot, bitte aber zu prüfen, ob wir nicht lieber selbst einmal solche Aufnahmen machen dürfen. »Das läßt sich sicher einrichten«, ist Michailows Antwort.

Im August will er sich im Zentralen Filmarchiv in Krasnogorsk vergraben, 40 Kilometer westlich von Moskau, auf der Suche nach weiterem historischen Filmmaterial, denn da lagerten noch »geschlossene Bestände«. Mir fällt ein, daß ich vor beinahe zwei Jahren in Krasnogorsk genau diese Frage nach der Existenz geschlossener Bestände gestellt habe, als wir dort einen Film drehten unter dem Titel »Wie schreibt man Geschichte neu?« Man hat das vehement verneint. Geglaubt habe ich das schon damals nicht, und nun bekomme ich es sozusagen aus erster Hand bestätigt.

Zum Schluß, wir haben beinahe zwei Stunden miteinander

geredet, bringe ich mein Anliegen vor, in den geheimen Archiven des KGB filmen zu dürfen. Ich rechne mit allem: schroffer Ablehnung oder schallendem Gelächter. Aber Michailow denkt bloß etwas länger nach und meint dann: »Warum eigentlich nicht. Probieren sollten wir's. Das kann ich natürlich nicht entscheiden, das muß über ganz oben laufen. Aber die Zeichen stehen nicht schlecht, und wir wollen ja selbst mit den Verbrechen der Vergangenheit nichts mehr zu tun haben. Und wenn Sie als deutsches Fernsehteam da die ersten wären ... Denn vor Ihnen war da noch kein Journalist drin, nicht mal unsere sowjetischen.« – Ich wage nicht daran zu glauben, daß das klappen könnte.

Es würde zu weit führen, alle Telefonate, alle Briefe und alle persönlichen Gespräche aufzuführen, die im weiteren Verlauf nötig waren, um diesem Ziel näher zu kommen.

Noch am gleichen Tag treffen wir uns mit Boris Andronikaschwili, dem Sohn von Pilnjak, in Peredelkino zu ersten Filmaufnahmen. Der Garten der alten, etwas heruntergekommenen Datscha ist vollkommen verwildert. Eine verwunschene Idylle. Hier also sind Pilnjaks Romane entstanden, in diesem eigenwilligen Dokumentarstil, an dem sich von Anfang an die Geister schieden. Pilnjak wurde dadurch zwar schnell berühmt, erhielt aber nie ungeteilte Anerkennung.

Der parteilose Pilnjak sorgte Ende der zwanziger Jahre für einen politischen Skandal mit seiner Geschichte vom nicht ausgelöschten Mond. Darin stirbt ein beliebter Armeekommandeur bei einer Magenoperation, zu der ihn der Machthaber des Landes gezwungen hatte. Stalin fühlte sich persönlich angegriffen, weil es Parallelen in der Realität gab. Dieser Vorfall, Pilnjaks zahlreiche Reisen in den Westen und nach Japan und seine ausländischen Freunde machten ihn verdächtig. Schießlich wurde er beschuldigt, ein Terrorist und ein japanischer Spion zu sein.

Auf der Veranda seines ehemaligen Elternhauses sitzend, erzählt Boris Andronikaschwili, innerlich spürbar aufgewühlt, wie sein Vater damals, am 28. Oktober 1937, zu Hause verhaftet wurde. Es war der dritte Geburtstag des kleinen Boris, und er setzt das Bild dieses Tages aus eigenen Erinnerungen und Erzählungen seiner Mutter zusammen.

Am späten Abend erschien ein Herr im weißen Anzug und sagte, Jeschow (der damalige Geheimdienstchef) habe mit Pilnjak zu reden, es gäbe da einige Fragen zu klären. Boris Pilnjak, der mit seiner Verhaftung schon seit etwa einem Jahr gerechnet hatte, weil in den Zeitungen immer stärker gegen ihn gehetzt wurde, begriff sofort, was das bedeutete. Seine Frau hatte bereits alles vorbereitet, Seife, Wäsche und ein paar persönliche Dinge, aber »mein Vater hat es nicht mitgenommen«, sagt Boris Andronikaschwili, »er wollte als freier Mensch gehen und nicht schon als Häftling. Er fuhr mit seinem privaten Auto und ist nie wieder zurückgekommen.«

Innerhalb eines Monats mußte die Familie das Haus räumen. Den kleinen Boris nahm seine Großmutter zu sich, denn auch seine Mutter wurde schließlich verhaftet. 1955 schrieb Boris Andronikaschwili an alle möglichen Institutionen, inklusive des KGB, um etwas über das Schicksal seines Vaters zu erfahren. Er bekam schließlich die Auskunft, sein Vater sei damals zu zehn Jahren Haft ohne Recht auf Briefwechsel verurteilt worden und während der Haft 1941 ums Leben gekommen. Tatsächlich wurde über Boris Pilnjak am 21. April 1938 ein Todesurteil verhängt. Die Verhandlung dauerte 15 Minuten, von Viertel vor sechs bis sechs, und das Urteil, Tod durch Erschießen, wurde sofort vollstreckt.

Boris Andronikaschwili bietet an, mit uns gemeinsam zu dem Haus zu fahren, in dessen Keller sein Vater aller Wahrscheinlichkeit nach erschossen wurde. Er selbst sei noch nicht dort gewesen und er habe keine Ahnung, was sich heute in diesem Hause befände. Es liegt schräg gegenüber der berüchtigten Lubjanka, dem Hauptquartier des sowjetischen Geheimdienstes mitten im Herzen von Moskau am Dserschinskij-Platz. Die Adresse entpuppt sich als Sitz eines Kreiswehrersatzamtes, »Wojennyj Kommissariat«, also Kriegskommissariat, heißt das hier. Eine Einrichtung des sowjetischen Verteidigungsministeriums wird uns wohl kaum so ohne weiteres im Keller filmen lassen, denke ich mir. Aber fragen sollte man für alle Fälle vielleicht doch; wer weiß.

Der sowjetische Teil unseres Teams erklärt mich endgültig für völlig bescheuert, der deutsche Kameramann, der hier nur für ein paar Wochen Urlaubsvertretung macht, stiefelt mir mangels Erfahrung in diesem Land einfach nach. Und Boris Andronikaschwili will sich das aus nächster Nähe ansehen. Wir fragen am Eingang nach dem Natschalnik, dem Chef, der uns auch sofort empfängt, Anatolij Scheluchanow, ein überaus korpulenter Typ, der sehr entschlossen auftritt und ziemlich autoritär wirkt, dabei durchaus sympathische Momente hat. Wie ich später erfahre, ist er Abgeordneter im Moskauer Stadtrat. Er weiß zunächst nicht recht, wie er auf unser Ansinnen reagieren soll. Der Artikel in der *Wetschernaja Moskwa,* der Moskauer Abendzeitung, in dem die Hinrichtungsstätte Pilnjaks genannt wurde, sei erlogen; in der Presse ständen jetzt so viele Halbwahrheiten, beklagt er sich. Außerdem sei das Haus komplett umgebaut worden, der Originalkeller gar nicht mehr vorhanden. Ich versuche hartnäckig zu bleiben, denn daß es hier in diesem Hause Verurteilungen und Erschießungen gegeben habe, bestreitet auch Anatolij Scheluchanow nicht.

Um uns seinen guten Willen zu zeigen, führt er uns in einen umgebauten Saal und erklärt anhand von alten dicken und neuen dünnen Mauern, wie das Stockwerk früher aufgeteilt war, als es hier noch einen großen Verhandlungssaal gab. Dann zeigt er uns einen Hof, der zur Straße hin von eben dem Tor begrenzt wird, durch das früher die Delinquenten hereingebracht wurden. Eine Ecke des Hofes ist relativ frisch geteert. Darauf angesprochen, meint Anatolij, da habe man mal gegraben und sei auf unerfreuliche Dinge gestoßen. Also habe man lieber alles wieder zugeschüttet.

Auf dem Weg zurück zum Ausgang kommen wir an einer Tür vorbei, die eine Kellertür sein könnte. Anatolij läßt nach einigem Hin und Her aufschließen, und wir sehen eine alte ausgetretene Treppe, die nach unten führt. Wir gehen alle zusammen hinunter. Angesichts der eindeutig alten Kellergewölbe meint Anatolij plötzlich: »Hier könnte das schon gewesen sein.« Ob wir das denn nicht, bitte schön, drehen könnten, wage ich einen letzten Versuch, und gespielt genervt, so mein Eindruck, sagt Anatolij mit einem langgezogenen Seufzer: »Also bitte, wenn Sie denn unbedingt wollen.«

Ich fasse es nicht. Ich bin mir nicht sicher, ob das in einer vergleichbaren Einrichtung in der Bundesrepublik auch so unproblematisch funktioniert hätte. Nein, eigentlich bin ich ziemlich davon überzeugt, daß man sich erst mal das Okay von der Hardthöhe geholt hätte. Bei uns ist die Angst, Kompetenzen zu überschreiten und hernach dafür zur Verantwortung gezogen zu werden, ja auch nicht gerade gering.

Dieser Chef des Moskauer Kreiswehrersatzamtes war während der ganzen Zeit nicht übermäßig freundlich, irgendwie zäh und im Grunde von unserer Absicht, filmen zu wollen, nicht begeistert. Aber es liegt im Trend der Zeit, so was nicht zu verhindern, und, auch das sollte man nicht vergessen, die Armee will sich ganz deutlich von stalinistischen Machenschaften und den Verbrechen des Geheimdienstes distanzieren. Die Sorge, als Gegner der neuen Politik dazustehen, gegen Glasnost agiert zu haben, war zumindest in diesem Fall größer als die Befürchtung, Kompetenzen zu überschreiten.

Als wir das Gebäude verlassen, steht eine alte Frau vor der Tür, eine Kalmückin, die sich erkennbar abmüht, auf einem Stück Zeitung etwas zu entziffern. Wir bieten unsere Hilfe an, und es stellt sich heraus, daß sie genau diese Adresse gesucht hat. Ihr Mann sei hier erschossen worden, erzählt sie uns, das habe sie vor kurzem erst erfahren. Nina Kawajewa heißt sie, seit 1924 sei sie eine gute Kommunistin gewesen und habe trotzdem in vier Gefängnissen und drei Straflagern gesessen. Sie hat kaum noch einen Zahn im Mund und ist fast blind.

Als wir Boris Andronikaschwili dann nach Hause fahren, überlege ich mir, was in ihm wohl vorgeht nach dem Besuch dieses Kellergewölbes. Ist das nun Voyeurismus, was ich da mache, oder ist es Dokumentation?

Wie geplant fahre ich am Donnerstag, es ist der 2. August, wieder zur Moskauer KGB-Verwaltung, um den Film »Der geheime Krieg« anzuschauen. Er stellt die beiden Systeme gegenüber, Hitler-Deutschland und die Sowjetunion Stalins am Vorabend des Zweiten Weltkrieges, und beschreibt, wie sich auf beiden Seiten die Dinge auf dem Gebiet der Aufklärung, der Diplomatie und der Ideologie entwickelt haben. Vereinzelt sind historische Aufnahmen enthalten, die ich brauchen könnte. Ich gehe davon aus, daß ich den Film ausschnittweise verwenden darf, und ich gehe selbstverständlich davon aus, daß das KGB in der Lage ist, mir zu einer sendefähigen Kopie zu verhelfen. Aber dem ist nicht so. Hier gibt es nur einen VHS-Mitschnitt. Aber historisches Material, das qualitativ ohnehin schlecht ist, auch noch von einer VHS-Kopie zu verwenden, dann ist außer Spratzern wirklich nichts mehr zu erkennen. Wir brauchen eine »Profi-Kopie«. Die aber können wir nur vom Dokumentarfilmzentrum bekommen. Die Katze beißt sich also in den Schwanz. Den Film habe ich jetzt zwar gesehen, aber ich kann nichts damit anfangen.

Da es sich um ein Mammutwerk handelte, kann ich es zwischendurch nicht vermeiden, eine Toilette aufzusuchen. Ich bitte um eine kurze Pause und die Wegbeschreibung zur nächsten Toilette. Alexander Michailow und sein Kollege, der für die Videotechnik zuständig ist, schauen sich etwas hilflos an. Dem Kollegen von der Technik entfährt es: »Gibt's denn hier so was?« Darauf Michailow: »Na, muß es ja wohl.« Also begleitet mich der Technik-Kollege auf den Flur und klappert vergeblich Tür für Tür auf der Suche nach einem stillen Örtchen für Damen ab. Die meisten Türen sind ohnehin verschlossen. In einem Büro entdecken wir eine Frau, aber auf unsere Frage schüttelt sie nur den Kopf. Entnervt zuckt der Techniker mit den Schultern: »Tut mir leid.« – »Mir auch«, entgegne ich und bestehe darauf, die Suche fortzusetzen. Wir gehen Richtung Ausgang, weiter auf die Straße, und ich denke bei mir schon, jetzt führt er mich zur nächsten öffentlichen Bedürfnisanstalt – der Himmel bewahre mich davor. Da trifft er einen

Kollegen, bespricht mit ihm im Flüsterton die peinliche Situation, der deutet auf ein Haus zwei Eingänge weiter. Es steht nichts Besonderes an der Tür, es ist einfach ein ganz normaler Hauseingang. Der Kollege raunzt meinem Toilettenführer noch hinterher, ob er denn den Zahlencode kenne, um die Tür zu öffnen. Den kennt er nicht, daraufhin wird er geheimnistuerisch ausgetauscht, und wir steuern die besagte Tür an.

Schließlich landen wir in einer Art medizinischer Station, alles in einem für sowjetische Verhältnisse ungewöhnlich gepflegten Zustand. Kein Zweifel, hier werden KGB-Bedienstete kuriert. Zwei weißbekittelte Frauen tauchen auf, die meinen Begleiter und mich unbeschreiblich haßerfüllt angucken und ihm heftige Vorwürfe machen. Er versucht sich zu rechtfertigen, ich sei schließlich eine Ausländerin und habe im Nachbarhaus einen Termin, und da gäbe es keine Möglichkeit ... Selten in meinem Leben bin ich so feindselig aufgenommen worden.

Es vergehen ein paar Tage, ohne daß sich für den KGB-Film irgend etwas Nennenswertes ergibt. Dann erfahre ich, daß man schon vor einiger Zeit etwa 300 Kilometer nordöstlich von Moskau in der Nähe des Dorfes Selifontowo in einem Wald ein Massengrab entdeckt hat. Wir fahren hin.

Da es in dem Dorf für uns keine Möglichkeit gibt zu übernachten, besorgen wir uns Hotelzimmer in der nahegelegenen Provinzhauptstadt Jaroslawl. Wir verabreden uns mit einer Kollegin vom örtlichen Fernsehen, die sich in der Gegend auskennt und die im hiesigen Regionalprogramm selbst über das Massengrab bei Selifontowo berichtet hat. Sie heißt Margerita, ist schätzungsweise Ende Vierzig. Sie bringt noch eine Zeitungskollegin mit, namens Galina, in ähnlichem Alter. Beide sehr aufgeschlossen bis aufgekratzt, dennoch vermitteln sie auf Anhieb einen Eindruck wie die Zwangsbetreuer vergangener Zeiten, die ständig einen Eiertanz vollführen zwischen Verbindlichkeit und geschicktem Drumherumreden, sobald Unangenehmes zur Sprache kommt. Jedesmal wenn ich das Wort KGB in den Mund nehme, fangen die beiden wie verklemmte Oberschülerinnen an zu kichern.

Nach einem ausgedehnten Abendspaziergang durch das wunderschöne Jaroslawl scheinen sie mir etwas von ihrer Verkrampfung verloren zu haben. Jaroslawl, älter als Moskau, hat 660 000 Einwohner, besitzt eine beeindruckende Altstadt mit vielen Kirchen, eine schöne Kremlanlage und ausgedehnte Parks an den Ufern der Wolga. Diese Stadt hat Flair. In den Seitenstraßen der Wohnviertel kann man sich an den prächtigen Fassaden der Häuser, soweit sie erhalten geblieben sind, gar nicht sattsehen. Da gibt es Balkongeländer, die aus lauter kleinen kunstvoll verzierten Steinsäulen bestehen. Auf einige dieser Balkone würde ich nicht hinaustreten wollen, denn die Begrenzungssäulen bröckeln verdächtig, teilweise fehlen sie ganz. In Deutschland hätte man diese Häuser wohl längst baupolizeilich geschlossen und die Balkone verbarrikadiert.

Im Hotel nehmen wir noch einen Schlummertrunk zu uns, weichen einer Schlägerei aus, bei der sich vier junge Männer ineinander verkeilt haben, und ich bin entsetzt über die vielen blutjungen Prostituierten, die sich vor diesem Touristenhotel herumtreiben, denn es sind beinahe noch Kinder, die sich da in eindeutigen Posen auf den Parkbänken vor dem Hotel anbieten.

Am nächsten Morgen treffen wir uns mit Walerij Gorobtschenko, einem Mitglied der Gesellschaft Memorial in Jaroslawl. Margerita hatte den Kontakt hergestellt. Walerij kennt auch einen Augenzeugen von damals, den wir dazuholen wollen. Kurz hinter dem Dorf biegen wir von der Landstraße auf einen Feldweg ab, rechts und links sattgelbe Kornfelder, wir fahren bis zum Waldrand, weiter geht es nicht per Auto. Den Rest bis zur Lichtung gehen wir durch den dichten Mischwald zu Fuß. Und da ist die Grube, die tatsächlich noch nicht zugeschüttet wurde. Auf einer Seite Reste von Kleidungsstücken, an verschiedenen Stellen liegen Knochen herum.

Es fällt mir schwer, mich auf meine Arbeit zu konzentrieren, und wieder geht es mir durch den Kopf, was ich dem Augenzeugen antue, ihn hierherzuschleppen und ihn hier an Ort und Stelle befragen zu wollen. Michail Kulagin ist 73 Jahre alt.

Obwohl er schwer gehbehindert ist, war er sofort bereit, mit uns zu kommen, denn »heutzutage kann und muß man über all das sprechen, und man muß es zeigen, so wie es ist«, meint er.

Wir setzen uns am Rand der Grube auf Baumstümpfe, und er erzählt: »Den genauen Monat kann ich Ihnen nicht mehr sagen, aber es war Anfang 1938. Wir waren damals 20, mein Freund und ich. Wir hatten Schüsse gehört in der Nacht. Mein Freund hat gesagt, gehen wir doch mal hin und gucken nach. Aber mitten in der Nacht, das wollte ich nicht. Am nächsten Tag sind wir dann doch gegangen und haben hier Gräben gefunden, ganz frische Gräben, nur leicht mit Zweigen und Erde bedeckt. Mein Freund hat mit einem Stock reingebohrt, kam aber nicht weit – der Graben war voll mit Toten. Ich hab' gesagt, mach schnell, wir müssen weg, sonst gehören wir auch bald zu denen da. Der Vorsitzende des Dorfsowjets hat dann beim NKWD* oder im Gebietsparteikomitee Bescheid gesagt, daß sich die Hirten hier über so merkwürdige Gerüche beklagen. Aber dort hat man ihm nur gesagt, er soll sich ein paar Leute nehmen, die Gräben ordentlich zuschütten und das Maul halten. Dann wurde es wieder ruhig. Alle wußten's, aber niemand hat was gesagt.«

Walerij kommt dazu und meint, ein Teil dessen, was man in dem Massengrab gefunden habe, läge ein paar Schritte weiter im Wald in großen Plastiksäcken vergraben. »Man weiß ja nicht, wohin damit, und die Behörden prüfen noch. Keiner fühlt sich so recht zuständig, und es wird darüber gestritten, ob ein Mahnmal für die Toten hier draußen, abseits der Straßen, errichtet werden soll oder nicht, vielleicht doch mitten unter den Lebenden in der Provinzhauptstadt Jaroslawl.«

---

* Der NKWD (Narodnyj Kommissariat Wnutrennich Djel, Volkskommissariat für innere Angelegenheiten) wurde als Vorgängerorganisation des KGB 1934 geschaffen und auch mit den Aufgaben der politischen Geheimpolizei GPU, der früheren Tscheka, betraut.

Ob ich die Funde sehen will, fragt er. Was bleibt mir übrig. Da ich immer versuche, nachgestellte Szenen zu vermeiden, kommt der Kameramann mit laufender Kamera gleich mit. Es sind tatsächlich nur wenige Schritte durch den Wald, bis wir vor einer mit Tannenzweigen abgedeckten Grube stehen. Walerij zieht sich Gummihandschuhe an und beginnt, die Äste wegzuräumen. »Ich kann Ihnen natürlich nicht genau sagen, was in welchem Sack ist«, meint Walerij beinahe entschuldigend, »aber es liegt eine Menge hier, in erster Linie Knochen, Schädel, irgendwelche Sachen.«

Er wuchtet einen dieser blauen Säcke, wie man sie für Müll benutzt, aus der Grube und beginnt ihn auszukippen. Erst läuft eine Menge Wasser heraus, denn es hatte in den letzten Tagen stark geregnet, dann folgen Schuhe, Gummigaloschen, aber auch Lederschuhe. Aus dem zweiten Sack scheinen endlos Knochen auf den Waldboden zu fallen. Es kommt mir vor wie ein Alptraum. Lauter Menschenknochen, Schädel mit Einschußlöchern, dann Schädel mit kompletten Kiefern und Zähnen. Einer mit einer halben Reihe von Blechzähnen. Grauenvoll. Der Geruch, der aus diesen Säcken kommt, die Käfer und Fliegen überall und die Vorstellung, was sich in diesem Wald abgespielt haben muß.

Wir verlassen diesen Ort und versuchen vom nächsten Telefon, das in einem Lebensmittelladen steht, das KGB in Jaroslawl anzurufen, um dort ein paar Auskünfte über das Massengrab zu bekommen. Margerita ist erst dagegen, dann hilft sie mir doch. Wir sollen uns in zwei Stunden noch mal melden, heißt es. Als wir das dann tun, können wir gleich vorbeikommen. Der Chef persönlich, Generalmajor Alexander Rasschiwin, ist bereit, uns zu empfangen, allerdings nicht im Hauptgebäude, sondern in einem ausgelagerten Teil schräg gegenüber.

Ich frage ihn, ob er sich vorstellen kann, uns jetzt sofort, ohne die üblichen bürokratischen Formalitäten, Archivunterlagen zu zeigen, die mit dem Massengrab bei Selifontowo zu tun haben, etwa die Listen der Erschossenen. Der KGB-

General will die Listen wirklich holen lassen, denn ins Archiv hinein läßt er uns nicht.

In der Zwischenzeit befrage ich ihn. Wie passen die Begriffe Perestroika und Glasnost einerseits und die Realität und das Selbstverständnis des KGB andererseits zusammen? Was bedeuten diese Begriffe für den heutigen sowjetischen Geheimdienst, will ich wissen. Seine Antwort:

»Für Sie [damit meint er die Deutschen, d. Verf.] sind es nur Lieblingsworte, für das KGB ist es eine Lebensfrage. Alle vernünftigen Mitarbeiter des sowjetischen Geheimdienstes hoffen darauf, daß diese Entwicklung, an deren Ende die Demokratisierung unserer Gesellschaft steht, Erfolg haben wird. Manchmal sagen uns dann ja die Journalisten, das sei die reine Propaganda, wenn solche Äußerungen ausgerechnet aus dem KGB zu vernehmen sind. Aber ich sage Ihnen, das ist keine Propaganda. Auch die Tatsache, daß wir beide uns jetzt hier so unterhalten, ist ja ein Ergebnis der Perestroika. Wenn Sie mich 1985 angerufen hätten mit der Bitte um ein Gespräch, dann hätte ich Ihnen wohl sagen lassen, der zuständige Mitarbeiter sei krank, und es hätte mit Sicherheit ein solches Treffen nicht gegeben. Die Perestroika hat das Bewußtsein unserer Menschen verändert und natürlich auch das der KGB-Mitarbeiter. Das KGB ist das Produkt des eigenen Volkes, wie denn auch anders.«

Mittlerweile ist ein KGB-Bediensteter mit den Unterlagen gekommen, die wir auch filmen dürfen. Es sind Auszüge aus Erschießungslisten. Etwa 18 000 Menschen sind in den Jahren 1937/38 allein in Jaroslawl verfolgt worden, sagt der KGB-Chef der Provinzhauptstadt. 1550 davon wurden zum Tod durch Erschießen verurteilt. Die Listen geben Auskunft darüber, wer erschossen wurde, aber es gibt keine Angaben dazu, wer wo begraben liegt.

Er erzählt, daß man im Jaroslawler KGB auf Anfragen von Verwandten der Erschossenen oder gar von überlebenden Verfolgten heute hilfsbereit reagiert, Auskunft gibt oder Akteneinsicht gewährt, obwohl man dazu laut Gesetz nicht verpflichtet sei. »Aber da es auch nicht ausdrücklich verboten ist, machen wir das individuell.«

Bevor wir uns verabschieden, sagt Generalmajor Rasschiwin: »Wissen Sie, ich bin seit 1952 Mitarbeiter des KGB. Das sind nun schon fast 40 Jahre. Aber Ihre Landsleute mögen bitte zur Kenntnis nehmen, daß auch viele der ›Alten‹ ein großes Interesse daran haben, daß die Greuel der Vergangenheit restlos aufgeklärt werden und daß wir Mechanismen einführen, die verhindern helfen, daß sich so etwas jemals wiederholt.«

Wir fahren noch am gleichen Tag wieder zurück nach Moskau, denn am kommenden Morgen sollen für uns im Dokumentarfilmzentrum die historischen Aufnahmen bereitliegen, die für unser Projekt in Frage kommen, und die wollen erst mal durchgesehen werden.

Am 20. August, das weiß ich noch ganz genau, ergreift mich Panik. Bis zum Sendetermin am 25. September sind es nur noch gut fünf Wochen, wir haben immer noch keine Genehmigung für das KGB-Archiv, auch der Drehtermin zusammen mit Schentalinskij im KGB wackelt verdächtig, und in meinem Kopf herrscht ein heilloses Durcheinander über die Dramaturgie des Films. Es ist ein Knäuel, von dem ich weiß, daß es gute Stellen gibt, aber mir ist noch nicht klar, wie der verbindende Faden dazwischen verläuft, und, was das schlimmste ist, es fehlen eben noch entscheidende Elemente. Ein Film über das KGB, und man kommt zum Drehen nicht mal rein – unmöglich.

Gewisse Verzögerungen im Genehmigungsverfahren ergeben sich dadurch, daß ganze Abteilungen des KGB, wie bei anderen staatlichen Einrichtungen auch, zum Ernteeinsatz abkommandiert werden. Schentalinskij beklagt sich bitter darüber, weil er deshalb zur Zeit nicht an die lange versprochenen Akten zum Fall Pilnjak herankommt, über den er eine längere Abhandlung schreiben möchte.

Natürlich hatte ich mich wegen historischer Filmaufnahmen auch an das staatliche sowjetische Fernsehen gewandt. Als meine Hoffnung schon schwand, aus der Quelle etwas schöpfen zu können, bekam ich plötzlich einen Anruf aus der dortigen Dokumentationsabteilung, nicht aus dem Archiv. Sie stellten da gerade eine Produktion her, die Arbeitskopie sei bereits fertig, also, wenn ich Interesse hätte, könnte ich mal vorbeischauen. Etwas merkwürdig kommt mir diese selbstlose Eigeninitiative schon vor, aber selbst eine geringe Chance, gutes historisches Material zu ergattern, lohnt den Aufwand. Der Film, den sie mir dann vorführen, ist in der Tat sehr beeindruckend. Man sieht, wie vermummte Gefangene in Schnee und Eis Bäume fällen, andere hacken im Steinbruch, im Hintergrund bewaffnete Aufseher.

Der Abteilungsleiter verspricht, die gewünschten Stellen aus dem Originalmaterial für uns zu kopieren. Dann kommt er schnell zu dem Thema, das ihn eigentlich interessiert, und deswegen hatte er sich auch überhaupt bei uns gemeldet. Wußt' ich's doch ... Seine Abteilung möchte eine große Dokumentation über den sowjetischen Geheimdienst machen, dazu brauchen sie Devisen, und sie suchen nun Sponsoren, die den fertigen Film später zu Sonderkonditionen erwerben können. Die Amerikaner hätten bereits 100 000 US-Dollar für zwei Folgen à 52 Minuten geboten, meint er und fragt nach der Größenordnung, mit der sich das Erste Deutsche Fernsehen denn beteiligen wolle. Mit dem Versuch einer Erklärung, warum amerikanische Fernsehgesellschaften andere finanzielle Möglichkeiten haben als öffentlich-rechtliche in Deutschland, verabschiede ich mich höflich und stelle mich darauf ein, daß ich die gewünschten Szenen aus dem historischen Filmmaterial wohl nie bekommen werde. Ich sollte recht behalten.

Endlich ist es dann soweit, daß wir Konstantin Asadowskij in Leningrad besuchen können. Am Freitag abend, es ist der 24. August, fliegen wir los. Auf die Gefahr, in den Verdacht eines notorischen Meckerers zu kommen – ich kann mir einfach nicht verkneifen, an dieser Stelle die näheren Umstände der Reise zu beschreiben, auch wenn das mit dem Thema KGB nichts zu tun hat. Es sind Dinge, die in der Anfangszeit, also im ersten oder zweiten Jahr, des Aufenthaltes in der Sowjetunion noch meinen Abenteurergeist beflügeln, die mich mit zunehmender Zeit jedoch immer stärker nerven und die mir – warum soll ich das nicht zugeben – auch immer mehr angst machen.

Das beginnt beim Zustand der Aeroflot-Maschinen, die im Inlandsdienst eingesetzt sind. In die Türleibungen dieser meist altersschwachen Flugzeuge sollte man lieber keinen Blick werfen. Verdrängung ist angesagt, weil nervenschonender. In Leningrad hatten wir uns von Moskau aus bereits einen Kleinbus organisiert, der unser Team samt Gepäck vom Flughafen zum Hotel bringen sollte. Welch ein Auto, das uns da erwartete! Wahrscheinlich wären beim kleinsten Unfall nur Krümel von dieser Rostlaube übriggeblieben. Die Beifahrertür läßt sich überhaupt nicht richtig schließen, oben steht sie gut fünf Zentimeter von der übrigen Karosserie ab. Die Bremsen müssen mehrmals hintereinander betätigt werden, bevor sie Wirkung zeigen, und Gas nimmt das Auto nur sporadisch an, weil, wie der Fahrer erklärt, leider Wasser in die Benzinleitung geraten sei.

Am nächsten Morgen treffen wir uns mit Konstantin Asadowskij und seiner Frau Swetlana. Die Geschichte dieser beiden ist unglaublich, was ihnen geschah ungerecht und furchtbar.

Konstantin Asadowskij ist wie gesagt Philologe und hat einen international anerkannten Ruf als Klujew- und Rilke-Forscher. Diese Arbeit bringt sogenannte Westkontakte mit sich, wie soll er sich auch anders mit Rilke beschäftigen können. Aber solche Westkontakte reichten 1980 aus, um sich als Sowjetbürger verdächtig zu machen. Asadowskij hatte bereits seit längerem das Gefühl, unter Beobachtung zu stehen, als eines Tages folgendes passiert.

Ein flüchtiger Bekannter bittet Swetlana, eine Arznei in Verwahrung zu nehmen. Kurze Zeit später wird sie festgenommen wegen Rauschgiftbesitzes. Am nächsten Morgen inszeniert man in der Wohnung Asadowskijs eine Hausdurchsuchung. Er weiß noch nicht, was mit Swetlana geschah. Er hat sie vergeblich gesucht, und er begreift überhaupt nichts, als man ihm ein Päckchen Rauschgift vorhält, das man auf einem Bücherregal in seiner Wohnung gefunden haben will.

Asadowskij kommt in eines der berüchtigtsten Lager am Polarkreis. Er muß in einer Textilfabrik und im Straßenbau arbeiten. Das schlimmste sei die Kälte gewesen, erzählt er, Temperaturen von minus 60 Grad hätten auf die Dauer ganz fatale Auswirkungen auf die Gesundheit, vor allem auf die Zähne. Richtig gehungert hätte er nicht, denn Brot habe es die ganze Zeit genug gegeben. Knapp zwei Jahre hat er im Lager zugebracht. Wie verkraftet man das, diese Entbehrungen und diese unbeschreibliche Ungerechtigkeit? »Man kann das verkraften«, antwortet Asadowskij. »Außerdem – ich habe das ja nicht mal zwei Jahre aushalten müssen, und das ist für russische Maßstäbe gar nichts«, fügt er in Anspielung auf die üblichen Lagerzeiten von 10 bis 25 Jahren hinzu.

Irgendwann während seiner Haft hat es dann doch einen Punkt gegeben, wo er im Lager keinen anderen Ausweg mehr wußte und sich das Leben nehmen wollte. Aber darüber möchte er nicht mehr sagen.

Nach seiner Entlassung wollten Konstantin und Swetlana aus der Sowjetunion ausreisen, für immer. Aber die Formalitäten zogen sich in die Länge. Es kam das Jahr 1985, und Michail Gorbatschow wurde Generalsekretär. In diesen Mann und seine Politik setzten die beiden ihre ganze Hoffnung und entschlossen sich, in der Sowjetunion zu bleiben und mitzuhelfen, eine andere Gesellschaft zu schaffen.

Swetlana steckte man damals zunächst in ein Gefängnis und rasierte ihr den Kopf kahl. Dort blieb sie zweieinhalb Monate ohne Gerichtsverfahren. Dann kam sie in ein Lager. Sie erzählt keine Einzelheiten, sondern sagt nur, daß dieses Lager für 800 Frauen bestimmt war, daß aber 2000 da einsaßen. Von dort wurde sie »in die Chemie« geschickt. So nennt man in der Sowjetunion besonders gesundheitsgefährdende Arbeitsplätze, auf denen in der Regel nur Strafgefangene eingesetzt werden. Sie schuftete im Gorki-Automobilwerk, wo weibliche

Häftlinge die schwarzen Wolgas produzieren, die Standard-Limousinen sowjetischer Funktionäre. »Diese Autos werden gemacht aus Schweiß, Blut und Tränen der Frauen, die da gefangen sind«, sagt Swetlana. Sie erzählt, daß sie an amerikanischen Maschinen aus dem Jahre 1933 gearbeitet haben. Die Technik war so veraltet, daß viele Neuankömmlinge innerhalb kürzester Zeit Finger verloren. Sicherheitseinrichtungen gab es nicht.

Aber diese Zwangsarbeit war nicht das schlimmste, meint Swetlana, und es bricht aus ihr heraus:

»Einen unschuldigen Menschen so auszunutzen, nur um gegen Asadowskij was in der Hand zu haben. Ich habe kein Verbrechen begangen. Mich so zu erniedrigen. Was ich alles erlebt und gesehen habe. Man muß wahrscheinlich wirklich erst im Gefängnis gesessen haben, bevor man sein Vaterland richtig kennt. Es ist einfach schrecklich, was sie damals mit den Menschen gemacht haben.

Und jetzt sprechen sie von Reue. Jetzt beschäftigen sie sich mit der Unterdrückung in den dreißiger und vierziger Jahren. Und in den achtziger Jahren, was haben sie denn da getan? Sie sitzen doch alle auf denselben Posten, sie sind alle noch da. Niemand, nicht mal Kalugin, der sich jetzt vom KGB getrennt hat, steht auf und sagt, jawohl, das habe ich getan, wir haben viele Menschen zugrunde gerichtet. Keiner hat so was je gesagt. Ja, sie sagen, es gab da so eine böse Zeit, und schieben alles nur auf die Zeit. So viele Menschen wurden kaputtgemacht. So viele Menschen haben das Land verlassen. Das Land wurde kulturell geradezu enthauptet. Einige wurden Straßenfeger, andere Trinker. Und jetzt heißt es Erneuerung. Was soll denn bitte erneuert werden? Die Kultur muß man wiederbeleben, und das sagen ausgerechnet die, die sie selbst vernichtet haben. Alle, die mich damals verhört haben, waren um die 35, 40 Jahre alt. Das ist zehn Jahre her. Die leben doch alle noch, aber sie haben sich verkrochen. Und wenn man es ihnen heute befehlen würde, sie würden die gleichen schmutzigen Dinge wieder tun.«

Während Swetlana im Gorki-Automobilwerk schwarze Wolgas produzierte, saß Konstantin in Magadan im äußersten Nordosten der Sowjetunion. Konstantin und Swetlana hatten zwar zusammengelebt, aber sie waren nicht verheiratet. Als sie endlich Nachricht voneinander bekamen, stellte Swetlana einen Antrag, Konstantin besuchen zu dürfen, um ihn zu heiraten. Swetlana legte Sonderschichten ein, übererfüllte ihr Plansoll und erhielt schließlich Heiratsurlaub. In Magadan herrschte zu der Zeit 60 Grad Kälte. Konstantin gab man drei Tage frei, und sie feierten Hochzeit. »Als ich dann wieder fuhr«, erzählt Swetlana, »begleitete mich die ganze Stadt zum Abschied. Sie haben mir dort ein Brautkleid und Schuhe gegeben, und Konstantins Mitgefangene haben aus einfachem Metall diesen Ehering für uns gemacht.«

Die Tränen stehen ihr in den Augen, und sie entschuldigt sich: »Ich bin so emotional. Aber diese Erinnerungen ... Ich hoffe auf die neue politische Führung unseres Landes. Und eine andere Atmosphäre gibt es schon. In den Siebzigern und Anfang der Achtziger war die Stadt irgendwie schwarz und tot, aber jetzt, obwohl der Zustand der Häuser eher schlechter geworden ist, jetzt ist es ganz anders. Ich glaube, daß gerade die neue Leningrader Führung, unser Bürgermeister Sobtschak, etwas bewegt und zum Besseren wendet. Wollen wir auf das Beste hoffen. Hilf, lieber Gott, daß alles vorbei ist und nur noch in der Erinnerung bleibt.«

Swetlana hat den Namen des ehemaligen KGB-Offiziers Kalugin nicht von ungefähr erwähnt. Oleg Kalugin war Anfang der achtziger Jahre der zweite Mann beim Leningrader KGB. Auch wenn er für Spionageabwehr zuständig war, konnte ihm der Fall Asadowskij nicht ganz verborgen geblieben sein.

Oleg Kalugin kam Mitte 1990 in die internationalen Schlagzeilen, weil er als Insider das KGB schonungslos kritisiert hatte. Sein Hauptvorwurf bestand darin, daß der sowjetische Geheimdienst immer noch in erster Linie eine politische Polizei sei. Für sein Verhalten wurde Kalugin degradiert, und Gorbatschow erkannte ihm alle seine Orden ab, die ihm für erfolgreiche Agententätigkeit verliehen worden sind. Daraufhin begann er eine neue Karriere, als Abgeordneter der »Demokratischen Plattform« innerhalb der KPdSU im sowjetischen Parlament. Mit 60 Prozent der Stimmen konnte er dort einziehen.

Zurück in Moskau, wo Kalugin heute wohnt, fange ich ihn vor der Haustür ab und frage ihn nach den Asadowskijs. Ehrlich gesagt rechne ich nicht damit, viel zu erfahren, denn *so* konkret will wohl auch Kalugin noch nicht werden. Aber man kann es ja mal versuchen.

»Ich kenne Asadowskij persönlich nicht«, sagt Kalugin, »aber ich weiß, daß das Leningrader KGB sich prophylaktisch mit ihm beschäftigt hat wegen seiner Dissidententätigkeit.« – So kann man das natürlich auch nennen. Über Asadowskij kann oder will er weiter nichts sagen, also frage ich ihn, ob sich so was denn heute wiederholen könnte. »Im Augenblick vielleicht nicht«, ist seine Antwort, »aber das Potential des KGB ist weiter vorhanden, und deshalb könnte es durchaus morgen wieder passieren, wenn die Parteiführung das wünscht. Leider sind die KGB-Organe eben nach wie vor in den Händen einer Partei, der Kommunistischen Partei. Solange wir KGB und Staatsschutzorgane irgendeiner Partei unterordnen, so lange gewinnen wir in unserem Land keine wirkliche Demokratie.«

Aber in der Moskauer Geheimdienstzentrale, in der Lubjanka, wird man doch nicht müde, immer wieder zu betonen, daß die Organe des KGB heute ganz andere seien und daß auch hier wie in der übrigen Gesellschaft Perestroika, Umbau, stattfinde, wende ich ein.

»Das ist nicht wahr«, entgegnet Kalugin, »das ist eine große Lüge. Da kann sich nichts verändern, weil die Führungsschicht aus der alten Stalin-Breschnew-Schule stammt. Der ganze Apparat, sein Umfang und der Geist der Leute sind heute noch so wie vor fünf, zehn, fünfzehn Jahren. Obwohl«, schränkt er plötzlich ein, »die Jüngeren fangen langsam an umzudenken. Das KGB ist heutzutage keine einheitliche Institution mehr.«

Die Frage, die sich aufdrängt: Was kann, was muß man tun, um den sowjetischen Geheimdienst tatsächlich der neuen Politik entsprechend umzubauen?

»Man muß dringend entpolitisieren«, meint Kalugin, »das KGB muß der Regierung und nicht der Partei untergeordnet sein. Wir nennen ihn KGB, Komitee für Staatssicherheit, aber faktisch war es bis jetzt immer ein Komitee für die Sicherheit der Nomenklatura, der Parteispitze und ihrer Privilegien. Die Bürgermeister von Moskau und Leningrad, Popow und Sobtschak,* bekommen vom KGB bis heute keine Informationen, obwohl sie doch nun gewählte Volksvertreter sind. Diese Informationen bekommen aber nach wie vor das Zentralkomitee der Partei und die örtlichen Parteiorgane. Die Volksvertreter sind davon völlig abgeschnitten.«

Wie sehr das KGB darum bemüht ist, sein Image in der Öffentlichkeit aufzupolieren, läßt die Tatsache erkennen, daß der Geheimdienst im Mai 1990 damit begonnen hat, eine Abteilung für Öffentlichkeitsarbeit aufzubauen. Mit dem Leiter, Generalmajor Alexander Karbainow, bin ich verabredet.

Eine Viertelstunde vor der vereinbarten Zeit gehen wir, das Kamerateam und ich, durch den Eingang 1A der Lubjanka, links vom früheren Haupteingang, dort, wo die Andropow-Gedenktafel hängt. Zwei Soldaten flankieren das Portal und wollen unsere Papiere sehen, sonst nichts. Da sind sie bei Gosteleradio, beim staatlichen sowjetischen Fernsehen, wesentlich pingeliger. Da braucht man einen Spezialausweis, den man vorher beantragen muß.

Ein Presseoffizier holt uns ab und fährt mit uns auf den drit-

---

* Beide sind nicht mehr Mitglieder der KPdSU, sie bezeichnen sich als Radikaldemokraten und organisieren sich heute in der von Eduard Schewardnadse mitbegründeten »Bewegung zur Vereinigung der Kräfte der Demokratie und der Reformen«.

ten Stock. Als wir dort aussteigen, bemerke ich auf beiden Seiten des Lifts, dort, wo die Treppen nach unten und nach oben führen, je einen Mann im Straßenanzug. Ich frage den Presseoffizier, ob die darauf aufpassen sollen, daß wir im Hause nicht verlorengehen, da sagt er, ohne eine Miene zu verziehen: »Was meinen Sie? Die haben eine Rauchpause im Flur gemacht.« Mag sein, aber sie wirken genau wie diese Sicherheitsleute im Kreml, die auch überall unauffällig herumstehen, damit bei irgendwelchen Medienereignissen nicht jemand aus Versehen oder absichtlich in die falsche Richtung läuft.

Wir passieren einen langen Gang und kommen in ein relativ großes Sekretariat, in dem eine junge Frau sitzt, die offensichtlich überhaupt nichts zu tun hat. Links führt eine Doppeltür in das überaus geräumige Büro von Alexander Karbainow. Ein sympathisch wirkender Mann mit einem grauen Haarkranz um die Halbglatze. Ich halte ihn für Anfang Fünfzig. Tatsächlich ist er 44 Jahre alt. Er stammt aus Sachalin, aus dem Fernen Osten der Sowjetunion, hat zunächst eine Fliegerhochschule absolviert, sich dann auf die Konstruktion von Atomtriebwerken spezialisiert und schließlich drei Jahre als Ingenieur in der Nachrichtensatelliten-Technik gearbeitet. Parteikarriere hat er parallel dazu natürlich auch gemacht, wie wäre er sonst zum KGB gekommen. Man wählte ihn zum Komsomolsekretär und schickte ihn auf die KGB-Hochschule. Vier Jahre lang arbeitete er als sogenannter Instrukteur im ZK der Partei, »ein proletarisches Amt«, meint er und deutet damit an, daß es mit sehr viel Arbeit und Einsatz verbunden war.

Während das Team Kamera und Lampen für das Interview aufbaut, führen wir unser Vorgespräch, das wir auch dann nicht beenden, als längst alles bereitsteht. Im Verlauf unserer intensiven Unterhaltung meint Karbainow plötzlich, es sei ja wirklich viel besser, daß wir direkt miteinander reden können ohne zwischengeschalteten Dolmetscher. Ich solle das nicht unterschätzen, das sei wichtig fürs Vertrauen und die Glaubwürdigkeit und ich hätte auf die Art sicher schon viel erreicht in der Sowjetunion, meint er. Ich frage mich, ob das ein erster Hinweis darauf ist, daß man mich im KGB-Archiv filmen lassen will? Ihn frage ich nach der Rolle des KGB beim Öffnen anderer Archive.

Das sei einer der vielen Mythen, die sich um den sowjetischen Geheimdienst immer noch rankten, meint er, »früher war das mal so, aber heute sind die einzelnen Einrichtungen selbständig, und sie reden sich allenfalls auf die bequeme Tour heraus. Wenn sie irgendwelche Unterlagen nicht zeigen wollen, dann schieben sie es einfach auf uns, und die Leute glauben das natürlich noch, dafür war es ja zu lange so.«

Der Presseoffizier, der uns abgeholt hatte und ebenfalls im Zimmer sitzt, steuert folgende kleine Geschichte bei. Zusammen mit einer sowjetischen Fernsehjournalistin sei er ins Zentrale Filmarchiv nach Krasnogorsk gefahren, um dort historische Materialien anzuschauen. Als sie den Direktor ganz gezielt nach einer bestimmten Filmrolle fragten, zuckte der beflissen bedauernd die Schultern, er würde ja so gerne helfen, aber das KGB hat's verboten – nicht wissend, daß sein Gast aus ebendieser Institution stammte. »Der hat vielleicht geguckt, als ich ihm meinen Ausweis zeigte«, lacht der Presseoffizier, »es gibt nur zwei Möglichkeiten, entweder er war schlicht zu faul, oder aber er gehört zu den Übriggebliebenen, die sich nach wie vor so verhalten, wie es früher üblich oder gar notwendig war, um zu überleben.«

Wenn die Gesellschaft insgesamt schon solche Probleme hat, sich umzustellen, wieviel schwerer muß es dann den Mitarbeitern des KGB fallen. »Die Ewiggestrigen muß man halt pensionieren«, meint Karbainow wie aus der Pistole geschossen. Man müsse eben auch in den eigenen Reihen viel Aufklärungsarbeit betreiben, aber es geht, sagt er und verrät, daß er selbst aus der berüchtigten und mittlerweile aufgelösten fünften Abteilung stammt, die für den Kampf gegen »antisowjetische Umtriebe« zuständig war. Gerade in der fünften Abteilung habe man viele früh pensioniert, andere umgeschult für den Einsatz gegen das organisierte Verbrechen.

In Anspielung auf das Schicksal Asadowskijs versuche ich einen Zusammenhang herzustellen zwischen den Verbrechen der dreißiger, vierziger Jahre und denen der siebziger, achtziger Jahre. Wie weit geht denn Glasnost da? Oder hört das 1953 mit dem Tod Stalins auf, und alles, was danach geschah, ist weiterhin tabu? Karbainow will differenzieren und führt dazu zwei Ebenen ein, eine »quantitative« und eine »qualitative«. »In den dreißiger Jahren wurden über drei Millionen Menschen verfolgt, davon 780000 erschossen«, so Karbainow, »von 1958 bis 1967 wurden 7000 verfolgt und niemand erschossen, und von 1967 bis 1985 wurden auf der Grundlage des Artikels 70 unserer Verfassung noch 700 Menschen verfolgt und natürlich niemand erschossen.«

Der qualitative Unterschied besteht nach Karbainow darin, daß in den dreißiger Jahren die Willkür und der Terror Maßstab aller Dinge waren, seit 1958 aber der eben genannte Artikel 70, der antisowjetische Propaganda und Agitation unter Strafe stellte. Er selbst sei kein Freund dieses Artikels, aber rein formal habe sich das KGB an das Gesetz gehalten und nur die Ermittlungen geführt. Für das weitere Vorgehen seien die Gerichte zuständig gewesen. Zu Stalins Zeiten jedoch hätte der Geheimdienst alles selbst übernommen: Ermittlung, Verhaftung und Bestrafung bzw. Erschießung.

Unvermittelt legt Karbainow ein Bekenntnis zum Sozialismus ab: »Ich glaube an den Sozialismus«, sagt er plötzlich, »Lenin war ein genialer Mensch, und sein Konzept des Sozialismus könnte jetzt bei uns aufgehen.« Ich merke, wie der Presseoffizier etwas unruhig hin- und her rutscht, aber Karbainow fährt fort. »Die Werte, die Marx und die frühen Sozialisten postuliert haben, die sind doch aktuell: Freiheit des Menschen, Schutz seiner Rechte, Gleichheit, soziale Gerechtigkeit. Diese Werte entsprechen dem wahren Sozialismus und wurden von Stalin grob verfälscht. Stalin hatte eine ausgesprochen primitive Vorstellung vom Sozialismus und der gesellschaftlichen Entwicklung.«

Dann kehrt Karbainow zum Ausgangspunkt der Frage

zurück und meint, die Hauptaufgabe heutzutage bestehe darin, KGB und Glasnost unter einen Hut zu kriegen. Da ein Geheimdienst, wie der Name schon sage, seine ihm zudiktierten Verpflichtungen nur in einer gewissen Konspiration und Geheimhaltung erfüllen könne, sei man zu einer Gratwanderung gezwungen, die um so besser gelinge, je ausgeprägter die demokratische Kontrolle funktioniere. – Dieses Problem ist allerdings kein typisch sowjetisches, denke ich mir, es ist in der Tat international.

Im Interview vor laufender Kamera bringt Karbainow seine Sorgen und seine Aufgaben als Leiter der neugegründeten Abteilung für Öffentlichkeitsarbeit so auf den Punkt:

»Die meisten meinen leider immer noch, daß das KGB alle Lebensbereiche durchdringt und alle Aspekte des Lebens beherrscht: Politik, Wirtschaft, Gesellschaft usw. Das hat historische Gründe und ist leider objektiv richtig. Dieses Syndrom der Angst vor dem KGB ist immer noch im Bewußtsein der Menschen, die Angst vor dem allmächtigen und allgegenwärtigen KGB, wie es ja leider Gottes damals auch existierte. Unsere Aufgabe besteht darin, so breit und überzeugend wie möglich, vor allem überzeugend, zu erklären, daß die heutigen KGB-Organe andere sind, daß sie ihre Aufgaben streng im Rahmen ihrer Kompetenzen erfüllen und daß sie vor allem die Interessen des Volkes berücksichtigen wollen und die eigenen Interessen denen des Volkes unterordnen.«

Dieses Statement würde ich gerne allen KGB-Mitarbeitern zur geheimen Abstimmung vorlegen und sehen, was dabei herauskommt.

Karbainow fragt, ob wir das Arbeitszimmer des Geheimdienstchefs besichtigen möchten, schiebt allerdings gleich nach, daß Wladimir Krjutschkow, der seit Herbst 1988 an der Spitze des KGB steht, umgezogen ist. Kein Wunder, wenn man sich die Reihe seiner Vorgänger betrachtet, die alle dort residierten. Krjutschkow will das wohl als Signal verstanden wissen, daß sich der heutige sowjetische Geheimdienst von seiner anrüchigen Vergangenheit in jeder Weise distanziert.

Das Chefzimmer ist eine Suite und besteht aus drei großen Räumen plus Bad und Toilette. Von einem Konferenzsaal, an dessen Stirnseite ein überdimensionaler Schreibtisch mit einem gewaltigen Schaltpult steht, über das alle möglichen Stellen der Stadt direkt zu erreichen sind, gelangt man in ein zweites kleineres Arbeitszimmer, eine Art Refugium zum Nachdenken, wie Karbainow es nennt. Dahinter führt eine Tür ins Schlafzimmer mit zwei längs an der Wand stehenden Betten, eins hinter dem anderen, und einem auffallend großen Kühlschrank.

Von diesen Räumen aus herrschten sie alle: schon Feliks Dserschinskij, der Gründer der Tscheka, aus der später NKWD und KGB wurden, nach ihm Jagoda und Jeschow, die beide von ihren eigenen Leuten erschossen wurden. Lediglich Berija gab hier nur Gastspiele, er saß mehr im gegenüberliegenden Kreml als hier in diesen Gemächern. Auch Andropow, der vor seiner kurzen Zeit als sowjetischer Generalsekretär 15 Jahre lang Geheimdienstchef war, steuerte von hier aus seinen Apparat. In letzter Zeit gerät auch der verstorbene Andropow immer mehr ins Kreuzfeuer der Kritik, denn unter seiner Ägide wurde der Kampf gegen Andersdenkende, Intellektuelle und Künstler nach der kurzen Tauwetterperiode unter Chruschtschow wieder verschärft.

Als wir durch diese Räume gehen und über Gesinnungsschnüffelei sprechen, frage ich, wie das denn heutzutage mit den Dossiers über Ausländer sei; ich würde mein Dossier gerne als Souvenir mit nach Deutschland nehmen, wenn ich wieder zurückginge. Ich spüre förmlich, wie diese Frage den sowjetischen Kollegen in meinem Team körperlich unangenehm ist. Karbainow reagiert schnell. Früher habe man haufenweise Dossiers angelegt, nicht nur über Ausländer, sondern auch lückenlos über alle sowjetischen Bürger, die sich im westlichen Ausland aufgehalten hatten. »Wir mußten ja damit rechnen, daß sich unsere Landsleute im westlichen Ausland umdrehen lassen«, sagt Karbainow. »Heute ist das alles anders. Einmal grundsätzlich, das paßt nicht mehr zu unserer

Politik, und zum anderen wäre es von der Menge her nicht mehr zu bewältigen.« Er stellt sich lächelnd vor mich und fährt fort: »Heute gibt es nur dann ein Dossier, wenn ein begründeter Verdacht vorliegt, und Sie können sicher sein, wenn der gegen Sie vorläge, wären Sie heute nicht hier.«

Ich lasse mich von der lockeren Atmosphäre anstecken und flachse zurück, dann müsse ich jetzt wohl aufpassen, daß sich bei unseren guten Kontakten nicht der Bundesnachrichtendienst nach meiner Rückkehr aus der Sowjetunion für mich interessiere. Karbainow darauf: »Ausschließen sollte man das nicht.«

Auf dem Weg zum Fahrstuhl versuche ich noch etwas über die Anzahl der beim KGB insgesamt Beschäftigten herauszubekommen. Er würde ja wirklich gerne darüber reden, sagt Karbainow, aber es handele sich um ein Staatsgeheimnis. Wenn der Oberste Sowjet – hoffentlich bald – beschließen würde, daß man darüber Angaben machen könnte, wäre er sicher der erste, der es herausposaunte, denn die Welt mache sich ganz falsche Vorstellungen. »In Relation gesehen, haben wir sicher nicht mehr als die Bundesrepublik, wenn man alles zusammennimmt: BND, MAD, Grenzschutz, Verfassungsschutz etc.«

Ist das nun ein ganz besonders ausgebuffter Typ, oder vollzieht sich innerhalb des sowjetischen Geheimdienstes tatsächlich parallel zur Entwicklung in der Gesellschaft ein Prozeß, der hoffen läßt, daß die Bürger nicht mehr recht- und schutzlos staatlich bestellten Spitzeln ausgeliefert sind?

Ohne das Phänomen des Opportunismus und der Wendehälse geringzuschätzen, das KGB macht ungeheure Anstrengungen, von seinem Verbrecherimage herunterzukommen. Skepsis ist sicher angebracht – wie bei allen Geheimdiensten auf der Welt –, aber man könnte zur Abwechslung ja vielleicht auch mal was glauben. Denn nicht nur Gutgläubigkeit führt zu Katastrophen, übertriebenes Mißtrauen ebenso, weil man vorhandene Chancen nicht mehr als solche erkennt und sich das Leben schwerer macht als objektiv nötig.

Wir hatten unseren Wagen auf dem Dserschinskij-Platz geparkt, direkt vor dem Kaufhaus Detskij Mir, also Kinderwelt, das unmittelbar neben der Lubjanka steht. Als wir zurückkommen, stellen wir fest, daß eingebrochen wurde. Das Autoradio fehlt, alles, was man herausreißen konnte, ist herausgerissen. Es sieht aus, als sei ein Bömbchen detoniert. Was uns alle besonders fassungslos macht, das ist der Tatort. Einmal ist vor dem Kaufhaus Kinderwelt immer die Hölle los, dann regeln hier zwei Milizionäre den Straßenverkehr, einer genau vor unserem Auto, einer dahinter, aber der Clou ist ein Bus, der etwa zwei Meter neben unserem Wagen steht und aus dem heraus verdeckt ermittelt wird, wie wir jetzt feststellen. Denn es kommen Polizeibeamte in Zivil heraus und nehmen ein Protokoll auf. Und alles im Angesicht der Lubjanka.

Am Abend dieses Tages bekomme ich einen Anruf: Wir dürfen morgen ins KGB-Archiv. Alexander Michailow selbst hat keine Zeit, sein Kollege Andrej Oligow wird uns begleiten. Noch will ich es nicht so recht glauben und schiebe meine spontane Freude beiseite, aus Sorge, es könne doch wieder irgendwas dazwischenkommen. Doch pünktlich zur verabredeten Zeit führt uns Andrej Oligow hinter dem Empfangsgebäude, das uns schon beinahe heimisch vorkommt, über einen Hof in ein anderes Haus. Nach dem Eingang gleich rechts eine Doppelholztür, dahinter ein Gitter und eine Stahltür. Das Moskauer KGB-Archiv. Hier lagern die Akten aller Verfolgten seit 1918, die Verhörprotokolle, die Untersuchungsberichte, die Todesurteile und die Papiere über deren Vollstreckung. Mit dem Todesjahr Stalins, mit dem Jahr 1953, endet dieses Archiv. Neuere Akten sind woanders untergebracht und noch nicht zugänglich.

Ich gebe zu, daß mich dieser Ort beeindruckt. Natürlich auch deshalb, weil wir hier die ersten Medienmenschen überhaupt sind; vor uns hat dieses Archiv weder ein ausländischer noch ein sowjetischer Journalist jemals betreten. Aber in erster Linie wegen der Ansammlung tragischer Schicksale, die sich hinter diesen endlosen Aktenreihen verbergen.

Ein junger Mann namens Wadim Kusmin kommt dazu, er ist 25 Jahre alt, Historiker und KGB-Offizier. Das Archiv ist sein Arbeitsplatz, der Geheimdienst seit anderthalb Jahren sein Arbeitgeber. Wadim Kusmin ist ein ruhiger, beinahe verschlossen wirkender Typ. Er redet nicht viel, aber eines sagt er gleich zu Beginn: »Nach meiner Meinung müßte jeder KGB-Mitarbeiter mindestens zwei Monate in diesem Archiv zubringen, bevor er in anderen Abteilungen des Geheimdienstes zum Einsatz kommt. Die Menschen, die hier nach dem Schicksal ihrer Angehörigen fragen, weinen, schimpfen, geben uns die Schuld. Das ist wie eine Impfung. Solche Befehle würde man nicht mehr ausführen. Wenn das noch mal einer von uns verlangen sollte, wären diejenigen, die hier gearbeitet haben, mit Sicherheit dagegen immun.« In der Tat ist es bei KGB-Untersuchungsrichtern seit 1986 Pflicht, einige Zeit im Archiv zu arbeiten. Das soll vor Wiederholung schützen helfen.

Wir können uns in den Archivräumen frei bewegen und jede beliebige Akte herausziehen. Das Leid ist unermeßlich, die Willkür kaum zu fassen. Da wird der Russe Michail Awgustowitsch von einer Zwei-Mann-Kommission wegen angeblicher Spionage zum Tode verurteilt und sofort anschließend erschossen. Er hat nicht die geringste Chance, sich zu rechtfertigen.

Dann greife ich zufällig die Akte eines Deutschen. Helmut König, geboren 1919 in Berlin, seit 1936 sowjetischer Staatsbürger. Er wurde wegen Spionage zu acht Jahren Lager verurteilt. Er saß in Magadan, dort im äußersten Nordosten der Sowjetunion, wo auch Konstantin Asadowskij Anfang der achtziger Jahre seine Strafe verbüßte. Helmut König hat die achtjährige Lagerhaft überlebt und wurde bereits 1957 rehabilitiert. »Ich war in einer derartigen Verfassung«, so ist da in den Akten zu lesen, »ich hätte damals alles unterschrieben.« Auch ein Brief seiner Mutter findet sich bei den Unterlagen. »Werter Genosse Molotow«, so beginnt eine flehentliche Anfrage an den Vorsitzenden des Rates der Volkskommissare nach dem Schicksal ihres Sohnes, von dem sie zwei Jahre nach dessen Verurteilung kein Lebenszeichen mehr erhalten hatte.

Wadim Kusmin führt uns dann auf den ersten Stock dieses Gebäudes. Im prunkvollen ehemaligen Arbeitszimmer eines Abteilungsleiters ist die sogenannte Gruppe Rehabilitation untergebracht, die etwa 20 KGBler im Offiziersrang umfaßt, vom Leutnant bis zum Major. Ringsum verzierte Säulen, große Spiegel mit kunstvollen Rahmen, offene Kamine, Stuck und Gemälde an der Decke. Es erinnert eher an den Salon eines Lustschlößchens als an Diensträume des KGB. Die ärmliche Einrichtung, Tische, Stühle und die vorsintflutlichen Schreibmaschinen stehen in krassem Gegensatz dazu.

Bevor wir eintreten, haben diejenigen den Raum verlassen, die wegen anderer Aufgaben innerhalb des Geheimdienstes nicht enttarnt werden sollen. Die Gruppe Rehabilitation frißt sich seit knapp zwei Jahren durch die Akten. Die Bevölkerung überschwemmt das KGB mit einer Flut von Fragen nach dem Schicksal ihrer Verwandten.

Auf einem der Schreibtische entdecke ich wieder die Unterlagen eines Deutschen. Willi Willführ. Er wurde 1937 verhaftet, und es erging ein Ausweisungsbeschluß. Aber dann hat man ihn irgendwie vergessen. Nach neun Monaten Haft schreibt Willi Willführ zum erstenmal. Er bittet, ihn doch endlich auszuweisen, er habe keine einzige Kopeke, könne sich deshalb keine zusätzlichen Lebensmittel kaufen und die Verpflegung reiche einfach nicht aus. Nach 16 Monaten Haft der nächste verzweifelte Brief, warum er denn nicht wenigstens eine Auskunft bekomme, der Ausweisungsbeschluß liege doch vor, warum man ihn hier immer noch festhalte.

Aus einer Sammelakte geht hervor, daß ebenfalls im Jahre 1937 aus der deutschen Kolonie in Moskau auf einen Schlag 42 Männer und eine Frau abgeholt wurden. Die Standardvorwürfe lauteten: Spionage und antisowjetische Propaganda.

Auf einem anderen Schreibtisch stapeln sich Zwischenbescheide, denn die Wartezeiten sind wegen der enormen Nachfrage und der langsamen Bearbeitung ohne technische Hilfsmittel sehr lang. Rehabilitiert wird einerseits auf Antrag, andererseits automatisch Jahrgang für Jahrgang. Das führt im übrigen dazu, daß manche Betroffene davon gar nichts wissen oder es erst sehr verspätet erfahren.

Immer wieder finden sich auch Unterlagen von bekannten sowjetischen Persönlichkeiten, die in den Mühlen des KGB zugrunde gegangen sind. Wie etwa der Philosoph Pawel Florenskij, den die orthodoxe Kirche heiligsprechen möchte. 1928 wurde er zum erstenmal verhaftet und für drei Jahre nach Nischnij Nowgorod verbannt.* 1933 folgte die zweite Verhaftung, diesmal wurde er zu acht Jahren Lager verurteilt. Wegen fortgesetzter antisowjetischer Propaganda von Mitinsassen denunziert, folgte am 25. November 1937 das Todesurteil, das am 8. Dezember 1937 vollstreckt wurde. Die antisowjetische Propaganda bestand laut protokollierten Aussagen darin, daß Florenskij gegenüber seinen Mithäftlingen geäußert hatte, in der Sowjetunion komme man hinter Gitter, ohne etwas verbrochen zu haben. In der Florenskij-Akte sind zahlreiche Listen abgeheftet, aus denen hervorgeht, was bei ihm zu Hause konfisziert wurde. Im Grunde ist nahezu der gesamte Hausrat aufgeführt, inklusive Gläser und Geschirr und einer Unmenge von Büchern. Die Akten enthalten auch Angaben darüber, was von den eingezogenen Gegenständen »realisiert«, also veräußert wurde. Das war damals gängige Praxis und spielt heute bei der Entschädigungsfrage eine große Rolle.

Einer aus der Gruppe Rehabilitation schnappt sich einen Aktenordner und geht ins Empfangsgebäude, um dort einer Frau Auskunft zu geben, die nach dem Schicksal ihres Vaters gefragt hatte. Wir begleiten ihn, und die Frau ist einverstanden, daß wir während des Gesprächs dabeibleiben und Aufnahmen machen. Ihr Vater wurde am 8. Juni 1940, zehn Tage vor ihrer Geburt, verhaftet und wegen antisowjetischer Propaganda zu zehn Jahren Lager verurteilt. Die junge Familie,

---

* Die Stadt wurde 1932 in Gorki umbenannt und trägt erst seit kurzem wieder ihren alten Namen. 1980 bis 1986 lebte Andrej Sacharow dort in Verbannung.

die er zurückließ – seine Frau, ein zweieinhalbjähriges Kind und der Säugling –, wurde aus der Wohnung geworfen und hat nie wieder etwas vom Vater gehört. Zehn Jahre lang haben sie mehr oder weniger auf der Straße gehaust, erzählt die Frau. Ihre Mutter sei ein seelisch gebrochener Mensch, der es über Jahre hinweg nicht wagte, auch nur ein Wort über den Vater zu verlieren.

Bereits 1958 habe sie sich als 18jährige im zuständigen Kriegskommissariat auf dem Arbat nach ihrem Vater erkundigt, sagt sie. Ein Offizier habe sie schließlich empfangen, zwischen ihnen ein meterlanger Konferenztisch, und ihr in frostig-arrogantem Ton mitgeteilt, daß ihr Vater unschuldig gewesen sei. Zehn Jahre später, 1968, wurde er schließlich rehabilitiert. Aber erst jetzt, Ende August 1990, bekommt sie Unterlagen ausgehändigt, erfährt, daß ihr Vater in einem Lager in der Nähe des Polarkreises ums Leben gekommen ist, wann genau, läßt sich nicht mehr feststellen, und sie erhält die letzten Fotos von ihm. Sie hatte überhaupt kein Foto von ihrem Vater und ist den Tränen nah, als sie die Paßbilder an sich nimmt. Wir schalten die Kamera aus.

Jetzt geht alles Schlag auf Schlag. Witalij Schentalinskij hat sich gemeldet. Wir können ihn morgen bei seiner Arbeit im KGB beobachten. Es hat ein wenig Kampf gekostet, tatsächlich am authentischen Ort drehen zu dürfen. Man wollte uns erst in irgendein ausgelagertes Büro verfrachten nach dem Motto: Büro ist Büro, müssen Sie denn unbedingt schon wieder in die Lubjanka? Diesmal betreten wir das berüchtigte Hauptquartier von der dem Dserschinskij-Platz gegenüberliegenden Seite aus, durch den Eingang für die Angestellten. Die meisten sind hochgradig irritiert, als sie uns im Foyer mit Kamera, Stativ und Lampen stehen sehen, während wir darauf warten, daß uns jemand holen kommt.

Auf der dritten Etage befindet sich das Büro des KGB-Obersten Anatolij Krajuschkin, dem direkten Ansprechpartner von Witalij Schentalinskij. Die beiden begrüßen sich beinahe freundschaftlich. »So war das nicht immer«, erklärt Schentalinskij sofort, »am Anfang war es nur Kampf.« Anatolij klopft ihm freundschaftlich auf die Schulter und lächelt bestätigend.

Zunächst geht es um Boris Pilnjak, über den Witalij Schentalinskij ja einen größeren Artikel schreiben will. Krajuschkin hat sich alles dazu Greifbare besorgt. Unbekannte Manuskripte enthalten die Pilnjak-Akten nicht. Aber es finden sich Verhörprotokolle, die besagen, daß sich Pilnjak nach seiner Verhaftung sofort schuldig bekannte. Schuldig der Konterrevolution und Spionage. Er nannte Namen, auch den von Boris Pasternak, und er gab Auskunft. Aber wer will ihm das vorwerfen? Krajuschkin meint, als er sieht, wie Schentalinskij mit dem Kopf schüttelt: »Vielleicht hat Pilnjak gedacht, bei einem Prozeß wird sich schon alles aufklären und daß ihm ein Geständnis zu dem Zeitpunkt vielleicht das Leben rettet.«

Pilnjak erzählte in den Verhören ausführlich über seine Zusammenarbeit mit Andrej Platonow an einer Erzählung mit dem Titel »Tschitschiwo«, die 1928 in der Zeitschrift *Nowyj Mir* veröffentlicht wurde. Der Hauptgedanke war, daß »der Zug der sowjetischen Gesellschaft die Station ›Sozialismus‹ nicht erreicht, weil die Bremsen der Bürokratie seine Räder zum Schmelzen bringen«.

Das Urteil lautete: Tod durch Erschießen, da der »ehemalige Schriftsteller«, so ist da geschrieben, terroristische Akte gegen Stalin und den Geheimdienstchef Jeschow vorbereitet und für Japan spioniert habe.

Auf einem Zettel sind die letzten Worte Pilnjaks vor seiner Hinrichtung notiert: »Ich will so gerne arbeiten. Ich bin in der Haft ein anderer geworden und habe das Leben ganz neu gesehen. Ich will leben, viel arbeiten, will Papier vor mir haben, um etwas Nützliches für die Sowjetmenschen zu schreiben.«

Die Akte schließt mit dem Beschluß des Militärkollegiums von 1956 über die Rehabilitierung Boris Pilnjaks.

Schentalinskij hat auch um die Unterlagen von Nikolaij Klujew gebeten, weil Krajuschkin ihm erzählt hatte, daß sie eine Menge bisher unbekannter Manuskripte Klujews enthalten.

Früher durfte Schentalinskij die Materialien nur lesen, sich allenfalls ein paar handschriftliche Notizen machen, heute fertigt Krajuschkin höchstpersönlich Fotokopien an, wenn es sich denn gerade so ergibt.

Die Klujew-Akte entpuppt sich als wahre Fundgrube: Manuskripte, Zeitungsausschnitte, Fotos und Notizbücher, die man bei Klujews Verhaftung beschlagnahmt hat. Mittlerweile sind die KGB-Mitarbeiter angewiesen, solche Funde selbst zu melden und nicht, wie noch vor kurzer Zeit, sie lediglich auf Nachfrage und äußerst widerwillig herauszurücken.

Wir beobachten, wie sich Witalij Schentalinskij in die Unterlagen vertieft und wie sich zwischen Schriftsteller und KGB-Oberst ein Dialog darüber entspinnt, wessen Lyrik höher zu bewerten sei, die von Klujew oder die von Jessenin. Was Surreales hat das schon.

Dann zieht Krajuschkin einen zusätzlichen Aktendeckel aus der Schreibtischschublade. »Ich hab' da was für Sie, vielleicht ein Geschenk«, meint er mit einem breiten Lächeln und scheint sich selbst zu freuen. Er macht es, wohl nicht zuletzt wegen unserer Anwesenheit, ganz spannend. »Wenn ich Ihnen den Namen Astachow nenne, dann wird Ihnen das wahrscheinlich nichts sagen, nicht wahr? Aber Michail Scholochow, das sagt Ihnen was.« Natürlich ist der russische Erzähler Scholochow ein Begriff. Um so mehr, als in Fachkreisen diskutiert wird, ob Scholochow wirklich den Roman »Der stille Don« selbst geschrieben hat.

In der Akte eines sowjetischen Diplomaten namens Georgij Astachow, der 1937 erschossen wurde, hat man nun vier Briefe von Scholochow an seinen Freund Astachow gefunden. Und in einem dieser Briefe aus dem Jahre 1935 beschreibt Scholochow unter anderem, wie er über seinem Roman »Der stille Don« brütet. »Außer dem KGB hat diesen Brief bisher niemand gesehen!« meint Krajuschkin und überreicht ihn triumphierend Schentalinskij.

Für den nächsten Tag steht ein Besuch des Zentralen Filmarchivs in Krasnogorsk auf dem Programm, wo Alexander

Michailow historisches Material sichten will für sein Filmprojekt über die Geschichte des sowjetischen Geheimdienstes. Aber da tauchen unerwartet Probleme auf. Wir dürfen nicht mitkommen, heißt es, und Filmaufnahmen sind schon gar nicht drin. Wie sich später herausstellt, haben die im Archiv Angst, das KGB will sie reinlegen, oder, freundlicher gesagt, auf die Probe stellen, um sie dann, wenn sie ohne größeren Schriftwechsel den Dreharbeiten für ein westliches Fernsehteam zustimmen, zur Rechenschaft zu ziehen. Mit dem Mißtrauen ist das schon so eine Sache.

Es zeigt sich hier zweierlei: Einmal hätte früher das KGB nur zu husten brauchen, und alle wären gesprungen, mit und ohne Schriftwechsel. Zum anderen sitzen die Erfahrungen mit dem KGB so tief, daß man sich aus Angst völlig verkrampft verhält, um bloß nichts falsch zu machen.

Es bedarf längerer Überzeugungsarbeit, dann glaubt man im Zentralen Filmarchiv nicht mehr an eine Finte und stimmt unserem Besuch und den Aufnahmen zu. Das Sichten der alten Bestände ist zwar hochinteressant, aber auch unglaublich mühsam. Denn oft handelt es sich um Filmreste, von denen niemand mehr so genau weiß, was und wen sie eigentlich darstellen.

Alexander Michailow erklärt noch einmal, warum er diese Arbeit für so wichtig hält. »Es waren nicht nur Stalin und einzelne Figuren, es war die Gesellschaft, und das muß man analysieren. Alles andere ist extrem einseitig und falsch. Ein Geheimdienst ist immer nur so gut oder so schlecht, wie es die Gesellschaft zuläßt. Nicht einzelne Personen sind schuld, sondern gesellschaftliche Strukturen, die inneren Kräfte einer Gesellschaft. Es ist sehr wichtig, daß wir über diese Jahre anhand von Originalquellen urteilen, was im Grunde ja für jede Untersuchung wichtig ist. Wenn wir die Situation dieser Jahre analysieren, dann deshalb, weil wir glauben, daß man Bedingungen schaffen kann im Sinne eines Rechtsstaates, die solche Repressionen in Zukunft unmöglich machen.«

Zu den Aufgaben von Alexander Michailow und Andrej Oligow gehören auch Fernsehauftritte. Seit November 1989 gibt es jeden Samstagabend eine Sendung im Moskauer Programm mit dem Titel »Nicht streng geheim«. Die Redaktion, die ein bunt gewürfeltes Informations- und Unterhaltungsangebot bereithält, beauftragt die beiden vom KGB, je nach Nachrichtenlage Beiträge zwischen 10 und 90 Minuten zu produzieren. Manchmal ist es nur ein Gespräch, oft werden auch Filme vorgeführt über den Kampf gegen das organisierte Verbrechen oder die spektakuläre Verhaftung ausländischer Agenten. Man stelle sich vor, bei uns in der Bundesrepublik eine wöchentliche Sendung von Verfassungsschutz und BND ...

Als wir Alexander Michailow am nächsten Samstag zu seiner Fernsehsendung begleiten, nutzt der Moderator die Live-Situation und bittet mich, aus der Kulisse doch mal vor die Kamera zu treten und etwas über den KGB-Film zu erzählen, wenn ich denn schon hier sei. Vor allem möchte er etwas über die Aufnahmen im KGB-Archiv erfahren; man hoffe, da jetzt auch mal hineingelassen zu werden, meint er mit einem entsprechenden Seitenblick auf Michailow. Aber als erstes will der Moderator von mir wissen, ob ich in irgendeiner Weise dem bundesdeutschen Geheimdienst verbunden sei. »Ich?« frage ich verblüfft zurück, »um Himmels willen, nein.«

Am 4. September hatten wir schließlich alles an Material zusammen, um mit dem Schnitt des 45-Minuten-Films beginnen zu können. Insgesamt 84 Videokassetten, zum Teil mit 20, zum Teil mit 60 Minuten bespielt, warteten darauf, gesichtet und systematisiert zu werden.

Wenn einer eine Reise tut...
Mit dem MID an der afghanischen Grenze

Wenn wir wollten, könnten wir übermorgen nach Termes, an die afghanische Grenze, fliegen, hieß es, und zwar von Samstag mittag bis Montag abend. Wir – das bezog sich auf die in Moskau akkreditierten ausländischen Journalisten. Ob wir wollten oder nicht, unsere Heimatredaktionen und wohl auch unsere Leser und Zuschauer erwarteten das von uns, also wollten wir natürlich. Es war schließlich der Vorabend des vollständigen sowjetischen Truppenabzugs aus Afghanistan. Dieses kurzfristige Angebot machte das MID (Ministerstvo dlja innostrannych del), das sowjetische Außenministerium in Moskau.

Wir – das waren schließlich etwa 120 Journalisten, die sich Samstag mittag in Wnukowo, auf einem der fünf Moskauer Flughäfen, in einem speziell für uns reservierten Wartesaal trafen. Nebenbei bemerkt, ich kann nur hoffen, daß wir einzeln betrachtet nicht einen so schlechten Eindruck machten wie im Haufen. Eine wahrhaft grauenvolle Meute, deren Benehmen beim Erstürmen des Flugzeuges jeden reisenden Kegelklub (das Klischee sei mir verziehen) in seiner oft geschmähten Flegelhaftigkeit bei weitem übertraf.

Nach einem Flug von drei Stunden und 45 Minuten in Taschkent angekommen, der usbekischen Republikhauptstadt, halten unsere Reisebegleiter aus dem sowjetischen Außenministerium ein improvisiertes Briefing ab, während wir auf unser Gepäck warten. Dabei stellt sich heraus, daß im Intourist-Hotel »Uzbekistan« nicht für alle aus unserer Gruppe Platz sein wird. Wir sollen nun selbst entscheiden, wer ins »Uzbekistan« ziehen will und wer mit noch nicht näher bestimmten Ausweichhotels einverstanden ist.

Wie macht man das mit dem Selbstentscheiden bei 120 aufgeregten Journalisten? Noch dazu, als die Information auftaucht, man könne nur aus dem »Uzbekistan« telefonieren. Wer soll unter diesen Umständen als Journalist im Dienst freiwillig mit einem Ausweichhotel einverstanden sein, aus dem er nicht mal telefonieren kann? Es beginnt zu brodeln, und eine gewisse Kampfstimmung macht sich breit.

Wer sein Gepäck ergattert hat, rennt zu den draußen wartenden Bussen, in der Hoffnung, das Problem dadurch lösen zu können, daß man sich einen Sitzplatz im »Uzbekistan«-Hotelbus verschafft. Es erscheint mir wie ein Wunder, daß wir nach langem Hin und Her und endloser Unklarheit darüber, welcher Bus denn nun tatsächlich in welches Hotel fährt, wirklich und wahrhaftig im richtigen Bus sitzen. Unser Team, das ist der deutsche Kameramann Hans, der russische Tonmann Sascha, mein Mann Lothar und ich.

Unterwegs, als klar wird, daß mehr Leute im Bus sitzen, als im Hotel Platz haben würden, entwerfen wir einen Schlachtplan. Hans und Lothar kümmern sich ums Gepäck. Sascha und ich stürmen zur Rezeption, wo wir rekordverdächtig unter den ersten dreien des Wettrennens ankommen. Sascha gelingt es mit seinem unbeschreiblichen Charme, uns alle sofort einzuchecken. Das ist also erst mal geschafft.

Aber schon taucht das nächste Problem auf. Bereits am Flugplatz hatte irgendwer verkündet, daß leider nicht genügend Militärmaschinen zur Verfügung stünden und wir uns daher – wieder freiwillig, bitte – in Gruppen aufteilen müßten. Die erste Gruppe könne morgen, also Sonntag nachmittag nach Termes fliegen, die zweite würde dann übermorgen früh folgen. Aber für morgen nachmittag ist ja der Besuch eines Militärkrankenhauses in Taschkent vorgesehen. Nun heißt es also blitzschnell entscheiden, was ist wichtiger, was für die eigene Arbeit vorteilhafter?

Ich entscheide mich für die erste Gruppe. Das hat verschiedene Gründe: Einmal mißtraue ich der Garantie, daß auch die Montag-morgen-Flieger rechtzeitig in Termes ankommen; dann ist der Abzug aus Afghanistan ja der Kern unserer Berichterstattung von hier; und schließlich ist in der ARD vor ein paar Tagen erst ein Bericht über Verletzte aus Afghanistan gesendet worden.

Es sieht so aus, als wollten beinahe alle Journalisten aus diesen oder ähnlichen Überlegungen in die erste Gruppe. Also soll das Los entscheiden. Ein besonders Intelligenter kommt auf die Idee, der Einfachheit halber sollten sich vielleicht zunächst mal alle diejenigen melden, die erst Montag früh fliegen wollen. Als das endlich geschafft ist, bleiben zur Verwunderung aller nur noch zwei Plätze zum Verlosen übrig. Ich atme erleichtert auf und will mir sofort die Karten für die erste Gruppe geben lassen. Denn da unser Team aus vier Leuten besteht, kommen wir für die Verlosung dieser zwei Plätze ja gar nicht mehr in Frage. Es bedarf in dem allgemeinen Durcheinander aber erst einer längeren Erklärung, bis die Karten verteilenden Mitarbeiter des sowjetischen Außenministeriums von der Logik dieser Überlegung überzeugt sind.

Dann heißt es plötzlich: Nur die Leute der ersten Gruppe wohnen im Hotel »Uzbekistan«, alle übrigen werden in anderen Hotels untergebracht. Diejenigen, die dieses Chaos bei solchen Reisen schon kennen, checken ungeachtet dessen ein. Die Wohlerzogenen, die versuchen, in diesem Haufen eine gewisse Disziplin aufrechtzuerhalten, lassen sich woanders hinkarren, obwohl – wie sich später herausstellt – auch für sie noch Platz gewesen wäre.

Bevor sich hier nun alles auflöst, versuche ich herauszufinden, wo die MID-Leute und die Ansprechpartner von Gosteleradio, also des sowjetischen Fernsehens, für Rückfragen zu erreichen sind. Auch das ist auf Anhieb zunächst nicht bekannt. Nach über einer halben Stunde bekomme ich zwei Telefonnummern in die Hand gedrückt, und man sagt mir, daß unsere Leitung, auf der wir unseren Bericht zur Tagesschau nach Hamburg überspielen wollen, am Montag um 15 Uhr

Ortszeit in Termes bestätigt werden könne. Wir hatten von Moskau aus sicherheitshalber noch eine zweite Leitung für ein paar Stunden später bestellt. Davon ist hier nichts bekannt. Man wolle das klären, heißt es. Wenn wir uns morgen alle um halb zehn wiedertreffen, um zu einer nicht näher bezeichneten Pressekonferenz zu fahren, dann wisse man sicher schon mehr.

Einigermaßen müde, dennoch irgendwie aufgekratzt, gehen wir in das Hotelrestaurant. Wir sind mit dem Abendessen beinahe fertig, als ein Kollege einer bundesdeutschen Tageszeitung auftaucht. Er war einer der Wohlerzogenen, die nun in einem Hotel gelandet sind, wo man nicht nur nicht telefonieren kann, sondern wo es nicht mal was zu essen gibt. Ein Taxi war auch nicht zu bekommen, also hatte er sich zu Fuß hierher auf den Weg gemacht.

Ich liege im ersten Schlaf, als plötzlich laute Popmusik dröhnt. Eine Zeitlang höre ich mir das an. Doch dann stehe ich wutentbrannt auf, ziehe Jeans und Anorak übers Nachthemd und will mich gerade auf die Suche nach der Lärmquelle machen, als der Krach genauso plötzlich wieder verstummt, wie er gekommen war. Für alle Fälle bleibe ich erst mal stehen, und richtig – nach ein paar Minuten donnert es erneut los. Auf dem Hotelflur stelle ich fest, daß diese unverschämt laute Musik aus einer offenen Tür dringt, schräg gegenüber von unserem Zimmer. Vor einem Fernsehgerät, dessen Lautstärkeregler bis zum Anschlag aufgedreht ist, sitzt ein volltrunkener Usbeke in Trainingsanzug und Pelzmütze, der förmlich in den Bildschirm hineinkriecht. Ich bitte den Mann, er möge doch leiser stellen und die Tür schließen. Er entschuldigt sich mit glasigen Augen und beginnt eine fast rührende Suchaktion nach dem richtigen Knopf für den Ton. Aus einem Nachbarzimmer kommt ein weiterer Usbeke hinzu, versichert, es werde jetzt keine Störung mehr geben, und schließt die Tür.

Das ist also auch erledigt. Die Uhr zeigt immerhin Mitternacht Ortszeit. Aber das hält eine Gruppe von Franzosen nicht davon ab, wenig später genau vor unserer Tür eine Art Redaktionskonferenz zu veranstalten, so laut und ungeniert, als stünden sie am hellichten Tag auf dem Flur. Unser Zimmernachbar hustet und röchelt vor sich hin, immer kurz vorm Erbrechen. Von Nachtruhe keine Spur. Am nächsten Morgen stehen wir vollkommen gerädert auf.

Die Pressekonferenz um halb zehn findet im afghanischen Generalkonsulat von Taschkent statt. Die Veranstalter wußten doch nun, um wie viele Journalisten es sich handelt, aber sie verfrachten uns in einen Saal oder, besser gesagt, in einen Raum, der nicht mal die Hälfte faßte. Also wieder drängeln, stoßen, kämpfen, um mit dabeizusein.

Die Gesprächspartner, die man uns dort anbietet, sind uninteressant und schlecht informiert. Der afghanische Konsul gibt nichts als Plattitüden von sich, der usbekische Außenminister antwortet ständig ungefragt und gibt belanglose Erklärungen ab. Der sowjetische General, Valerij Pavlovitsch Strepnin, macht den besten Eindruck, bemüht sich um Verbindlichkeit, aber mit genauen Zahlen über die noch in Afghanistan befindlichen sowjetischen Truppen kann er auch nicht dienen. Und wie viele Soldaten morgen bei Termes die Grenze überschreiten, aus welchen afghanischen Landesteilen sie kommen und welcher Truppengattung sie angehören – das würden wir morgen an Ort und Stelle erfahren können, heißt es. Fazit: zwei Stunden Zeitverschwendung.

Am Morgen war uns durch einen Aushang im Hotel folgendes Programm mitgeteilt worden:

9.30 Uhr Abfahrt Pressekonferenz;

12.00 Uhr Treffen im Hotel, weitere Informationen und Absprachen zum Flug nach Termes;

14.45 Uhr Abfahrt zum Abflug nach Termes.

Der zweite Programmpunkt bleibt dem Stil des ersten treu: eine völlig überflüssige Veranstaltung, da man uns dort nur mitteilt, was uns der dritte Programmpunkt schon verraten hatte – daß wir uns nämlich um Viertel vor drei wieder treffen sollen.

Als wir auf dem Militärflughafen bei Taschkent ankommen,

stehen nur zwei Maschinen vom Typ Autonow bercit statt der angekündigten drei. Es handelt sich um kleinere zweimotorige Truppentransporter, die jeweils etwa 20 Leuten Platz bieten. Wir sind aber ungefähr 60, nicht zu vergessen die schweren Apparaturen der verschiedenen Fernsehteams. Die Sitzplätze sind, wie das bei solchen Militärmaschinen üblich ist, längs zur Flugrichtung in je einer Reihe rechts und links mit dem Rücken zur Wand angeordnet. Beinahe überflüssig zu erwähnen, daß diese Sitze aus einer Rohr-Tuch-Konstruktion bestehen. In der Mitte des Flugzeuges laufen auf dem Boden zwei parallele Schienen entlang. Dazwischen wuchteten wir das ganze Gepäck, hauptsächlich Metallkoffer, die auf dem Metallboden keinen rechten Halt haben. Aber Befestigungsmöglichkeiten für das Gepäck sind nicht vorgesehen, auch an unseren Sitzen befinden sich keine Gurte.

Die 60 Journalisten werden also in die zwei Flugzeuge gestopft, in denen normalerweise nur je 20 Menschen Platz gehabt hätten. Die Sitzplätze reichen natürlich nicht aus, also sitzen einige Kollegen auf den diversen Kisten. Trotz dieser drangvollen Enge warten wir noch auf ein paar Militärs, die wir mitnehmen sollen. Von fünf Personen in unserem Flugzeug war die Rede, insgesamt sind es dann aber elf. Auch sie nehmen auf den Gepäckstücken Platz.

Die Maschine ist total überladen, und ich frage mich, aus welchem Grunde ich diesen Schwachsinn mitmache. Abenteuerspielchen konnte ich in meiner Kindheit ausgiebig genießen, ich muß da nichts nachholen. Und Mutproben fand ich als Kind schon albern. Es ist merkwürdig: Man sitzt da im Haufen, und jeder, der etwas Grips im Kopf hat, weiß genau, wie gefährlich diese Situation ist, aber keiner traut sich, das anzusprechen. Zum Teil aus Feigheit: Man könnte ja denken, was für eine Memme. Zum Teil aus einer gewissen Resignation heraus: Entweder ich bleibe jetzt hier sitzen, oder aber ich kriege die Story nicht.

Wir rollen zum Startpunkt. Der Pilot macht seinen Check inklusive Vollgasprobe. Dann löst er die Bremsen, und das kleine vollgestopfte Flugzeug setzt sich, beinahe widerwillig, in Bewegung. Im Moment des Abhebens von der Startbahn wird sofort das Fahrwerk eingefahren, um den Luftwiderstand zu verringern und den Steigflug zu erleichtern. Die Maschine ächzt sich derart mühsam hoch, daß man irgendwie das Gefühl hat, sich leichter machen zu wollen, mitzuarbeiten, etwa wie auf dem Rücken eines Pferdes.

Jetzt erst, als der Pilot die Maschine beinahe im Sackflug an den Himmel hängt, begreife ich, wie leichtsinnig es war, die glatten Metallkoffer ungesichert auf dem glatten Metallboden zu stapeln. Wenn diese Last im Steigflug nach hinten rutscht, kann der beste Pilot nichts mehr machen. Ich habe Angst.

Der Flug dauert etwa anderthalb Stunden. Die Landung in Termes ist eine fliegerische Meisterleistung. Butterweich setzt der Pilot die Maschine auf die Piste, ihm ist wohl klarer als den meisten von uns, welche Belastung das Fahrwerk aushalten muß.

Auf dem Flughafen – es ist ziemlich kalt und sehr windig – stehen wir uns erst mal die Beine in den Bauch. Nach hartnäckigem Fragen erfahren wir den Grund. Man hat nur einen Bus geschickt, um uns abzuholen, aber da passen wir nicht alle inklusive Gepäck rein. Der naive Vorschlag, dann vielleicht erst mal diesen einen Bus mit einem Teil der Gruppe losfahren zu lassen, wird mit der Begründung zurückgewiesen, das hier sei militärisches Sperrgebiet und wir müßten im Konvoi fahren.

Auf dem Flug hierher waren die abenteuerlichsten Geschichten darüber in Umlauf, wie man uns alle denn im Grenzgebiet überhaupt unterbringen wolle. Auch von ausrangierten Eisenbahnwaggons war da die Rede. Unseren Fragen, wohin man uns denn jetzt fahren würde, begegnen die gemeinsam mit uns wartenden Militärs nur mit einem Schulterzukken.

Endlich ist auch ein zweiter Bus angekommen, und wir können losfahren. Bloß wohin genau, das wird wie ein Staatsgeheimnis gehütet. Erst ist von *einem* Hotel für alle die Rede, dann von verschiedenen Hotels. Plötzlich heißt es, daß wir zuerst in einem Pressezentrum Station machen würden. Dort angekommen, weiß niemand etwas mit uns anzufangen. Irgendwo sitzt eine alte Frau an einem Tisch, die Telefonanmeldungen für Moskau entgegennimmt. Aber welche Gespräche soll man denn anmelden, wenn man keine Information darüber hat, was weiter geschieht?

Nach unschlüssigem Rumstehen – wir erfahren nebenbei, daß Termes und Taschkent nicht in der gleichen Zeitzone liegen, daß es in Termes eine Stunde früher ist als in Taschkent – heißt es plötzlich: Pressekonferenz um 20 Uhr. Es ist aber schon sieben, und gegessen haben wir auch noch nichts. Also doch schnell in die Hotels. Im Bus sitzend und mal wieder wartend, klärt uns jemand auf, daß sich in diesem Bus nur 17 Leute aufhalten dürfen, da in dem Hotel, in das dieser Bus führe, nur für 17 Personen Platz sei. Unabhängig davon, daß Zählen sowieso schwierig ist, verändert sich die Zahl der Passagiere auch noch ständig dadurch, daß durch die hintere Bustür immer wieder Neue zusteigen, zu denen diese 17er-Information noch nicht vorgedrungen ist. Irgendwann sind wir wirklich 17.

Im Hotel heißt es zunächst, es gebe nur Dreibettzimmer. Aus unerfindlichen Gründen und trotz gegenteiliger Beteuerungen landen aber sowohl mein Mann und ich als auch Hans und Sascha jeweils in einem Doppelzimmer. Das Abendessen wird in einer atemberaubenden Geschwindigkeit serviert, die ich hier nun wirklich nicht erwartet habe. Noch dazu schmekken die kroß gebratenen Hähnchen ausgezeichnet. Wir genehmigen uns zum Essen eine kleine Flasche Wodka nach all dem Streß und stehen um zehn vor acht wieder in der Rezeption, um nun zur Pressekonferenz gefahren zu werden.

Wir warten – auf irgendwelche Briten, die dann doch nicht kommen. Als wir das Pressezentrum um kurz nach acht erreicht haben, empfangen uns dort ein paar Kollegen mit der Bemerkung, es sei nun gerade alles vorbei. In Grüppchen stehen die Journalisten zusammen, etwas ratlos, als plötzlich folgende Parole die Runde macht: Die richtige Pressekonferenz ist um neun. Die Organisatoren – welch eine deplazierte Vokabel in diesem Zusammenhang – werden sich einfach nicht einig, ob es nun tatsächlich um neun oder doch lieber sofort losgehen soll mit der Pressekonferenz.

Pawel, unser Ansprechpartner vom sowjetischen Fernsehen, der aus Moskau mitgereist war, wollte uns eigentlich heute abend noch den sogenannten Feedpoint, den Abspielpunkt, zeigen, also den Ort, von dem aus wir morgen unsere Berichte für die Sendungen der Tagesschau und Tagesthemen abspielen konnten. Denn wer weiß, wie hektisch es morgen werden würde, da war es schon von Vorteil, wenn man wenigstens halbwegs Ortskenntnisse hatte.

Irgendwann bin ich die Warterei leid und erkundige mich lautstark, ohne aus meinem angestauten Ärger einen Hehl zu machen, was denn nun Sache sei. Da endlich ergreift ein Militär das Mikrofon und verkündet, daß die Busse vor den Hotels morgen früh um neun zur afghanischen Grenze abfahren. Der Übergang der sowjetischen Soldaten sei für halb zwölf geplant, um zwölf beginne die Jubelfeier und um drei müßten wir wieder am Flughafen sein.

Fragen danach, wie viele Soldaten morgen aus Afghanistan zurückkehren werden, stellt dieser Militär zurück und verweist auf einen nicht näher bezeichneten Kollegen, der – wie bereits gesagt – um neun kommen solle. Wie nebenbei läßt er noch verlauten, daß die für morgen angekündigte Pressekonferenz mit einem General leider entfallen müsse, da der General in Moskau weile. (Da kamen wir ja nun gerade her.)

Was nun? Es war halb neun. Die Kollegen von NBC sind auch stark daran interessiert, diesen Feedpoint in Augenschein zu nehmen, und hatten für sich und ihre Apparatur drei Taxis bestellt. Wenn es denn je Informationen geben würde, so dachte ich mir, könnte ich sie mir morgen von Kollegen besorgen. Jetzt könnte ich wenigstens die Chance nutzen, mich der – hoffentlich funktionierenden – Technik zu versichern.

Sascha organisiert auf die schnelle ein Taxi, und wir fahren hinter Pawel und den NBC-Leuten her. Etwa 25 Minuten dauert die rasante Tour durch die stockfinstere Nacht in einem Auto, wahrscheinlich ohne jeden Stoßdämpfer, das quer mindestens genauso schaukelt wie längs. Unser ansonsten netter Fahrer rast auf jede Kurve zu, um kurz davor derart in die Bremsen zu steigen, daß uns das Hinterteil des Wagens jedesmal beinahe überholt.

Wir fahren bis zur afghanischen Grenze, zum Amu-Darja-Fluß, an die besagte Brücke, über die morgen die Soldaten in die Sowjetunion zurückkehren sollen. In unmittelbarer Nähe muß sich die Abspielstation befinden, so meint Pawel, der sich, aus der Moskauer Zentrale kommend, hier in Termes natürlich auch nicht auskennt.

Auf jeden Fall, so beruhigt uns Pawel, sei dieser Feedpoint vom Ort der morgigen Dreharbeiten zu Fuß zu erreichen. Denn ich hatte gefragt, ob wir uns nicht auch für morgen mit Taxis versorgen müßten, um nicht auf den allgemeinen Journalistenbus angewiesen zu sein, der sich kaum nur für uns und nach unseren speziellen Wünschen in Bewegung setzen würde.

Pawel führt uns in ein kleines Wärterhäuschen. Nun stehen wir also da, unmittelbar an der Grenze, am Zaun mit elektrisch geladenen Drähten, in einem Wärterhäuschen, in dem zwei Soldaten sitzen, die überhaupt nicht begreifen, was wir hier wollen. Pawel, zunehmend nervös, bemüht sich, per Feldtelefon irgend jemanden zu erreichen, der von unseren Überspielungen was weiß.

Wir warten und warten, und sogar Pawel, der bislang soviel Optimismus verbreitete, zeigt sich in Erwartung des morgigen Tages immer skeptischer. Also wieder rein ins Taxi und im gleichen heißen Fahrstil zurück zum Hotel. Dort angekommen, versuche ich meine Gedanken zu sortieren. Es ist mittlerweile nach elf, als Pawel anruft und sagt, nun habe er den Feedpoint gefunden, er liege unmittelbar neben dem Hotel Soundso in einem Postgebäude auf der vierten Etage und, nur zu unserer

Orientierung ... es sei leider ziemlich weit von der Grenze entfernt.

Das Chaos wegen unserer Überspielzeiten zu schildern, die ständig differierten, erspare ich mir hier. Obwohl das für unsere Arbeit natürlich extrem wichtig war, zu wissen, ob wir schon um halb zwei am Abspielpunkt sein mußten oder erst um halb drei. Ein Teil der Verwirrung um diese Zeiten entstand ohne Zweifel dadurch, daß wir es ja mit vier verschiedenen Zeitzonen zu tun hatten: einmal die Zeit in der Bundesrepublik (wichtig wegen des Beginns der Sendung), dann die Moskauer Zeit, die hier das Maß aller Dinge ist, die Zeit in Taschkent, die sich von Moskau drei Stunden unterscheidet, und schließlich die in Termes, die sich der sowjetischen Hauptstadt wieder eine Stunde mehr annähert. Kurz und gut: Um Mitternacht ruft Pawel in dieser Angelegenheit ein letztes Mal an, bevor ich mich endlich schlafen legen kann. Es wird fürchterlich werden morgen, da bin ich sicher.

Hans, unser Kameramann, hatte auch einen putzigen Abend, denn er durfte sich noch mit unserer defekten Apparatur beschäftigen. Er hatte bei einer routinemäßigen Kontrolle festgestellt, daß ein Recorder, den wir zum Schnitt des Beitrages brauchten, keine Farbe brachte.

Ich muß einfach noch ein paar Worte über das Hotel bzw. unser Zimmer verlieren. Natürlich hängt die Seligkeit nicht am Service eines 5-Sterne-Hotels – es gibt wahrlich Wichtigeres –, aber was Menschen hier ganz selbstverständlich zugemutet wird, sagt schließlich auch etwas über eine Gesellschaft aus. Und wir befinden uns hier, nicht zu vergessen, immerhin in der Sowjetunion und nicht in einem Entwicklungsland der dritten Welt.

Die Klinke der Zimmertür im Hotel läßt sich nicht nach unten drücken wie üblich. Man muß die Klinke, um die Tür zu öffnen oder zu schließen, nach oben schieben. Auf die Idee kommt natürlich niemand. Man hatte eben einfach eine Klinke falsch herum eingebaut. Was soll's, der Gast wird's irgendwann schon kapieren.

Eine Steckdose ist in derart bröckelndem Mauerwerk angebracht, daß bei dem vorsichtigsten Versuch, sie zu benutzen, immer ein paar Steine auf den Boden fallen. Eine Schranktür läßt sich nicht öffnen, weil sie an der darunterliegenden Schublade hängenbleibt. Eine Kommodentür steht ständig auf, weil der Türverschluß nicht hält und der Boden abschüssig ist.

Besonders gelungen ist folgende Lösung für die zweiflügelige Eingangstür zum Restaurant: Von der Restaurantseite aus betrachtet, ist links ein Vorhang zur Seite gezogen, die Türhälfte dahinter zurückgeklappt. Rechts ist der Vorhang bis zur Mitte zugezogen, die Türhälfte analog geschlossen. Mit dem Effekt, daß beinahe jeder beim Verlassen des Restaurants leger den rechten Vorhang zur Seite schiebt und voll vor die geschlossene Türhälfte läuft. Geändert hat das deswegen niemand.

Nach einer unruhigen Nacht bin ich um fünf Uhr bereits zum erstenmal wach und habe Angst zu verschlafen. Um zwanzig nach sechs klopft jemand an unsere Tür, dafür werden wir, wie eigentlich gewünscht, um sieben nicht geweckt. Zum Glück wachen wir eine Viertelstunde später von selbst auf.

Geduscht haben wir in einer Art auf Stelzen stehenden Duschtasse, in der das Wasser durch den Ablauf einfach auf den Boden fließt. Das merke ich allerdings erst, als ich einige große Kakerlaken wegspülen will, die mir auf dem Boden dann wieder entgegenkommen.

Beim Frühstück eröffnet mir Hans, daß der zweite Recorder jetzt nicht nur keine Farbe mehr bringt, sondern endgültig kaputt ist. Das bedeutet, wir können den Beitrag nicht schneiden, also die Stücke aus unserem gedrehten Material gezielt aneinanderreihen. Statt dessen müssen wir das sogenannte Ausgangsmaterial, also alles, was wir drehen, ungeschnitten nach Hamburg zur Tagesschau überspielen (und das innerhalb von nur 15 Minuten, länger steht die Leitung nicht). Die Kollegen dort müssen die Bilder dann meinem Text anpassen. Eine für alle Beteiligten unbefriedigende Variante.

Obwohl wir um halb neun mit zwei Taxis losfahren und nicht mit dem offiziellen Journalistenbus, kommen wir ungehindert an diversen Kontrollposten vorbei. Dann taucht die Frage auf, wohin. Der Platz an der Brücke ist groß. Am Abend vorher hatte es geheißen, ein Mitarbeiter des Außenministeriums werde den Kamerateams ihre Plätze anweisen; nur, dieser Mitarbeiter ist nirgends aufzutreiben. Wir suchen uns nach eigenem Gutdünken einen Platz und erreichen sogar, daß die Taxis uns bis dorthin fahren dürfen, damit wir die Geräte nicht den letzten halben Kilometer, der abgesperrt ist, tragen müssen.

Da stehen wir nun kurz nach neun auf einer Anhöhe in einer reichlich windigen Kälte und warten. Ich frage geschäftig rumlaufende Uniformierte, wie viele Soldaten wann denn nun kommen und woher und überhaupt... »Es muß wohl ein Bataillon sein, das da um halb elf rüberkommt«, meint einer schließlich, aber mehr könne er mir auch nicht sagen.

Die Soldaten kommen nicht um halb elf, sondern kurz nach halb zwölf, und es ist auch kein Bataillon, sondern höchstens eine Kompanie von Fallschirmjägern. Es dauert nur ein paar Minuten, bis sie alle die Brücke passiert haben. Es bleibt mir also nur wenig Zeit, meinen sogenannten Aufsager in die Kamera zu sprechen, also den Kommentartext, bei dem man den Korrespondenten im Bild sieht, während sich im Hintergrund nach Möglichkeit irgend etwas abspielt, das zu diesem Kommentar paßt.

Kaum ist dieser Aufsager im Kasten, rasen wir an verschiedene Standorte, um andere Perspektiven, andere Szenen einzufangen: Bilder der rausgeputzten Heimkehrer, Bilder der erwartungsfrohen Verwandten und Freunde, die mit Blumen in den Händen geduldig warten. Hans bemüht sich, gezielt, nicht zu üppig und – wie man sagt – auf Anschnitt zu drehen, denn wir haben ja nur 15 Minuten Zeit, unser Material nach Hamburg zu überspielen. Wenn wir selbst hätten schneiden können, dann hätten wir uns natürlich eine größere Auswahl an lohnenden Motiven geleistet. So aber geizen wir mit jeder Minute.

Schließlich spreche ich noch den kompletten Text des ganzen Berichtes in die Kamera, hinter mir die Panzer, die mittlerweile auf dem Festplatz angekommen sind und Formation angenommen haben. Im Gegensatz zu einer Reihe männlicher Kollegen kann ich mich nicht mit dem Gedanken anfreunden, mich auf einen Panzer aufzuschwingen, um von dort zu berichten. Welchen Sinn soll das haben?

Im Laufschritt zurück zum Taxi. Unser Taxifahrer, ein Usbeke, erzählt uns, daß amerikanische Fernsehkollegen – obwohl, das Wort Kollege paßt da nicht so recht – versucht haben, ihn abzuwerben, und ihm beinahe jede Summe versprochen haben, wenn er seine ursprünglichen Auftraggeber nur vergesse. »Aber ein Usbeke macht so was nicht«, sagt unser Taxifahrer mit einem selbstzufriedenen und stolzen Blick, »ein Afghane hätte sich womöglich darauf eingelassen. Die Afghanen, die sind da anders, müssen Sie wissen, irgendwie ein bißchen falsch, aber ein Usbeke macht so was nicht.«

Ich wage nicht, mir die Katastrophe auszumalen, die über uns hereingebrochen wäre, wenn unser Taxifahrer uns in Erwartung eines satten Gewinns im Stich gelassen hätte. Wie hätte die Erklärung für die Tagesschau denn ausgesehen: Amerikaner haben unser Taxi geklaut – das glaubt uns doch kein Mensch.

Das Haus, das wir wegen der Überspielung nach Hamburg aufsuchen müssen, ist ein sechsstöckiger Turm ohne Aufzug. Klar, daß sich der Feedpoint auf dem letzten Stock befindet und nicht, wie man uns gesagt hatte, auf dem vierten.

Nun muß ich noch eine kleine technische Information vorausschicken, damit das folgende verständlich wird. Wir arbeiteten zum damaligen Zeitpunkt mit einem Videoformat, das sich »Umatic PAL« nennt. Unsere sowjetischen Kollegen waren in der Regel mit »Umatic Secam« ausgerüstet. Den Unterschied kann man vielleicht am einfachsten so erklären: Wenn man eine PAL-Kassette auf einem Secam-Recorder abspielt, wird eine Farbaufnahme nur noch in Schwarzweiß wiedergegeben (oder man sieht gar nichts außer Streifen).

Als die sowjetischen Fernsehleute erfahren, daß wir mit Umatic PAL hier sind, ist das erste, was sie sagen: »Das geht nicht. Umatic PAL können wir nicht überspielen. Dafür gibt es keine Geräte.« Dabei haben wir am Freitag noch in Moskau mindestens einen halben Tag damit verbracht, bei Gostelera-dio, dem staatlichen sowjetischen Fernsehen, die technischen Details zu klären, damit heute auch bestimmt nichts schief-geht. Das Ergebnis dieser intensiven und doppelt und dreifach abgesicherten Recherche lautete: PAL geht in Ordnung, wenn ihr ein bestimmtes Zusatzgerät mitbringt (das nennt sich Time-basecorrector und formt die Signale passend um). Das Zusatz-gerät, das wir selbstverständlich dabeihaben, nütze uns gar nichts, heißt es hier.

Die Uhr zeigt zehn Minuten vor eins, um halb zwei beginnt unsere Leitung. Viel Zeit bleibt uns also nicht. Die ersten Minuten verplempern wir mit Diskutieren, als handele es sich um eine Glaubenssache, die es mit missionarischem Eifer zu vertreten gelte. Die Fernsehkollegen in Termes sind fest davon überzeugt, daß – wenn überhaupt – eine Überspielung nur in Schwarzweiß funktionieren könne. Ich dränge Pawel, in Mos-kau anzurufen und die Sache zu klären. Alle sind so entsetzlich schwerfällig. Und ich werde immer wütender. Schließlich bin ich Korrespondent und kein Techniker: *Die* müssen doch wis-sen, was Sache ist. Ich rede mir den Mund fusselig, um die hier Versammelten zu irgendeiner Aktion zu bewegen.

Während wir gemeinsam mit den Geräten und unterschiedli-chen Kassetten herumexperimentieren, kommt die Nachricht aus Moskau: Keine Sorge, es muß funktionieren. Zu der Zeit läuft gerade die Überspielung der Kollegen von NBC, der amerikanischen Fernsehgesellschaft – das heißt, wir dachten, sie liefe. Denn in diesem Fall hatte die Zentrale in den USA schlicht vergessen, einen Satelliten zu bestellen, der die Signa-le aus Moskau weiter in die Vereinigten Staaten hätte transpor-tieren sollen. Die NBC-Bilder erreichen also lediglich Mos-kau, und dort zeichnet sie natürlich niemand auf, weil alle davon ausgehen, daß der Satellit die Aufnahmen an ihren

Bestimmungsort weiterbefördert. Das Bildmaterial ist folglich verloren und der Korrespondent einem Nervenzusammenbruch nahe.

Es ist sicher kein sehr günstiger Zeitpunkt – der bedauernswerte Kollege ereifert sich im Gespräch per Telefon mit seiner Redaktion –, aber ich versuche, ihm seine restliche Leitungszeit abzuschwatzen, denn er kann ja nichts mehr damit anfangen. Wir hingegen könnten vor unserer eigentlichen Überspielzeit testen, ob die Übertragung funktionieren würde oder nicht.

Wir bekommen die restlichen Minuten von ihm, und schließlich erreicht uns die erlösende Information aus Moskau: »Wir erhalten Ton und Bild in Farbe und alles in einwandfreier Qualität. Die Postleitung nach Hamburg steht. Beim Weitertransport sind also keine Probleme zu erwarten.«

Die Uhr zeigt halb zwei, aber der dafür zuständige sowjetische Fernsehkollege startet die Kassette nicht. Der Uhrzeiger wandert drei Minuten weiter, aber es geschieht immer noch nichts. Schließlich begreife ich, daß er auf ein Kommando aus Moskau wartet, das aber gar nicht kommen kann, weil zwischenzeitlich die Verbindung mit Moskau zusammengebrochen ist. Ich bestehe darauf, die Kassette sofort zu starten. In 12 Minuten ist unsere Überspielzeit zu Ende, also entweder es funktioniert, oder es funktioniert nicht; was brauche ich da ein Kommando aus Moskau, das mir nichts mehr nützt, wenn die Leitung zu Ende ist.

Die nächste Viertelstunde haben die Finnen gebucht. Für uns ist alles vorbei. Ich beschließe anzunehmen, daß bei der Tagesschau in Hamburg alles gut angekommen ist. Ich will mich einfach nicht mehr ärgern oder in Depression darüber verfallen, daß die ganze Arbeit vergeblich gewesen sein könnte. Morgen werde ich es genau wissen, und bis dahin bleibt die Schublade mit diesen Gedanken geschlossen.

Es scheint mir sinnvoll, den Hamburger Tagesschaukollegen ein Telex zu schicken, denn die Reihenfolge der Bild- und Tonaufnahmen war ein wenig unübersichtlich im Hinblick auf den Ablauf der von mir geplanten Tagesschau- und Tagesthemen-Story. Ich will die einzelnen Passagen ganz klar markieren. Auf meine entsprechende Frage schicken mich die sowjetischen Fernsehkollegen vom sechsten in den ersten Stock hinunter, da befinde sich die Fernschreibzentrale.

Wie selbstverständlich bin ich von einem internationalen Fernschreiber ausgegangen, also einem mit lateinischen Buchstaben. Aber was soll so ein Ding hier in Termes, in Usbekistan unmittelbar an der afghanischen Grenze. Das hätte ich mir eigentlich denken müssen, daß die Fernschreiber hier alle mit kyrillischer Schrift ausgerüstet sind.

Ich entschließe mich, meiner Sekretärin im Moskauer Büro ein russisches Telex zu schicken, mit der Bitte, es zu übersetzen und nach Hamburg zu übermitteln. Das ist doch die Lösung, denke ich noch froh, denn wir bekommen in unserem Moskauer Studio ja auch ab und zu Telexe in russischer Sprache ... allerdings in lateinischer Umschrift, fällt mir siedend heiß ein. Das ist also auch kein Weg der Kommunikation. Denn kyrillische Buchstaben frißt unser Moskauer Telexapparat ebensowenig wie der, der bei den Hamburger Tagesschau-Kollegen steht.

Vielleicht klappt es telefonisch. Nicht nach Hamburg natürlich, nach Moskau. Die Möglichkeit zu telefonieren besteht im Erdgeschoß des Turmes, in einem Raum mit etwa 20 Telefonkabinen und einer Riesenschlange von Menschen, die darauf warten, eine dieser Kabinen benutzen zu können. Unter den Wartenden sehr viele Soldaten. Die sind wohl erst vor kurzem über die Grenze zurückgekehrt und wollen nun ihre Familien informieren, daß sie den Krieg körperlich heil überstanden haben. Mit bohrendem schlechten Gewissen – aber was sollte ich machen? – steuere ich zielstrebig auf den Kopf der Schlange zu, entschuldige mich, sage, daß ich vom deutschen Fernsehen bin, und bitte um ein dringendes Gespräch nach Moskau. Es dauert etwa zehn Minuten (was ungewöhnlich schnell ist), und ich kann Galja, meiner Sekretärin in Moskau, ein Telex für die Hamburger Tagesschau diktieren.

Unser treuer Taxifahrer wartet immer noch auf uns – Abwerbeversuche hat es jetzt auch nicht mehr gegeben –, und er bringt uns zum Flughafen. Diesmal ist keine Rede mehr von militärischem Sperrgebiet. Wir können uns mit unseren schweren Gerätschaften bis nahe ans Flugfeld bringen lassen. Wir sind die ersten der Pressegruppe, es dauert noch eine ganze Weile bis zum Abflug, dennoch dürfen wir unser Gepäck schon in eine der Maschinen einladen. Diesmal liegt eine Art Teppich auf dem glatten Metallboden des Flugzeuges, was mich beruhigt. Da kann so leicht nichts mehr ins Rutschen geraten.

Erfreut stellen wir fest, daß wir uns ganz vorne in der Maschine niederlassen dürfen, auf den von den anderen Passagieren abgetrennten Plätzen für höherrangige Militärs, die natürlich nicht mit den unbequemen Sitzgelegenheiten rechts und links der Bordwand vorliebnehmen müssen. Wir genießen nach der Anstrengung den Luxus, der sich folgendermaßen darbietet: zwei in Flugrichtung gegenüberstehende gepolsterte Bänke, ein Tisch dazwischen und an der Seite, also längs der Bordwand, eine Couch. So empfinden wir den Rückflug als recht angenehm; was sich da hinten im Bauch der Maschine abspielt, wie sehr das Flugzeug wieder überladen ist, wollen wir gar nicht so genau wissen.

In Taschkent auf dem dortigen Militärflughafen angekommen, nehmen wir in den bereitgestellten Bussen Platz – und warten. Keiner weiß, wieso. Unser Bus muß zweimal anrollenden Flugzeugen ausweichen, aber der Busfahrer macht keine Anstalten, das Flugfeld zu verlassen. Plötzlich meint einer unserer Begleiter vom Außenministerium, wir fahren auf jeden Fall noch im Hotel in Taschkent vorbei. »Da können Sie auch noch mal telefonieren«, fügt er gönnerhaft hinzu.

In Wahrheit haben ein paar Trottel nicht ausgecheckt und ihre Sachen im Hotelzimmer zurückgelassen. Die dezente Art, mit der unser Begleiter dieses Problem zu lösen versucht, versöhnt mich mit vielem. Er wollte diese Unglücksraben vor der übrigen Meute schützen, die natürlich hellauf begeistert ist, quer durch Taschkent geschaukelt zu werden, um einen völlig überflüssigen und zeitraubenden Stopp einzulegen. Man hätte ja auch auf die Idee kommen können, die paar Zerstreuten mit einem separaten Bus beim Hotel vorbeizufahren und alle anderen direkt zum Taschkenter Verkehrsflughafen zu befördern.

Die Stimmung im Bus wird immer gereizter, ein paar beginnen sich lautstark aufzuregen, der Bus rührt sich nicht von der Stelle, es ist schon halb sieben, am Hotel müssen wir auch noch vorbei, um halb acht sollten wir am Verkehrsflughafen sein, weil von dort um halb neun unsere Linienmaschine nach Moskau startet.

Endlich fahren wir los und quälen uns durch zähen Verkehr bis zum Hotel in der Taschkenter Innenstadt. Obwohl objektiv kein Grund dazu vorliegt, verlassen beinahe alle den Bus, was die Situation auch nicht gerade übersichtlicher macht. Ein paar Kolleginnen und Kollegen der bundesdeutschen schreibenden Presse und ich beschließen, dem Trauerspiel ein Ende zu machen und per Taxi den Flughafen und unsere gebuchte Linienmaschine zu erreichen.

Finster entschlossen und wild mit den Armen fuchtelnd, gelingt es mir, am Haupteingang des Hotels aus dem fließenden Verkehr drei Taxis für uns herzuwinken, die ich auf den hinteren Hotelparkplatz dirigiere, wo die anderen warten. Nun haben wir Taxis, kommen aber nicht an unser Gepäck, weil der Busfahrer mittlerweile verschwunden ist und alles abgeschlossen hat. Es ist bereits zwanzig nach sieben, als der Busfahrer endlich wieder auftaucht.

In dem allgemeinen Durcheinander und der Sorge, die Linienmaschine zu verpassen und möglicherweise noch eine Nacht hier festzuhängen, beladen und besteigen wir die Taxis in einer unbeschreiblichen Hektik, an der jeder Lustspielautor seine Freude gehabt hätte. Das Ergebnis: Keiner kann genau sagen, ob nicht das eine oder andere Gepäckstück vergessen wurde und in welchem der drei Taxis die eigenen Sachen gelandet sind.

Es ist längst dunkel, und so fällt es schwer, genau zu verfolgen, ob alle drei Wagen beieinanderbleiben. Aber schließlich ist klar, daß das dritte Taxi irgendwie abhanden gekommen ist. Um Viertel vor acht erreichen wir den Flughafen, vom dritten Taxi keine Spur. Wir checken ein, so gut es geht, ich warte beim Handgepäck in der Halle, die anderen fahnden draußen nach dem verschwundenen Taxi. Zwischenzeitlich sind auch die Pressebusse angekommen. Die meisten aus der Gruppe können ihre hämischen Blicke nicht verbergen, während sie an mir vorbei die Kontrollschleuse passieren, denn von denen muß keiner auf fehlendes Gepäck warten.

Ich ärgere mich über unsere unergiebige Taxi-Extratour und denke, daß es einen Unfall gegeben haben muß. Eine Viertelstunde vor der geplanten Abflugzeit taucht das Taxi auf – der Fahrer hat den Flughafen nicht gefunden.

Über unserer Erleichterung und Freude merken wir erst gar nicht, daß die Zeit des Abfluges längst überschritten ist, ohne daß es irgendeine Information darüber gegeben hätte. Nach anderthalb Stunden Wartezeit nennt endlich jemand den Grund: Der letzte Rest unserer Gruppe aus Termes steht immer noch auf dem Taschkenter Militärflughafen herum, weil es keinen Bus mehr gibt. Auf die schnelle einen zu organisieren ist ohnehin ein schwieriges Unterfangen und wird doppelt kompliziert, weil nicht jeder Bus so ohne weiteres auf den Militärflughafen fahren darf ...

Irgendwann interessieren mich die zeitlichen Dimensionen nicht mehr, ich habe auch keinerlei Erinnerung mehr daran, wie viele Stunden wir in der verrauchten Wartehalle verbringen, bevor wir endlich das Flugzeug besteigen können, von dem es geheißen hatte, daß es um halb neun von Taschkent aus nach Moskau startet. Die Maschine ist so gut wie voll. Als der Streit um die Plätze beginnt – denn einige haben Platznummern von Sitzen, die bereits besetzt sind –, ruft plötzlich eine aufgeregte Stimme: Schnell raus, wir sind im falschen Flugzeug!

Also mit unserem umfangreichen Handgepäck zu Fuß übers

Flugfeld, von diesem Flugzeug zu einem anderen. Die dort vereinzelt sitzenden Sowjetbürger empfangen uns mit eisigen Blicken, sie warten nämlich seit Stunden auf diese Ausländer und werden zum Teil auch noch von uns von ihren Plätzen vertrieben, denn uns hatte man Sitzplatznummern gegeben, ihnen hatte man freie Wahl angekündigt.

Ich riskiere einen Blick auf die Uhr – es ist Mitternacht. Vielleicht kann man während des Fluges ein Auge zumachen, versuche ich mich zu beruhigen – aber noch fliegen wir nicht. Ohne auch nur die leiseste Andeutung einer Information zu erhalten, warten wir erneut anderthalb Stunden, bevor die Maschine zum Startpunkt rollt. Den Grund erfahren wir später: Es war ein Mann zuviel an Bord, der sich weigerte, das Flugzeug zu verlassen. Am Ende hat ihn die Miliz mit Gewalt aus der Maschine geholt.

Der Rest ist schnell erzählt: Während des Fluges das übliche unappetitliche Essen; ein vor uns sitzender etwa sechsjähriger Junge pinkelt sich in die Hosen und auf den Sitz, und um halb drei Uhr nachts Ortszeit landen wir schließlich in Moskau, aber nicht wie angekündigt auf dem Flughafen Wnukowo, wo unser Fahrer auf uns wartet, weil nachts kein Taxi zu kriegen ist, sondern in Domodedowo, am anderen Ende der Stadt.

Ach ja, in Hamburg bei Tagesschau und Tagesthemen war alles gut angekommen.

Die Ware Information
Ein ganz normaler Arbeitstag

Soviel vorweg: Ich liebe Streß, wenn er zu etwas führt, das man anfassen oder anschauen kann. Das Gefühl, aktuelle Sendungen gerade noch rechtzeitig bedient oder längerfristige Produktionen ein Stück vorangetrieben zu haben, gibt mir Zufriedenheit und Kraft – unabhängig davon, daß man natürlich alles immer noch besser machen kann.

Ich hasse hausgemachte Hektik, die sich aber offenbar nicht vermeiden läßt, weil erstens Nervenkostüme von der Stange nicht zu haben sind, weil zweitens jeder andere Prioritäten setzt, da sich unsere Waren – Nachrichten und Informationen – so schlecht normieren lassen und weil drittens auch in unserem Geschäft der sogenannte Sachzwang zuschlägt.

Ich liebe es, wenn nicht alles nach vorgefertigten Regeln abläuft, wenn Improvisation gefragt ist und wenn man täglich etwas vorfindet, das einem klarmacht, als Deutscher mit den sprichwörtlichen deutschen Eigenschaften nicht der Nabel der Welt zu sein. Das relativiert so schön und macht tolerant. Auch ein angenehmes Gefühl.

Aber ich hasse es, wenn diese gewisse Leichtigkeit, die uns Deutschen meist fehlt, in verantwortungslose Schlamperei ausartet, die sogar Menschenleben gefährdet. Die Sicherheitsbestimmung zur Sicherheitsbestimmung ist nicht nötig, und man kann auch nicht jedes Risiko durch Vorschriften ausschalten. Aber es muß nicht sein, daß Moskauer Verkehrspolizisten offenbar nur zum Auslüften ihrer Uniformen auf der Straße stehen, statt sich um Rowdys zu kümmern, die auf vielbefahrenen Hauptstraßen gedankenlos die zweite Gegenspur aufmachen, oder Autos aus dem Verkehr zu ziehen, die nur noch von Klemmen und Kordel zusammengehalten werden.

Eine sowjetische Fernsehkorrespondentin aus Swerdlowsk berichtete im November 1990 von einem Verkehrsunfall, der mehrere Tote und Schwerverletzte forderte, weil ein Bahnübergang seit längerem außer Betrieb war, was niemanden zu interessieren schien. Ihr Schlußkommentar: »Ich berichte nun schon zum drittenmal innerhalb kürzester Zeit über Katastrophen in Swerdlowsk. Erst die beiden Abstürze von Verkehrsflugzeugen unmittelbar hintereinander, dann die Chemiefabrik, die in die Luft geflogen ist, und jetzt dieses schwere Verkehrsunglück, bei dem ein Zug einen Bus zerquetscht hat. Aber das Grauenvollste daran ist: Es hätte alles vermieden werden können, denn die Ursache für all das war Schlamperei und Inkompetenz.«

Ich habe in meinem ganzen Leben nicht so viele Verkehrstote gesehen wie in den vier Jahren in Moskau. Da hatten sich Räder gelöst und flogen wie Geschosse durch die Gegend, da schleuderten Pkws wegen fehlender Stoßdämpfer auf die Gegenfahrbahn, da zermalmten Lkws alles, was ihnen entgegenkam, weil die Lenkung blockierte.

Wenn man zur Arbeit mit dem Auto elf Kilometer quer durch Moskau fährt, also auch elf wieder zurück nach Hause, dann kann man diesen Teil des Alltags nicht vernachlässigen. Autofahren ist wie alles andere in diesem Land Kampf. Es ist die pure Nötigung, und wer nicht weiß, wie das geht, der sollte lieber zu Hause bleiben oder aber sehr, sehr viel Zeit einkalkulieren. So hilfsbereit die meisten »im normalen Leben« sind, wenn man erst einmal Blickkontakt mit ihnen hergestellt hat – so stur und brutal ist »der« Autofahrer. Verbunden mit dem abenteuerlichen Zustand der Technik, ist das eine wahrhaft lebensgefährliche Mischung.

Was die Swerdlowsker Kollegin Schlamperei und Inkompetenz nannte, zeigt sich auch, wenn ohne Absperrung und Vorwarnung im Winter Eis von den Dächern gehackt wird – wer gerade aus dem Haus kommt, hat eben Pech gehabt – oder wenn im Sommer Stromkabel in Pfützen liegen, weil es sich denn so ergibt.

Sowohl unsere Wohnung als auch das ARD-Büro liegen jeweils auf dem 12. Stock, was für zusätzliche Abwechslung sorgt und enorm trainiert, wenn die Fahrstühle mal wieder nicht funktionieren. Als ich entdeckt hatte, daß die Fahrkorbseile verknotet statt gespleißt waren und ich mich für den Rest meiner Moskauer Zeit Treppen steigen sah, tröstete mich mein Mann damit, daß auch die Stahlseile, wie alles in diesem Land, derart überdimensioniert sind, daß »nach Adam Riese« nichts passieren kann. Die Entscheidung, den ächzenderen der beiden Fahrstühle zu benutzen oder auf den relativ rüstigen zu warten, wurde uns in den letzten Wochen abgenommen. Ein neuer Fahrstuhl wird eingebaut. Auch das hat seinen eigenen Reiz, wenn man bei Schweißarbeiten das Treppenhaus vor Funkenflug nicht benutzen kann und in der nicht ganz geschlossenen übriggebliebenen Fahrstuhlkabine auf der Flucht vor den brennenden Kügelchen von einer Ecke in die andere hüpft. Wenn einem Gottvertrauen abhanden gekommen ist – hier kann man es wiederfinden.

Im Büro angekommen, wartet die nächste Herausforderung. Das Telefon. Vom Geduldsspiel, in Deutschland anzurufen, rede ich gar nicht, sondern nur von einem simplen Moskauer Gespräch. Bereits nach den ersten drei Ziffern der siebenstelligen Zahl ertönt das Besetztzeichen. Ich lege wieder auf. Der nächste Versuch. Diesmal am Ende der vollständig gewählten Nummer überhaupt kein Zeichen. Also noch mal, aber jetzt scheitert es daran, daß, sobald ich den Hörer abnehme, um neu zu wählen, von vornherein nur das Besetztzeichen zu hören ist und ich überhaupt nicht weiterkomme. Ich drücke den Hörer fest auf die Gabel, zähle bis zehn, vielleicht hilft das, und starte neu. Nun könnte ich, wenn ich wollte, einem Gespräch zwischen zwei aufgeregten Russen lauschen, das irgendwie in meinem Apparat gelandet ist. Auflegen, Hörer abnehmen, o Wunder, ein Freizeichen. Alle sieben Zahlen sind gewählt – und der Ruf geht tatsächlich durch, es klingelt einmal, und dann verschluckt sich der Ton an mehrfachem Tüten und abenteuerlichem Rauschen. Also wieder nichts. Auf diese Weise kann man locker eine halbe Stunde zubringen und bekommt der Reihe nach alle Varianten geboten, die man sich vorstellen kann, bloß keinen Anschluß. Und wenn es dann endlich klappt – ist der Teilnehmer besetzt.

Korrespondenten sind ein bißchen wie Händler. Sie bieten den Redaktionen in der Heimat Nachrichten und Geschichten an oder aber produzieren auf Bestellung. Das allein ist ein aufregendes Geschäft, denn im fernen Deutschland stellen sich manche Dinge anders dar als in der Sowjetunion an Ort und Stelle. Es wird gehandelt und gefeilscht, und wenn beide Seiten ihr Geschäft verstehen, tut es der Ware gut. Denn Auslandskorrespondenten vergessen manchmal, daß der Rest der Welt, der von ihnen gerade nicht betreut wird, auch wichtige Informationen zu bieten hat, für den man in den zeitlich begrenzten Sendungen Platz finden muß – wobei der Rest der Welt, von Moskau aus betrachtet, offengestanden nicht allzu groß ist ...

Die Basis für unsere Berichterstattung setzt sich zusammen: aus dem Material verschiedener Nachrichtenagenturen (deutsche, russische, internationale), von denen wir uns per Fernschreiber beliefern lassen, aus sowjetischen Hörfunk- und vor allem Fernsehprogrammen – und natürlich aus Gesprächen. Wobei die Mischung der Gesprächspartner enorm wichtig ist. Da sind die offiziellen, deren Namen auf der Hand liegen und ohne die es nicht geht, da sind die halboffiziellen, die man sich suchen muß, und da gibt es die privaten Gesprächspartner, die der Zufall bestimmt. Die Fälle, wo absichtsvolle Planung interessierter Kreise hinter solchen »Zufällen« steckt, sind weniger geworden. Unabhängig davon muß man sorgfältig unterscheiden zwischen denen, die üblicherweise Kontakt mit Ausländern haben, und denen, für die das etwas Außergewöhnliches ist. Denn gerade in der Sowjetunion ist der Unterschied zwischen diesen beiden Gruppen noch sehr groß, was Wertungen und Verhalten betrifft. Lange Zeit waren es schließlich nur ausgesuchte Leute, die mit Ausländern ungestraft verkehren durften.

Ich persönlich war immer etwas skeptisch, was das »Vererben« bestimmter Kontakte von einem Korrespondenten auf den anderen angeht. Aus dem intellektuellen Bereich tauchten immer wieder dieselben Namen auf, die »man« eben kennen und pflegen mußte. Unabhängig von der persönlichen Wertschätzung einzelner, fürchte ich, man bezieht ein falsches Bild von einem Land, wenn man zu sehr auf diejenigen hört, die immer schon, zum Teil mit persönlichem Risiko, Kontakt zu Ausländern gesucht haben, um sich, abgehoben von ihrer eigentlichen Umgebung, bei den Westlern auszuweinen. Ich fürchte, daraus seine Informationen über ein fremdes Land zu beziehen führt zu Fehlschlüssen.

Man sollte sich auch die Fähigkeit bewahren, das Private und das Berufliche auseinanderzuhalten, wobei sich das gerade in unserem Job als nicht ganz einfach erweist. Aber es ist ein Gewinn, wenn man es schafft, neuen Bekannten glaubhaft das Gefühl zu vermitteln, daß sie einen nicht wegen ihrer Funktion, sondern um ihrer selbst willen interessieren.

Wie sieht nun so ein typischer Büro-Arbeitstag aus? Nehmen wir Freitag, den 23. November 1990. Der Oberste Sowjet tagt – irgendein Gremium tagt eigentlich immer, wenn es nicht der Oberste Sowjet der Union ist, dann der russische oder der russische oder sowjetische Volksdeputiertenkongreß oder der Föderationsrat oder der Sicherheitsrat usw. Auf dem Programm steht zum x-tenmal das zentrale Thema: Wie geht es weiter, was machen wir konkret mit unserer Wirtschaft?

Ausländische Teams dürfen zwar mit ihren Kameras in die Lobby, wenn der Oberste Sowjet zusammentritt, aber in der Regel nicht in den Sitzungssaal. Das bedeutet, wir müssen unsere Bilder von sowjetischen Kollegen beziehen oder direkt die sowjetischen Fernsehberichte aufzeichnen. Das gestaltet sich oft schwierig, weil die sowjetischen Redakteure selbst in Zeitdruck sind und ihre Aufnahmen für ihre eigenen Sendungen brauchen. Außerdem wendet das sowjetische Fernsehen eine dem deutschen Zuschauerauge ungewohnte Film- und Schnittechnik mit Reißschwenks und Anderthalb-Sekunden-Einstellungen an, die uns eine Bearbeitung außergewöhnlich erschwert. Darüber hinaus ist das sowjetische Fernsehen jetzt auch dazu übergegangen, eine Stationskennung in eine Bildecke einzublenden, was deutsche Zuschauer eher irritiert. In letzter Zeit bilden sich Videoagenturen, die ungeschnittenes Bildmaterial für teures Geld – natürlich nur Dollar, D-Mark oder Schweizer Franken – anbieten.

Als es gerüchteweise heißt, der damalige Ministerpräsident Nikolaj Ryschkow könne zurücktreten, meldet die Tagesschau bereits für ihre 13-Uhr-Ausgabe Interesse an. Der mutmaßliche Rücktritt beschäftigt uns auch in einem Live-Gespräch mit dem Mittagsmagazin und in den diversen Tagesschau-Ausgaben am Nachmittag. Michail Gorbatschow legt derweil seine Pläne dar, die darauf hinauslaufen, seine Vollmachten zu erweitern. Solche Tage liebe ich besonders: Man eiert stundenlang herum, weil nichts klar ist, und kommt dann fürchterlich ins Hetzen, weil sich grundsätzlich die berichtenswerten Neuerungen ein paar Minuten vor der Sendung abspielen. Immer auf dem Sprung, etwaige Sensationen nicht zu verpassen, läuft parallel etwa folgendes ab:

– Da bittet ein ARD-Sender um Produktionshilfe. Eine Redaktion möchte einen Film selbst produzieren, aus Kostengründen aber das Kamerateam des Moskauer Studios benutzen. Eine schwierige Entscheidung, denn wer weiß, was zum gewünschten Zeitpunkt aktuell los ist und ob die beiden Moskauer Korrespondenten ihre beiden Teams nicht selbst brauchen.

– Da erwartet ein freier Mitarbeiter einer ARD-Anstalt Hilfe beim Beschaffen eines Visums für Leningrad und versteigt sich in seiner Not sogar dazu, meinen Mann um eine private Einladung zu bitten, damit sein vorgesehener und natürlich viel zu knapp kalkulierter Drehtermin nicht platzt. Es kostet etwas Mühe, ihn davon zu überzeugen, daß in Moskau wohnende Ausländer nicht andere Ausländer privat nach

Leningrad einladen können. Die sowjetische Botschaft lacht sich ja krank.

– Da möchte eine Regionalsendung für ihre Sonntagsausgabe die 150. Version zum Thema »Versorgungsmisere in der Sowjetunion«. Da ich nicht mehr weiß, wie ich leere Regale und Schlangen so ablichten lassen soll, daß sie nicht jedermann langsam zum Halse heraushängen, und da noch ein Weltspiegel zum gleichen Thema ansteht – das Erste Programm hat Vorrang vor den Dritten –, sage ich den Kollegen ab. Unangenehm, denn die vermuten in erster Linie, nicht immer ganz zu Unrecht, daß sich »die Damen und Herren Korrespondenten« nur ungern für »die paar Zuschauer im Dritten« anstrengen.

– Da entscheidet sich eine Redaktion für den kommenden Dienstag zu einer Schwerpunktsendung zum Thema Sowjetunion mit hochkarätigen sowjetischen Gesprächspartnern, um die man sich nun schnell bemühen muß, es ist schließlich inzwischen Freitag nachmittag.

– Da meldet sich der Kollege, der den Tagesthemen-Kommentar spricht und sich lieber auf lebende Menschen vor Ort als nur auf totes Agenturmaterial verläßt, wenn er an seiner Einschätzung bastelt.

– Da stelle ich bei der Durchsicht von Videokassetten zu einem langfristigen Thema Bandfehler fest und versuche, die Wiederholung der Aufnahmen zu organisieren.

– Da beschimpfe ich den Servicedirektor, der für unser Kopiergerät zuständig ist, weil wir seit über einer Woche wegen der Reparatur desselben vertröstet werden.

Um 19 Uhr beschließe ich, den Laden aufzulösen, da nichts Neues mehr zu erwarten ist. Ministerpräsident Ryschkow hat zwischenzeitlich vor Journalisten erklärt, daß er seinen Rücktritt nicht ausschließen mag, je nachdem, was Michail Gorbatschow konkret an den bestehenden Machtstrukturen ändern will, aber das werde voraussichtlich erst in 10 oder 14 Tagen spruchreif sein.

Buchstäblich in letzter Minute, bevor ich der Studiomannschaft den Feierabend verkünde, erreicht uns noch ein Anruf des Außenministeriums: Michail Gorbatschow gibt um 19.30 Uhr eine Pressekonferenz. Also schnell unsere Gerätschaften zusammenpacken und hin, denn Gorbatschows Pressekonferenzen sind immer hoffnungslos überfüllt. Noch ein kurzes Telex an die Tagesschau-Kollegen in Hamburg, daß wir auf jeden Fall die vorsorglich bestellte späte Überspielzeit für die 20-Uhr-Ausgabe bestehen lassen sollten (also Moskauer Zeit 22 Uhr), da möglicherweise ein neuer, aktualisierter Bericht zu erwarten sei.

Noch sind Pressekonferenzen des sowjetischen Präsidenten selten, aber allen ist eines gemein: Sie fangen mit Verspätung an. Meine Rechnung sieht folgendermaßen aus: Um Viertel vor zehn (Moskauer Zeit) steht die Leitung nach Hamburg, da muß der Beitrag fertig sein. Fahrzeit vom Pressezentrum des Außenministeriums zu unserem Studio um diese Zeit etwa zehn Minuten. Wenn ich mit Schnitt, Text und Sprachaufnahme nicht allzusehr ins Hetzen komme und noch etwas technische Sicherheitsreserve einplanen will, dann sollte ich mich etwa um neun auf den Rückweg machen. Aber um acht hat die Pressekonferenz noch nicht einmal begonnen. Um Viertel nach geht's los.

Was dann folgt, ist eine Tour d'horizon des sowjetischen Staatschefs, vom Golfkrieg über den KSZE-Sondergipfel in Paris bis zum Rücktritt der britischen Premierministerin Margaret Thatcher. Nichts Neues, geschweige denn Sensationelles. Kurz und gut: Im Hinblick auf die aktuelle Berichterstattung für die heutige Tagesschau die pure Zeitverschwendung. Also zurück ins Büro und die Hamburger Kollegen darüber informiert, daß die Version für die Ausgabe um 17.15 Uhr auch für die 20-Uhr-Sendung noch Gültigkeit besitzt.

Schließlich noch die Entwarnung für die Kollegen vom Bericht aus Bonn, die für den Fall ihr Programm geändert hätten, daß es tatsächlich zu einer Regierungsumbildung gekommen wäre. So aber können sie bei ihrem ursprünglich geplanten Sendeablauf bleiben.

Besonders kompliziert (technisch) und problematisch (inhaltlich) wird es immer dann, wenn Moskauer Korrespondenten über Ereignisse in der großen Sowjetunion aktuell berichten sollen, die sich Tausende von Kilometern von Moskau entfernt abspielen. Wenn sich der amerikanische Außenminister Baker mit seinem damaligen Amtskollegen Eduard Schewardnadse in Irkutsk und am Baikalsee trifft, dann wäre das zwar ein vorhersehbarer Termin, den man einplanen könnte, aber nach der hier geltenden Regel bliebe an Ort und Stelle nichts anderes übrig, als sich bei den amerikanischen Kollegen mit Bildmaterial zu versorgen, weil jeweils nur die »eigenen« Journalisten zu Aufnahmen zugelassen sind. Doch dafür brauchen wir nicht den Aufwand zu betreiben, mit Team nach Sibirien zu fliegen, das können wir auch von Moskau aus organisieren – im Prinzip.

Bei einer der bereits erwähnten sowjetischen Video-Agenturen bestelle ich in diesem Fall Material, doch im Laufe des Tages müssen die wegen technischer Schwierigkeiten passen. Daraufhin klappere ich alle in Moskau akkreditierten amerikanischen Fernsehstationen ab, die in der Regel sehr kooperativ sind – wir sind ja keine Konkurrenten für sie –, und erfahre zu meinem Leidwesen, daß sie ihr Material von Irkutsk aus direkt in die Staaten überspielen, nicht über Moskau. Also wieder die sowjetischen Fernsehnachrichten anzapfen, die in ihrer Vorausgabe zu diesem Thema satte 31 Sekunden senden. Die Hauptausgabe wird einen 1.40-Bericht bringen, erfahre ich unter Vorbehalt auf Nachfrage. Die kommt allerdings erst um neun Uhr auf den Sender und wird erfahrungsgemäß die ersten zehn, fünfzehn Minuten über reine Inlandsthemen berichten. Um Viertel vor zehn ist wie üblich die Überspielung nach Hamburg.

Inhaltlich problematisch wird es vor allen Dingen dann, wenn es um nationale Auseinandersetzungen geht, man zwar berichten muß, sich aber nicht an den Ort des Geschehens begeben kann, weil der zum geschlossenen Krisengebiet erklärt wird. Hier erweist es sich als besonders schwierig,

Informationen auf ihren Wahrheitsgehalt abzuklopfen, denn beide Seiten – etwa Georgier und Osseten – sind natürlich Partei und haben ihre spezielle Sicht der Dinge. Und die Zentrale ist im Zweifel auch nicht frei von eigenen Interessen.

In besonderem Maße ausschlaggebend für unsere Arbeit ist die Technik. Was nützen schöne und ausdrucksstarke Bilder, was nützt ein klarer und verständlicher Text, wenn der Beitrag den Empfänger nicht erreicht? Videokassetten für nicht aktuelle Sendungen werden in der Regel per Flugzeug verschickt, was von Moskau aus wegen gewisser bürokratischer Verfahren etwas umständlich ist. Aktuelles wird kurz vor der Sendung via Postleitung oder Satellit überspielt oder direkt in die Sendung live geschaltet. Die erste Zeit war das nur vom staatlichen sowjetischen Fernsehen aus möglich. Wir mußten unsere Sendekassette also vom Büro zur Fernsehzentrale transportieren – bei halsbrecherischer Fahrt im Sommer außerhalb der Rush-hour in gut 30 Minuten zu schaffen, im Winter zum Feierabendverkehr in etwa der doppelten Zeit –, dort einem vorher bestellten Mitarbeiter die Kassette übergeben und dann beten, daß auch alles klappte. Eine Rückmeldung irgendeiner Art gab es nicht. Irgendwann gewöhnt man sich daran.

In meiner ganzen Moskauer Zeit, in der dieses technische Verfahren zur Anwendung kam, kann ich mich nur an ein einziges Mal erinnern, daß eine Sendung »geschmissen« wurde. Es war ein Feiertag, und der Mitarbeiter, der für den Kassettentransport vom Pförtner zum Abspielstudio zuständig war, hat seinen Einsatz feuchtfröhlich verschwitzt. Die Techniker waren bereit, die Leitung war geschaltet, unsere Kassette war pünktlich zur Stelle – und alles scheiterte an den 200 Metern, die eben nur der dafür zuständige Angestellte des sowjetischen Fernsehens hätte überwinden dürfen.

Auch für unsere Live-Gespräche mußten wir die Einrichtung des staatlichen sowjetischen Fernsehens nutzen. Eigentlich erstaunlich, daß die Kollegen dort auch bei kurzfristigen Bestellungen immer einen Termin möglich machten, schließlich waren ja alle in Moskau akkreditierten Journalisten mit diesem Service zu versorgen. Auch dann noch erstaunlich, wenn man die Zeitverschiebung berücksichtigt – die japanischen Kollegen benötigten andere Zeiten als die Amerikaner und die wiederum andere als wir Deutschen.

Dieses ausgelagerte Studio im sowjetischen Fernsehen hatte Vor- und Nachteile. Während es für unsere praktische Arbeit im Grunde eher hinderlich und umständlich war, wirkte es auf manche unserer sowjetischen Gesprächspartner vor allem noch 1987 und 1988 eher motivierend. Sie folgten einer Einladung zu den Tagesthemen oder zu Brennpunkt wohl leichter, wenn sich das bei den eigenen Leuten abspielte statt im Studio einer ausländischen Fernsehanstalt. So war auch Generaloberst Nikolai Tscherwow bereit, sich von Moskau aus zu einer 45minütigen Diskussionssendung der ARD »zuschalten« zu lassen. Der Verwaltungschef im Generalstab der sowjetischen Streitkräfte verblüffte damals mit seiner unorthodoxen offenen Art, die man sowjetischen Militärs nicht zutraute.

Auf die Frage, wie er denn zur Abrüstung stehe und warum er und seine Kollegen sich denn quasi mit Freuden wegrationalisieren ließen, nannte General Tscherwow dafür zwei Gründe. Einmal seien die Zeiten des Neuen Denkens angebrochen, »das heißt, wir haben in der Sowjetunion begriffen, daß man die Welt als Ganzes betrachten muß und daß uns die West-Ost-Konfrontation in den Abgrund treibt, wirtschaftlich und moralisch. Und zweitens: Wenn einer beurteilen kann, wie schnell und wie konsequent abgerüstet werden muß, weil das, was wir bisher gemacht haben, einfach zu gefährlich ist, dann sind wir das, die Militärs, wir sind schließlich die Experten.«

Heutzutage kommen die sowjetischen Gesprächspartner genauso unbefangen auch in die Studios ausländischer Fernsehanstalten. Studio ist Studio. Und für uns ist es eine große Erleichterung, weil man ganz eng bis an die Sendung heran produzieren kann, denn die Kassette ist nur die paar Meter vom Schneideraum bis zur Abspieltechnik zu transportieren, das läßt sich in Sekunden messen.

Allerdings verschafft uns diese Eigenständigkeit beinahe

täglich unser »Leitungserlebnis«, auf das ich gerne verzichten würde. Leitungen müssen bestellt werden, und da immer mehr Fernsehanstalten immer mehr Leitungen bestellen, wird's eng. Da entscheidet sich oft erst kurz vor der Sendung, ob die Trasse von Moskau über Prag nach Hamburg führt oder über Warschau ihren Weg nimmt oder ob man nicht doch über Helsinki gehen muß. Da passiert es dann schon mal, daß in Hamburg – oder in Köln oder München oder sonstwo – zur festgesetzten Zeit kein Signal aus Moskau vorliegt oder das Bild ankommt, aber der Ton unterwegs verlorengegangen ist, oder umgekehrt. Und das kostet einen dann schon Nerven, wenn der Sekundenzeiger unaufhaltsam vorrückt, der Beitrag aus Moskau »Aufmacher« in der Tagesschau sein soll, man sich den ganzen Tag die Lunge aus dem Hals gehetzt hat, und nun soll das alles für die Katz gewesen sein. In den meisten Fällen wird es gerade noch rechtzeitig repariert, und der Zuschauer merkt nichts davon.

Anders ist das natürlich bei den Live-Schaltungen. Da sorgt es für zusätzliche Spannung nicht ohne einen gewissen Unterhaltungswert, wenn der Moderator seinen Gesprächspartner nicht hören kann oder aber der Korrespondent im fernen Studio die an ihn gerichteten Fragen nicht versteht, entweder weil die Leitung komplett tot ist oder aber sich in der Tonverbindung alle denkbaren kosmischen Geräusche versammelt haben. Der Zeitplan der Sendung – beim Fernsehen ja enorm wichtig – geht aus den Fugen, das inhaltliche Konzept gerät ins Wanken, wenn denn überhaupt eine Verbindung zustande kommt; und Stunden oder Tage mühevoller Kleinarbeit, die man dem fertigen Produkt in der Regel nicht ansieht, sind vertan.

Ich habe nie ganz begriffen, warum das manche schreibenden Kollegen zu soviel Häme in ihrer Kritik veranlaßt, in der sie beinahe unanständig über Moderatoren herfallen. Ich darf das, denke ich, als Nichtbetroffene sagen. Schonungslose Kritik ist schon in Ordnung, das muß man aushalten, aber bösartige Vernichtung, die verdammt nach persönlicher Animosität riecht und die mir eher auf Effekte bedacht als wirklich an einer bestimmten Sendung orientiert zu sein scheint – so primitiv muß es nicht zugehen.

Um vom Büro wieder nach Hause zu fahren, habe ich je nach Tageszeit und Verkehrslage verschiedene Möglichkeiten. Entweder am Kreml oder über den Gartenring am Gorkipark vorbei. Beide Strecken haben ihren Reiz – wenn man von ungesicherten Baustellen, fehlenden Kanaldeckeln, der bereits beschriebenen brutalen Fahrweise und dem starken Verkehr absieht. Bei klarer Luft und Sonnenschein ist jede Stadt schön, das ist keine Kunst, aber der herben Schönheit Moskaus kann auch Schmuddelwetter nichts anhaben, wenn in der versmogten Sonne die Moskwa seltsam glitzert, wenn ein regenverhangener Himmel die Kremltürme einrahmt oder die Spitzen der moskautypischen Gebäude, dieser stalinistischen Ungetüme, im Nebel verschwinden.

Zu Anfang dachte ich, wenn du das nicht mehr siehst, wenn du dafür keinen Blick mehr hast, ist es Zeit, nach Hause zu gehen. Was das betrifft, bin ich auf jeden Fall zu früh gegangen. Aber es gibt dennoch genug gute Gründe, auch private, es bei vier Jahren, bei *diesen* vier Jahren, bewenden zu lassen.

Was ich noch sagen wollte ...

Ich werde nie vergessen, wie mir gleich zu Beginn meiner Moskauer Zeit ein Kollege auf meine Frage, ob er eine bestimmte Information denn »gegengecheckt«, also abgesichert, hätte, folgendes sagte: »Wird schon so sein, und wenn nicht – wir setzen das in die Welt, man wird von uns abschreiben, und nach dem drittenmal fragt kein Mensch mehr, ob es wirklich so war.« Erst dachte ich, er macht Witze, aber er meinte das ernst.

Es empfiehlt sich also, auf der Hut zu sein. Wie raffiniert und skrupellos allerdings manche Journalisten ans Werk gehen, um bestimmten Erwartungen ihrer Heimatredaktionen entgegenzukommen oder sich in vorauseilendem Gehorsam trendgerecht zu verhalten, ist kaum zu glauben.

Für den 28. März 1991 war eine Massendemonstration in Moskau angekündigt. An diesem Tag sollte der außerordentliche russische Volksdeputiertenkongreß beginnen, auf dem man Boris Jelzin, damals noch »nur« Parlamentspräsident, zur Rechenschaft ziehen wollte, und zwar wegen seiner Parteinahme für die baltischen Staaten und seiner Ausfälle gegen die Union und Gorbatschow persönlich. Die Nervosität war förmlich zu greifen, und im Vorfeld kochte die Gerüchteküche, aus welchen Ecken des Landes Militär nach Moskau geschickt werden könnte, um diese Demonstration niederzuknüppeln, die Michail Gorbatschow verboten hatte.

Es schien in der Tat auf eine gefährliche Kraftprobe hinauszulaufen. Bereits am frühen Morgen war die Moskauer Innenstadt abgeriegelt. Rund um den Kreml standen Militärtransporter. Wasserwerfer wurden in Stellung gebracht. Etwa 50 000 Milizionäre und Angehörige der Innentruppen waren in der 9-Millionen-Stadt im Einsatz, um dem Demonstrationsverbot Nachdruck zu verleihen.

Von den vielerwarteten Panzerwagen war allerdings nichts zu sehen, was offenbar einige Journalisten dazu verleitete, der Dramatik noch ein wenig nachzuhelfen. Man filmte diese Geräte an ihren Standorten etwas außerhalb von Moskau und verarbeitete sie zusammen mit dem Demonstrationsgeschehen. Man erweckte also den Eindruck, als seien diese Panzerwagen in der Stadt gegen Demonstranten eingesetzt worden. Eine Ungeheuerlichkeit.

Im Laufe des Tages konnte ein Kompromiß erzielt werden. Das ausgesprochene Demonstrationsverbot beziehe sich lediglich auf die Innenstadt, unmittelbar am Kreml, hieß es, an anderen Stellen Moskaus werde man die Demonstranten nicht behelligen. Und mit ihrer schon sprichwörtlich gewordenen Disziplin halten sich die Menschenmassen an diese Bannmeile. Demonstranten und Sicherheitskräfte diskutieren erregt, zu Zwischenfällen kommt es nicht. Gorbatschow sagt zu, am nächsten Tag alles militärische Gerät und die Innentruppen aus Moskau abzuziehen, der Kongreß vertagt sich bis dahin. Angesichts der bestehenden Alternativen die beste und klügste Lösung. Denn zur Debatte hatte gestanden, den Kongreß platzen zu lassen oder aber nach Leningrad umzuziehen, auch eine schöne Hauptstadt, wie ein russischer Abgeordneter meinte.

Das wichtigste Ergebnis dieses Tages: Er war friedlich verlaufen. Eine Ohrfeige für all diejenigen, die sich und ihre Teams vorsorglich auf Randale programmiert hatten.

Wir, die Journalisten, beklagen immer – zu Recht – den Verlust politischer Kultur und stellen die Primitivität von Politfunktionären an den Pranger, dabei bemerken wir offenbar nicht, wie unsere eigene Zunft immer mehr verkommt. Eine interessante Frage: Wer hat da wen beeinflußt?

Wie verkommen muß man sein, wenn man versucht, intimste Dinge von Menschen ans Licht der Öffentlichkeit zu zerren, wobei der Wahrheitsgehalt von Vermutungen nicht die geringste Rolle zu spielen scheint? Konkret. Eine deutsche Illustrierte plant eine Story zum Thema Gerüchte und befragt mich telefonisch in Moskau, ob ich nichts über irgendwelche sexuellen Verhältnisse von Raissa Gorbatschowa wüßte. Ehe ich meine Sprachlosigkeit überwinde, wird weitergebohrt: »Da soll es mal einen japanischen Gesandten gegeben haben – wissen Sie da wirklich nichts drüber? Sie könnten's ja auch dementieren...« Auf gut deutsch: Dann könnten wir's wenigstens schreiben.

Wenn ich doch schon mal dabei bin – vielleicht noch zwei Dinge. Qualitativ ganz andere Geschichten, weder unmoralisch noch ehrenrührig, trotzdem ärgerlich.

Die erste: Es ist Ende Januar 1991. Seit zwei Wochen Krieg am Persischen Golf. Welch schizophrene Situation, die im Sommer 1990 ihren Anfang nahm, als Saddam Hussein Kuwait überfiel. In Ost-West-Richtung beginnt man sich zu befreunden, Kohl und Gorbatschow spazieren im Freizeitlook durch den Kaukasus, Baker und Schewardnadse angeln am Baikalsee. Friedenssehnsüchte scheinen sich zu erfüllen, und dann mitten hinein dieser Krieg. Jeder weiß noch, daß sich die Vereinigten Staaten und die Sowjetunion gemeinsam um eine Lösung bemühten, daß beide die UNO-Resolution mittrugen, die dem Irak unter bestimmten Voraussetzungen den Krieg androhte.

Als Moskau dann Ende Januar 1991 die USA daran erinnert, daß die UNO-Resolution die Prämisse für den Krieg am Persischen Golf sei, daß es also nicht um die Vernichtung des Irak, sondern um die Befreiung Kuwaits gehe, da bricht in den Medien wieder Panik los. Das Schreckensszenario, das flugs entworfen wird, sieht etwa so aus: Moskau, als alter Freund Bagdads, könnte aus der Anti-Irak-Koalition ausscheren, droht nun nicht der Dritte Weltkrieg?

Was war denn eigentlich Schlimmes geschehen? Die Sowjetunion hatte ihren Partner, die Vereinigten Staaten, an die vereinbarten Voraussetzungen für diesen Krieg erinnert. Nicht ganz grundlos, denn soeben hatten die Briten unverhohlen erklärt, der irakische Rückzug aus Kuwait reiche nicht aus, um die Kampfhandlungen einzustellen. Sind gute Partner nicht dazu da, sich gegenseitig konstruktiv zu kritisieren? Selbst wenn Meinungsverschiedenheiten über das weitere konkrete Vorgehen auf dem Tisch liegen, was für ein absurdes Russenbild haben wir denn, wenn uns nichts anderes dazu einfällt als der Dritte Weltkrieg, den ausgerechnet die Sowjets vom Zaun brechen sollten?

Als von Moskau aus dann eine intensive Reisediplomatie in den Irak einsetzt, gibt das diesen Befürchtungen neue Nahrung. Während in der Sowjetunion die diplomatischen Aktivitäten auf Hochtouren laufen, wird im Westen über sowjetische Militärberater im Irak spekuliert und jeder Schritt argwöhnisch beobachtet, denn die Sowjetunion könnte vielleicht ja doch aus der Anti-Irak-Koalition ausbrechen. In Moskau versteht man die westliche Aufregung nicht ganz. Die Sowjetunion steht nach wie vor hinter der Forderung, der Irak müsse Kuwait räumen. Daß sie als ehemaliger Freund des Irak auch jetzt noch versucht, alle diplomatischen Möglichkeiten auszunutzen, diesem Krieg ein Ende zu bereiten – was ist schlecht daran?

Eines wird dadurch deutlich: Das vielfach beschworene gegenseitige Vertrauen ist wohl doch nicht so stabil, und das Feindbild Sowjetunion sitzt immer noch tief.

Die zweite Geschichte. Am 20. Mai 1991 schafft es der Oberste Sowjet nach diversen Anläufen endlich, die Hürde »Reisegesetz« zu nehmen. Danach können Sowjetbürger ab 1. Januar 1993 frei ins Ausland reisen. Jeder hat dann das Recht auf einen Reisepaß, der auf Antrag innerhalb eines Monats ausgestellt werden muß und nur bei begründeten Sicherheitsbedenken verweigert werden darf. Dagegen ist Klage möglich.

Es gäbe soviel darüber zu sagen: warum das Gesetz den Obersten Sowjet nicht auf Anhieb passierte, was von der

Begründung für das späte Datum des Inkrafttretens zu halten ist, welche Fußangeln sich noch in den Ausführungsbestimmungen verbergen können, aber die erste Frage in einem auf zweieinhalb Minuten angelegten Live-Gespräch einer Regionalsendung lautet: Sitzen jetzt Millionen auf gepackten Koffern, um für immer auszureisen?

Warum können wir alles nur immer auf uns beziehen und sind so anfällig für diffuse Ängste und Panikmache? Es ist doch viel eher so, daß die Sowjetbürger im Westen mal gucken wollen, fremde Länder bereisen, um dann wieder nach Hause zu kommen. Das beweist ja auch die Statistik: Die Zahl der Ausreisewilligen geht zurück, die der Besuchsanträge steigt. Man verläßt sein Land nicht so ohne weiteres, auch dann nicht, wenn es so chaotisch ist wie in der Sowjetunion.

Der 9. Mai 1991. Ein Feiertag. In der Sowjetunion »Tag des Sieges«, mit dem man an das Ende des Zweiten Weltkriegs erinnert, in der Bundesrepublik »Christi Himmelfahrt«. Das fällt nicht oft auf ein Datum.

Als sich das Kriegsende 1990 zum 45. Mal jährte, habe ich die Siegesparade auf dem Roten Platz besucht. Ein Sommerwetter wie im Bilderbuch, ordenbehangene Veteranen, Frauen und Männer, manche mit Tränen in den Augen, Musik, Böllerschüsse, und zum erstenmal seit 45 Jahren läuteten die Glocken dazu. Die goldenen Kuppeln der Kremlkirchen glänzten in der Sonne, Riesentransparente mit den Jahreszahlen 1945 und 1990 hingen an den Fassaden des Leninmausoleums und des Kaufhauses GUM. Ein bißchen Phantasie zusammen mit historischem Wissen – das ergibt eine ganz eigenartige Stimmung. Ich schäme mich bei dem Gedanken, über Russen zu schimpfen, was mit zunehmender Dauer meines Aufenthaltes in Moskau häufiger vorkommt.

Deutlicher als sonst üblich wird auf den Kriegsgegner hingewiesen, das faschistische Deutschland. Ein Soldat der Roten Armee trägt ein Kind auf dem Arm und steht auf einem zerschlagenen Hakenkreuz – die Nachbildung des sowjetischen

Ehrenmals in Ost-Berlin. Im technischen Teil paradieren die legendären T-34-Panzer und die Nachfolger der berüchtigten Stalinorgel vor modernsten Waffensystemen. In Zeiten der Abrüstung passen solche Militärparaden strenggenommen nicht mehr. Aber im Mai 1990 erfüllt diese Parade einen doppelten Zweck. Einmal ist sie so etwas wie eine Kompensation für das Militär, das ja mit einer immer geringeren Rolle zufrieden sein muß, und zum anderen hat sie eine gewisse psychologische Bedeutung für die Kriegsveteranen, die die deutsch-deutsche Vereinigung in diesem unerwartet hohen Tempo irgendwie verkraften müssen.

Martialische Demonstrationen hochgezüchteter Vernichtungstechnik als Selbstzweck sind in der Sowjetunion »out«. Als 1991 der Tag des Sieges zum 46. Mal begangen wurde und die deutsche Vereinigung vollzogen war, gehörten die Straßen nur noch den Menschen, nicht mehr irgendwelchem Kriegsgerät, und in der sowjetischen Armeezeitung *Krasnaja Swesda,* Roter Stern, war zu lesen:

»Nein, der 9. Mai wird nicht aus dem Gedächtnis der Menschheit verschwinden. Vielleicht wird dieser Tag, wenn einmal die Menschen verlernen, sich zu hassen, einen anderen Namen bekommen, der nicht den Vorrang der einen über andere betonen wird, und zum Tag der Mahnung werden. Mahnung vor Unheil, Zwist, gegenseitigem Haß, militantem Nationalidiotismus, vor Versuchen eines Volkes, über ein anderes zu herrschen, vor jeglicher Diktatur. Und deshalb gratuliere ich Ihnen, liebe Leser, zum Tag des Sieges. Frontkämpfer, steckt bitte die Orden an.«

Wohin steuert die Sowjetunion?

Wohin steuert die Sowjetunion? Das ist natürlich eine reizvolle Frage – weil soviel davon abhängt. Aber wer will diese Frage wirklich ernsthaft beantworten? Wir Journalisten haben mit unseren bisherigen Antworten schon so manche falsche Spur gelegt.

Zu befürchten ist, daß dafür weniger Unkenntnis oder Naivität verantwortlich sind als vielmehr ein bestimmtes Sensationsbedürfnis, das mir manchmal bei meinen Berufskollegen ausgeprägter zu sein scheint als beim Verbraucher von Nachrichten und Informationen. Und ich persönlich mag nicht daran glauben, daß Zuschauer, Zuhörer oder Leser nur noch auf Reizworte reagieren. Es muß möglich sein, ein reales Bild der Zustände in der Sowjetunion zu skizzieren, die Schwierigkeiten und Probleme beim Namen zu nennen, ohne jedesmal mittels des einschlägigen Katastrophenvokabulars die Existenzfrage zu stellen und mit geheuchelter Anteilnahme das drohende Chaos zu vermelden.

Wem nützt es, wenn wir seit zwei, drei Jahren gebetsmühlenartig den Zusammenbruch der Sowjetunion voraussagen, die wahlweise vor dem Abgrund, vor dem Zerfall oder einer ähnlich fürchterlichen Zukunft steht? Wem nützt es, wenn wir ein Schreckensszenario nach dem anderen entwerfen, die Zusammenhänge aber lieber beiseite lassen, weil sie die festgelegten Sendezeiten sprengen, die wir erfunden haben, um die Zuschauer nicht zu überfordern. Überheblich, wie wir nun mal sind, trauen wir den Zuschauern nicht zu, mehr als Informationsbröckchen zu verdauen. Aber das ist schon ein anderes Thema.

Der Weg, den die Sowjetunion seit der Perestroika geht, gleicht einer gefährlichen Gratwanderung. Sie vermittelt Eindrücke und Erlebnisse, die den Menschen körperlich und seelisch zusetzen, weil sie vordem etwas Derartiges nie erlebt haben. Manche wollten diesen Weg sicher auch gar nicht, er ist ihnen zu unbequem, oder sie haben Angst. Und manche sind zu ungestüm und gefährden mit ihrer Ungeduld, die man sich bei einer Gratwanderung nicht leisten kann, die anderen, die – möglicherweise übervorsichtig – den sichersten Weg suchen und jeden Schritt dreimal absichern, bevor sie ihn gehen.

Wir in unserem kleinen Deutschland, in dem solche Grate nicht existieren – wie kommen wir dazu, diesen Menschen Gebrauchsanweisungen geben zu wollen? Nicht etwa Ratschläge, nein, Gebrauchsanweisungen – die strikt und präzise, eben deutsch, zu befolgen sind. Nur dann sind wir, die wir uns das Schauspiel aus sicherer Entfernung betrachten, bereit, gute Zensuren zu verteilen, diese Menschen zu lieben und uns ihnen gegenüber großzügig zu erweisen.

Warum beobachten wir nicht einfach und helfen, so gut wir können, immer gewärtig, daß auch uns die Rezepte fehlen, eine solche Situation zu bewältigen?

Wohin steuert die Sowjetunion?

Bis jetzt haben die demokratischen Strukturen, die in der Sowjetunion entstehen, bereits mehr Stabilität bewiesen, als viele vermuteten. Und die größten Unsicherheitsfaktoren liegen ausgerechnet da, wo wir sie am wenigsten erwartet haben.

Wir sollten mehr Fragen stellen und weniger Antworten vorgeben. Auf jeden Fall sollten wir weniger Liebesbeweise, weniger Ergebenheitsadressen von einem Land verlangen, das wir längst nicht begriffen haben, an das wir höchstens glauben können.

In Moskau fahren Panzer
Ein Jahr danach

Das vorliegende Buch ist im Sommer 1991 entstanden – und zwar vor dem Putsch im August. Ich habe bis zu diesem neuen Kapitel – geschrieben ein Jahr danach – keine Zeile geändert, denn nachträgliches Umschreiben und Ergänzen meiner Erfahrungen würde wenig Sinn machen.

»In Moskau fahren Panzer, es hat einen Putsch gegeben, Gorbatschow ist verschwunden.« Als ein Kollege der Tagesschau am Morgen des 19. August 1991 – es war ein Montag – bei mir zu Hause anrief, war ich fest davon überzeugt, es handele sich um einen Scherz von der Art, wie sie am 1. April üblich sind.

»Können Sie unter Umständen ins Studio kommen, denn vielleicht kappen die Russen die Leitung zum Moskauer ARD-Büro, und dann brauchen wir einen Gesprächspartner«, fuhr der Kollege fort, und da ich gerade in Deutschland meinen Urlaub genoß, dachte ich jetzt erst recht, daß sich die Tagesschauredaktion in Hamburg einen Spaß machen wollte.

Mit einiger Verspätung wurde mir klar, daß offenbar tatsächlich entsprechende Nachrichten über die Fernschreiber liefen. Einen Moment lang hielt ich selbst noch die »Entenvariante« für wahrscheinlicher als einen Putsch: »Ich will erst die Panzer vor einer moskautypischen Kulisse fahren sehen, bevor ich das glaube!«

Ein Putsch in Moskau – unvorstellbar für mich. So etwas paßte nach meinem Eindruck überhaupt nicht in die politische Landschaft. Es gab Momente in der sowjetischen Politik, da schien ein Umsturzversuch wahrscheinlicher als in diesen Augusttagen 1991. Denn gerade zu dieser Zeit gab es Anzeichen der Hoffnung, daß ein neuer Anfang auch wieder neue Energien freisetzen, die Menschen neu motivieren könnte. Zum einen stand die Unterzeichnung des lange erwarteten Unionsvertrages vor der Tür – er hätte exakt am 20. August paraphiert werden sollen –, welcher die alte Sowjetunion nach und nach zu einem demokratischeren und weniger zentralistischen Staatenbund umbauen sollte. Zum anderen wies die Politik des sowjetischen Präsidenten Gorbatschow und des russischen Präsidenten Jelzin zusehends mehr Gemeinsamkeiten auf.

Jelzin faßte beispielweise noch Anfang August einen bemerkenswerten Beschluß. Alle Republiken, die sich nicht an der neuen Union beteiligen wollten, sollten für russische Rohstoffe Weltmarktpreise in Devisen zahlen. Damit trat Jelzin ganz deutlich an die Seite Gorbatschows, der diese Forderung seit langem erhoben hatte und dafür – auch von Jelzin zunächst – bitter beschimpft wurde. Jelzin nahm sogar in Kauf, daß ihn ein Teil seiner Anhänger wegen dieser Entscheidung scharf kritisierte.

Gorbatschow wiederum gab in der umstrittenen Frage der Besteuerung nach, und im Entwurf des Unionsvertrages wurde festgelegt, daß die Steuererhebung ausschließlich Sache der Republiken sei, während die Union ihren Steueranteil dann von den Republiken erhielte. Die Sowjetunion verzichtete also auf das Recht, direkt vom einzelnen Bürger Steuern einzuziehen.

In die Reihe der positiven Anzeichen paßte auch das erfolgreiche und vielversprechende sowjetisch-amerikanische Moskauer Gipfeltreffen von Ende Juli 1991. Es schien sich auf der ganzen Linie, also nicht nur außen-, sondern auch innenpolitisch, gut zu entwickeln.

Es gab da freilich auch den Erlaß des russischen Präsidenten Jelzin, ab sofort die Arbeit der Kommunistischen Partei in den Betrieben zu verbieten. Der in der Verfassung garantierte Führungsanspruch der Kommunisten war zwar längst abgeschafft, von Gorbatschow auf Unionsebene, aber damit waren die über Jahrzehnte gebauten und fest zementierten Strukturen natürlich noch nicht aufgebrochen. Insofern war Jelzins Erlaß nur die logische Folge und Fortführung des Beschlusses, die privilegierte Arbeit der Kommunistischen Partei auch praktisch aufzuheben. Aber *das* zusätzlich zum bevorstehenden Unionsvertrag, der die Macht der Zentrale und damit auch der Partei weiter einschränken sollte, das war wohl der Startschuß für die Verschwörer des »GKTSCHP« (»Staatskomittee für den Ausnahmezustand«), sozusagen im letzten Moment.

So sehr mich der Putsch überrascht hat, sowenig konnte ich mir vorstellen, daß sich die Menschen in der Sowjetunion das widerstandslos bieten lassen. (Übrigens sollte in jenen Tagen die erste Auflage dieses Buches erscheinen. Obwohl es zu der Zeit vielen schwerfiel, an Rußland zu glauben, war ich mir sicher, daß wir das Buch nicht einstampfen mußten.) Es war doch zuviel passiert in dieser Gesellschaft. Wenn die Politik Gorbatschows etwas gebracht hatte, dann das Bewußtsein, als Bürger Rechte zu haben und sich nicht mehr so ohne weiteres herumkommandieren lassen zu müssen.

Der Alptraum dauerte drei Tage, dann war der Spuk vorbei. Alle Welt beeilte sich, Jelzin und dem russischen Volk zu gratulieren – zu Recht. Viele machten sich bestimmt auch Vorwürfe, den russischen Präsidenten in der Vergangenheit so stiefmütterlich behandelt zu haben. Denn schließlich schien er ja jetzt, im August 1991, der kommende Mann zu sein, und wer will es sich mit einem Mächtigen dieser Erde schon verderben. Es hagelte Einladungen von Staatsmännern rund um den Globus. Und der Eindruck drängte sich auf, als müsse man weltweit die neue Wertschätzung Jelzins durch die gleichzeitige Demontage Gorbatschows unter Beweis stellen.

Zuweilen konnte man nur noch entsetzt sein, wie schnell auch Gorbatschows (alte) Freunde im Westen bereit waren, an ihm herumzumäkeln, die Nase zu rümpfen ob seiner Unentschlossenheit. Ganz im Trend der Zeit verkündeten nicht wenige jovial, allenfalls mit ein wenig Mitleid garniert, daß es so habe kommen müssen und daß man das eigentlich schon immer gewußt habe.

Die Rollenverteilung schien klar: Gorbatschow der Verlierer, Jelzin der Gewinner. Offenbar haben die meisten Menschen eine starke Sehnsucht, die Welt in Gewinner und Verlierer aufzuteilen. Offenbar hat auch unsere aufgeklärte Gesellschaft ein starkes Bedürfnis nach Helden. Und da reicht es eben, wenn jemand auf einen Panzer klettert. Da wird ohne Einschränkung einer zum alleinigen Retter stilisiert und alles, was vorher war, der Einfachheit halber vergessen.

Klar ist, daß Boris Jelzin in diesen drei Tagen des Augustputsches eine wichtige Rolle gespielt hat, aber das war ihm nur möglich, weil Gorbatschow die Basis dafür geschaffen hatte. Warum kann man nicht anerkennen, daß es dem sowjetischen Präsidenten in den sieben Jahren seiner Politik gelungen ist, demokratische Strukturen – wenigstens im Ansatz – zu etablieren und den Menschen klarzumachen, daß das ein schützenswertes Gut ist? Das war das solide Fundament, auf dem Jelzin agieren konnte.

Das in diesem Buch schon beschriebene Phänomen des Kurzzeitgedächtnisses, gerade für politische Vorgänge, läßt sich auch hier beobachten. Wir vergessen zu schnell Dinge, die nicht mehr in den aktuellen Trend zu passen scheinen oder an die wir uns einfach gewöhnt haben. Wir tun so, als sei es das Selbstverständlichste von der Welt, daß dieses verkrustete Gebilde Sowjetunion im wesentlichen unblutig aufgebrochen werden konnte.

Daß wir Menschen in der Regel wissen wollen, wie es weitergeht, was uns erwartet, vor allem dann, wenn wir reale

Bedrohungen sehen oder Ängste hegen, ist ganz verständlich. Besorgniserregend wird es erst, wenn wir beginnen, oft gehörte Prognosen für unverrückbare Wahrheiten zu halten und danach unser Verhalten ausrichten. Selbst Prognosen geben zu wollen für dieses sich radikal und im Eiltempo umgestaltende Riesenreich, hat schon beinahe etwas Unseriöses. Denn dieser Prozeß – hier paßt der vielstrapazierte Begriff »historisch« wirklich – ist nicht berechenbar. Abgesehen davon, daß sich Geschichte nicht wiederholt, es gibt auch welthistorisch kein vergleichbares Phänomen, an dem man Prognosen ausrichten könnte. Und es sind – den Dimensionen dieses Landes angemessen — zu viele Kräfte am Werk, deren Stärke im einzelnen kein Beobachter wirklich kennt. Wer das Gegenteil behauptet, der lügt.

Horrorszenarien haben in einer solchen Situation Konjunktur. Diejenigen, die in den letzten Jahren mit Blick auf die Sowjetunion ständig von einem drohenden Putsch geredet haben, hatten immer einen Militärputsch vor Augen. Einen Umsturz hat es dann zwar gegeben, oder besser gesagt einen versuchten Staatsstreich, aber das Militär war eben nicht die treibende Kraft. Es war ein von Altkommunisten inszeniertes eher dilletantisches Operettentheater, bei dem die Darsteller am Publikum vorbeispielten, ohne es zu merken.

Wäre es für uns also nicht wesentlich sinnvoller, sich intensiv mit *den* Dingen auseinanderzusetzen, die da sind, die man beobachten, analysieren, kommentieren kann, statt soviel Zeit auf Spekulationen zu verwenden? Es kommt mir manchmal so vor, als treibe uns eine große Hilflosigkeit dazu, lieber in Gedankenspiele auszuweichen, als sich mit der Gegenwart auseinanderzusetzen, mit der wir möglicherweise nicht so recht zu Rande kommen. Das mag daran liegen, das nun auch zum erstenmal seit langem von uns im Westen Umdenken gefragt ist, daß ein paar unserer liebgewordenen, zumindest gewohnten Orientierungspunkte abhanden gekommen sind. Die Zeiten sind vorbei, wo wir als Zaungäste mit Anteilnahme oder mehr oder weniger großem Interesse beobachten konnten, was sich denn da im Osten abspielt. Der Zaun ist weg, und wir sind mittendrin.

Wenn man sich denn auf die Gegenwart verlegt, dann fällt auf, daß wir zum Teil geradezu schlampig, beinahe verantwortungslos damit umgehen. Das kann man gut an zwei Begriffen und an zwei Personen klarmachen. Die Personen – das liegt auf der Hand – heißen Boris Jelzin und Michail Gorbatschow. Die dazugehörigen Begriffe sind zum einen die GUS, die Gemeinschaft Unabhängiger Staaten, zum anderen die erneuerte Union, dieses Projekt, das der alten Sowjetunion durch einen neuen Unionsvertrag neue Strukturen verleihen sollte. Das eine – das Werk Jelzins, das andere – die Idee Gorbatschows.

Wenn Sie beides miteinander vergleichen, werden Sie Mühe haben, prinzipielle Unterschiede zwischen der GUS und der erneuerten Union à la Gorbatschow zu finden. Denn in beiden Fällen ging man von politisch selbständigen Republiken aus, die bestimmte Aufgaben wie Verteidigung an eine Zentrale delegieren und vor allen Dingen wirtschaftlich eng zusammenarbeiten sollten. Es drängt sich ein Bild aus dem Fußballsport auf: von Gorbatschow stammt die Vorlage und Jelzin hat das Tor abgestaubt. Warum ist es zur neuen Union Gorbatschows nicht gekommen, warum hat sich Jelzin durchsetzen können?

Solche Dinge wie Zeitgeist, modische Strömungen, Sympathien, Antipathien, emotionale Kategorien sind eben doch mindestens so stark wie die sogenannten objektiven Gegebenheiten. Wenn das Umfeld nicht stimmt, wenn die öffentliche Meinung nicht mitzieht, wenn die Zeit nicht reif ist, dann nützen alle noch so vernünftigen Überlegungen nichts, dann sind »objektive Gegebenheiten« etwas für Universitätsseminare, aber nichts für praktische Politik.

Es hat ja seine (machtpolitischen) Gründe, warum die neuen starken Männer um Jelzin, der ukrainische Präsident Krawtschuk und andere, in der Anfangsphase der GUS alle möglichen gerade auch wirtschaftlichen Verbindungen zwischen den einzelnen Republiken zerstört haben und jetzt fallweise damit beschäftigt sind, sie mühsam wiederherzustellen. Vernünftig wäre es auch damals schon gewesen, die wenigen noch funktionierenden Kanäle zu nutzen. Aber das lag nicht im Trend: Freiheit und Selbständigkeit waren angesagt, koste es, was es wolle.

So betrachtet, hatte sich Gorbatschow in den sieben Jahren seiner Politik einfach verschlissen. Tatsache ist — und auch an anderer Stelle in diesem Buch bereits beschrieben —, daß Michail Gorbatschow im eigenen Land nie besonders beliebt war. Wie sollte er auch? Er hat den Menschen die Orientierung genommen, er hat all das, wofür Generationen gekämpft und gelitten haben und millionenfach gestorben sind, aufgegeben: von der Ideologie über die eigene Geschichte bis hin zum Ostblock und der DDR. Alles ging verloren. Daß auch die dem System eigene Angst dabei abhanden kam und Freiheiten gewonnen wurden, das war sehr schnell als selbstverständlich vereinnahmt. Kurzzeitgedächtnis ist eben eine absolut internationale Erscheinung.

Tatsache ist weiter, daß Michail Gorbatschow zwar insgesamt zu spät, aber wesentlich früher, als wir es jetzt wahrhaben wollen, die Überzeugung vertreten hat, daß die Sowjetunion in der alten Form weder überlebensfähig noch erhaltenswert sei. Das läßt sich in Dokumenten nachlesen, man muß sich nur die Mühe machen: Kaum war Gorbatschow sowjetischer Präsident, hat er in seiner Antrittsrede einen neuen Unionsvertrag angekündigt. Aber mit der neuen Union verhält es sich ähnlich wie mit der Marktwirtschaft: daß man sie schlicht beschließt, sagt noch nichts über ihr reales Funktionieren. Die zwischen den Republiken über Jahrzehnte gewachsenen vor allem wirtschaftlichen Beziehungen, lassen sich nicht von heute auf morgen problemlos entflechten, wie wir jetzt ganz deutlich sehen.

Als Gorbatschow im Zusammenhang mit der neuen Union anfangs von einer fünfjährigen Übergangsfrist redete, machte man ihm das zu Hause und auch bei uns sogleich zum Vorwurf:

Das sei ja nur eine besonders infame Form der Hinhaltetaktik ... Aber wenn man bedenkt, daß sich beispielsweise die Europäische Gemeinschaft für wesentlich unkompliziertere Vorgänge ganz selbstverständlich das Doppelte an Zeit genehmigt (siehe S. 72), dann wird klar, daß Gorbatschow den Prozeß nicht verschleppen wollte – was er anstrebte nennt man gemeinhin Realpolitik. Doch dafür bräuchte man Partner, die noch einen Rest Vertrauen bewahrt haben und nicht jeden Schritt nur noch für eine hinterhältige Finte halten. Ohne Rückhalt im eigenen Land ließ sich für Gorbatschow eine derart gigantische Aufgabe wie die Umgestaltung der Sowjetunion nicht mehr bewältigen. Ganz gleich, was er sagte, es wollte niemand mehr hören.

Wie unlogisch, aber auch wie ungerecht es – mit Hilfe der Journalisten – dann zugeht, sollen ein paar Beispiele zeigen.

Als Gorbatschow davon sprach, daß die Republiken, die sich an der erneuerten Union nicht beteiligen wollten, für Rohstoffe und Energielieferungen Weltmarktpreise in Devisen zahlen müssen, da nannte man das einhellig in West und Ost »Erpressung«. Als Jelzin dann das gleiche tat, da hieß das plötzlich »Entschlossenheit«. Als sich Gorbatschow mit zusätzlichen Vollmachten ausstatten ließ, um seine Politik wirkungsvoller durchsetzen zu können, heftete man ihm, allen voran Boris Jelzin, das Etikett Diktator an. Kaum saß Jelzin im Amt, hat er sich vom Parlament exakt die gleichen Vollmachten geben lassen – und kaum ein Mensch hat ein Wort darüber verloren. Von Diktator keine Rede.

Man hat Gorbatschow oft vorgeworfen – sowohl im eigenen Land als auch bei uns im Westen –, diesen Putschversuch dadurch begünstigt, ja geradezu provoziert zu haben, daß er nicht entschlossen genug gewesen sei und über Jahre hinweg nur eine sehr halbherzige Politik betrieben habe (siehe S. 118). Ich denke, das stellt die Fakten auf den Kopf. Nach meinem Eindruck war die Gefahr wesentlich größer, durch kompromißloses Vorwärtspreschen, durch Überforderung großer Teile der Gesellschaft einen solchen Putsch zu einem Zeitpunkt zu riskieren, als das Volk die demokratischen Strukturen der Sowjetunion noch nicht zu schätzen wußte, u. a. deshalb, weil alles noch zu instabil war, noch zu sehr in den Anfängen steckte. Es galt, besagte solide Basis zu schaffen. Das Scheitern des Putschversuches ist der Beweis dafür, daß das gelungen ist.

Ein weiterer Vorwurf an Gorbatschow war, daß er so lange als Generalsekretär der Kommunistischen Partei zur Verfügung stand (siehe S. 124). In der Sowjetunion und im Ausland stieß das gleichermaßen auf großes Unverständnis. Ihm wird es nicht verborgen geblieben sein, daß es ihn bei der Bevölkerung zu Hause viel Sympathien kostet und daß es zu Irritationen außerhalb der sowjetischen Grenzen führt, wenn er diesen Posten des Generalsekretärs nicht abgibt. Aber wäre es letztlich politisch klug und verantwortungsbewußt gewesen, in einer so heiklen Umbauphase einer Gesellschaft die Partei, also die bestorganisierte Kraft dieser Gesellschaft, aus dem Ruder laufen zu lassen und damit zu riskieren, sie komplett gegen sich und die neue Politik zu haben? Die Kommunistische Partei ohne Gorbatschows Führung — nach meinem Eindruck damals ein Gefahrenpotential erster Ordnung.

Was wir hier im Westen nur allzugerne vergessen, vielleicht, weil es nicht in unser Wertsystem paßt, ist folgendes: Es ist ein Trugschluß anzunehmen, alle Menschen in der Sowjetunion hätten in den Startlöchern gestanden, um vom Kommunismus zum Kapitalismus zu konvertieren. So ist das ja nicht.

Man hat diesen Menschen jahrzehntelang ein Feindbild eingehämmert, man hat ihnen auch erfolgreich vor einem System Angst gemacht, das sie jetzt als Allheilmittel für alle Schwächen und Nöte des eigenen Systems akzeptieren sollen. Selbstverständlich gibt es da so etwas wie Furcht vor einem Ausverkauf. Auch vor einem Ausverkauf der ursprünglichen kommunistischen Ideale.

Das muß man nicht bewerten, aber man muß es zur Kenntnis nehmen. Und ein verantwortungsvoller Politiker hat das zu berücksichtigen, wenn er sich an der Spitze dieses Kolosses — der immerhin ein Sechstel der Erde ausmacht — diese gigantische Umwandlungsaufgabe vornimmt, und zwar ohne Blutvergießen zu riskieren. Da ist politische Gratwanderung, das Jonglieren mit den Möglichkeiten, nichts Verwerfliches, sondern im Gegenteil eine Qualität, die beim Überleben hilft und in Grenzen Stabilität verspricht.

Der gescheiterte Putsch vom August 1991 hat in beinahe tragischer Weise ambivalent gewirkt. Einerseits hat er viele Menschen neu motiviert, ihnen ein Erfolgserlebnis verschafft - das hatten sie ja lange nicht -, und Stolz an die Stelle von Scham und Minderwertigkeitskomplexen treten lassen. Also eine gute Ausgangsposition zum Ärmelhochkrempeln. Mit einem Schlag waren die Reformbremser out und die Reformer in. Die Machtverhältnisse schienen klarer.

Andererseits begann mit dem gescheiterten Putsch die Zeit der Maximalforderungen ohne Rücksicht auf irgendwas. Im Takt der neuen Zeitrechnung — und mit dem Augustputsch beginnt eine solche — läßt sich unter der Überschrift Demokratie und Freiheit alles fordern, auf was man bislang verzichten mußte und was man nun dringend nachholen will. Wer vorsichtig darauf aufmerksam macht, daß totaler Autoritätsverfall nichts mit Freiheit zu tun hat, daß Selbständigkeit nicht unbedingt ein Wert an sich ist, daß Anarchie und Demokratie nicht dasselbe ist, der wird schnell als Ewiggestriger diffamiert und politisch ins Abseits gestellt.

Um sich in diesen unruhigen Zeiten zu behaupten, läßt sich Boris Jelzin bedauerlicherweise immer wieder zu opportunistischen Aktionen hinreißen. Aus seiner Umgebung ist oftmals zu hören, dieser Populismusvorwurf sei eine typisch ausländische Fehleinschätzung. Das Ausland habe einfach seine Schwierigkeiten im Umgang mit einem typischen Russen, der sich auf dem internationalen Parkett etwas anders verhält als es Gorbatschow getan hat.

Dennoch: Für meine Bedenken, daß Jelzin mehr Populist als Demokrat ist - die ich in den vergangenen Jahren auch wiederholt zu Papier gebracht habe –, gibt es nach meinem Eindruck gute Gründe. Es vergeht doch zum Beispiel kaum eine Provinzreise des russischen Präsidenten, ohne daß seine Berater hinterher mit großangelegten Aufräumungsarbeiten beschäftigt sind. Nehmen wir den Volksdeputiertenkongreß im Frühjahr 1992. Eine reichlich chaotische Veranstaltung, auf der Jelzin mehr als einmal mit dem Rücken zur Wand stand und sich – wie grotesk – zum Teil mit den gleichen Argumenten wie weiland Gorbatschow erfolgreich zur Wehr setzte. Jelzin beschloß den Volksdeputiertenkongreß, dessen weitere Existenz ungewiß ist, mit einer versöhnlichen Rede, in der er auch für diesen Kongreß eine Zukunft vorsah. Einige Zeit später beschimpfte er während einer seiner Reisen – auf die Stimmungen der Menschen vor Ort eingehend – den Kongreß als Schwatzbude, die man jetzt gemeinsam aushebeln müsse.

Die Liste solcher Beispiele läßt sich problemlos verlängern. Thema Sowjetdeutsche: Da verspricht Boris Jelzin bei seinem Besuch in Bonn im November 1991 vollmundig eine neue Wolgarepublik für die Sowjetdeutschen. Im Januar 1992 als Gast in Saratow an der Wolga erklärt er der dortigen Bevölkerung wörtlich: »Ich als russischer Präsident garantiere euch, daß es keinerlei autonomes Gebiet für Sowjetdeutsche hier geben wird.« Ich konnte es kaum glauben, als ich das im russischen Fernsehen sah. Im Zeitalter der elektronischen Kommunikationsmittel muß man doch damit rechnen, daß dieses Versprechen von der Wolga ganz schnell auch am Rhein bekannt wird. Was soll man davon halten? Ob eine eigene Wolgarepublik wirklich den Bedürfnissen der meisten Sowjetdeutschen entspricht oder ob es nicht vielmehr zu einem Steckenpferd sowjetdeutscher Funktionäre geworden ist, steht auf einem anderen Blatt. Nach meinen Erfahrungen wäre den Deutschen an den vielen verschiedenen Stellen im alten Sowjetreich schneller und effektiver geholfen, wenn man sie in ihren jetzigen Siedlungsgebieten gezielt unterstützte, von dortiger und deutscher Seite gemeinsam. Man soll doch nicht glauben, daß Menschen, die in ihrem Leben mindestens zweimal neu anfangen mußten, scharf darauf sind, ein drittes oder gar viertes Mal irgendwoanders von vorne anzufangen. Aber das wäre ein eigenes Thema. Bleiben wir bei Boris Jelzin.

Jeder, der sich halbwegs in der Geschichte auskennt, weiß um die tief verwurzelten Spannungen zwischen Russen und Ukrainern. Wie kann ein Staatsmann mit Format so etwas übersehen oder gar ignorieren? Jelzin kann. — Da es aus einer ganzen Reihe von objektiven Gründen sinnvoll und vor allem auch praktisch ist, daß Rußland die Rechtsnachfolge der Sowjetunion antritt, wäre es hilfreich, diesen Prozeß mit dem nötigen Fingerspitzengefühl anzugehen. Denn für die meisten Republiken macht es wenig Unterschied, ob sie von kommunistischen oder sogenannten demokratischen Russen majorisiert werden. Davon haben sie ein für allemal die Nase voll.

Vor diesem Hintergrund ist es nur schwer zu begreifen, daß Jelzin im Fernsehen verkündete – und zwar in dem immer noch unionsweit ausgestrahlten ersten Programm: »Die Schwarzmeerflotte war russisch, ist russisch und wird russisch bleiben.« Das ist Balsam für die angeknackste russische Seele. Das weiß Jelzin. Aber er müßte auch wissen, daß er damit gleichzeitig die ohnehin aufgeheizten nationalen Gefühle der Ukrainer zum Siedepunkt bringt. Die Löscharbeiten seines Teams gestalten sich dann schwierig. Für Überlegungen, die Schwarzmeerflotte einem gemeinsamen Kommando der GUS zu unterstellen, jedenfalls den als strategisch einzustufenden Teil dieser Flotte, ist es zu spät. Fast ein Jahr mußte vergehen, bis sich der russische Präsident Jelzin und der ukrainische Präsident Krawtschuk zu einer gemeinsamen politischen Erklärung durchringen konnten, die zwar die Aufteilungsprobleme auch nicht löst, aber immerhin ein eindeutiges Signal gibt, darüber reden zu wollen, ohne sich blutige Köpfe zu holen.

Bei den hier aufgeführten Beispielen handelt es sich fraglos um höchst heikle Themen. Um so wichtiger, daß man damit seriös und bedacht und nicht marktschreierisch und populistisch umgeht. Einer der Unterschiede zwischen dem ehemaligen sowjetischen Präsidenten Gorbatschow und dem russischen Präsidenten Jelzin ist genau der, daß der eine auch unbequeme, unpopuläre Dinge im Dienste der Sache riskierte und der andere sehr stark dazu neigt, seinem jeweiligen Gegenüber nach dem Munde zu reden.

Was soll zum Beispiel Jelzins Versprechen bei seinem Besuch in den USA im Sommer 1992, es werde nie wieder eine Kommunistische Partei in Rußland geben? Das ist nun wirklich Opportunismus in Reinkultur. In dem Zusammenhang: Wir im Westen sollten uns nachhaltig davor hüten, Antikommunisten von vornherein für Demokraten zu halten.

Es gibt eine Situation, die über Jelzin sehr viel aussagt und die wohl den meisten Menschen in Deutschland noch sehr gegenwärtig ist. Die Rede ist vom ersten gemeinsamen öffentlichen Auftritt von Jelzin und Gorbatschow unmittelbar nach dem gescheiterten Putsch im August 1991. Das war beinahe eine Hinrichtung Gorbatschows. Boris Jelzin hat auf schauerliche Weise bewiesen, daß ihm in dieser Situation das Format eines Staatsmannes fehlte. Er wollte – ganz im populistischen Stil – Rache. Er hat Gorbatschow regelrecht vorgeführt, er hat durch eine überaus geschickte Regie den Eindruck erweckt, als seien sensationelle Beschlüsse, über die sich beide vorher geeinigt hatten, Gorbatschow gerade erst, sozusagen vor den Augen der Weltöffentlichkeit, abgerungen worden. Jelzin wollte Gorbatschows Demütigung, und er inszenierte sie genauso, wie er das wohl als kommunistischer Provinzfunktionär zur Ausschaltung politischer Gegner gelernt hat.

Den meisten russischen Abgeordneten stand bei diesem traurigen Schauspiel nur noch die Häme im Gesicht. Und den meisten westlichen Kommentatoren entging die symbolische Bedeutung dieser unwürdigen Szene, weil sie zu beschäftigt waren, den neuen Sieger zu feiern.

Es interessierte auch wenig, daß Jelzin reihenweise Zeitungen verbot, jedenfalls hörte man keinen Aufschrei in der westlichen Welt. Warum nicht? Weil es sich nur um kommunistische Blätter handelte? Es gab auch kein warnendes Wort aus dem Westen, als Jelzin schließlich die gesamte Kommunistische Partei per Dekret ausschaltete. Das schafft allenfalls Märtyrer, und mit Demokratie hat es auch nichts zu tun. Es hat ja seinen Grund, warum sich Jelzin zur Zeit mit dem noch jungen russischen Verfassungsgericht herumschlagen muß, das dieses faktische Verbot der Kommunistischen Partei auf seine Verfassungsmäßigkeit hin überprüft.

Und was uns im Westen angeht – warum vergessen wir so schnell, daß es ausgerechnet in der Sowjetunion die Spitze der Kommunistischen Partei war, die die Perestroika in Gang gebracht hat, nicht der Druck des Volkes, wie in den meisten Ländern des ehemaligen Ostblocks? Die Sowjetunion hatte im Gegensatz zu diesen Staaten, ein gewaltiges zusätzliches Problem zu bewältigen. In der Sowjetunion gab es keinen »großen sozialistischen Bruder«, auf den man einen Hauptteil der Schuld abwälzen konnte. Dort mußte man bei sich selbst beginnen. Wer anders sollte damit anfangen, als die alles beherrschende Partei?

Mit den alten Etiketten – Kommunist schlecht, Nichtkommunist gut– wird man der nachsowjetischen Realität einfach nicht gerecht. Wohin man mit dieser oberflächlichen Denkweise kommt, zeigt dasBeispiel Swiad Gamsachurdia überdeutlich. Der ehemalige georgische Präsident rangierte bei uns im Westen, die wir den Freiheitsdrang der Georgier mit soviel Sympathie begleitet haben, immer unter Radikalreformer und Demokrat. Entpuppt hat er sich schon sehr frühzeitig als ausgesprochener Despot. Es mag zynisch klingen, aber zu sowjetischen Zeiten im Lager gesessen zu haben, ist noch keine Garantie für demokratische Gesinnung, genausowenig wie der Austritt aus der Kommunistischen Partei.

Nach allen kritischen Anmerkungen zum russischen Präsidenten Jelzin ist es an der Zeit, etwas über seine Bedeutung zu sagen. Die ganze Welt kann sich gratulieren, daß Jelzin trotz allem nach wie vor im eigenen Land großes Ansehen und viel Vertrauen genießt. Es ist ein Phänomen, dessen Verständnis man sich nur nähern kann, wenn man Widersprüche zuläßt.

An Jelzins populistischen Neigungen scheint man sich in

Rußland, auch unter Intellektuellen, kaum zu stören. Darüber sieht man großzügig hinweg, solange da jemand ist, der es versteht, das malträtierte Selbstwertgefühl aufzubauen. Er ist handfest und direkt, er taktiert kaum und läßt selten einen Fettnapf aus – wenn das nicht sympathisch und menschlich ist nach all den synthetischen Figuren aus der Nomenklatura! Und was im Westen nur in Boulevardblättern deftig ausgebreitet, ansonsten zumeist höflich verschwiegen wird, Jelzins Umgang mit dem Alkohol, trägt ihm im eigenen Land eher Pluspunkte ein. Auch in unserer Gesellschaft ist die Auffassung, ein richtiger Mann muß mal ordentlich einen schlucken können, durchaus verbreitet, nur – die Russen trauen sich das zuzugeben.

Jelzin verkörpert im eigenen Land den mutigen Kämpfer für das Neue, der zwischen sich und seinem Volk keine Barrieren errichtet, einen Politiker zum Anfassen, mit allen menschlichen Schwächen, die man selbst hat oder kennt. Kein gelackter Politprofi, an dem alles abtropft. »Boris Nikolajewitsch wird's schon machen«, ist von erstaunlich vielen Menschen zu hören, die letztlich in diesen Umbruchszeiten mehr leiden als profitieren.

Millionen Menschen in der ehemaligen Sowjetunion geht es schlecht, sie haben allen Grund zur Unzufriedenheit – nach unseren Vorstellungen hätten schon längst gewaltige soziale Unruhen losbrechen müssen. Aber auch hier zeigt sich, daß unsere Denkschemen und unsere Maßstäbe, die für uns passen, untauglich sind bei der Beurteilung dieses Landes.

Wir haben uns so oft getäuscht, wenn wir nur durch unsere Brille geschaut haben. Wie sehr waren wir beispielsweise auf die naive Vorstellung fixiert, die Nationalitätenkonflikte der Sowjetunion werden sich automatisch dadurch lösen, daß die betreffenden Völker von der Moskauer Zentrale unabhängig werden? Diese falsche Gleichung wurde ja lange gemacht. Wir mußten erst lernen, daß sie nicht aufgeht. Die Armenier und die Aserbaidschaner verstehen sich auch nicht besser, seit sie in selbständigen Staaten leben. Das Morden zwischen den

Georgiern und den Süd-Osseten geht weiter, auch nachdem die Sowjetunion zerbrochen ist.

Je länger diese beispiellose Umbauphase andauert, um so mehr verstärkt sich mein Eindruck, daß es zunehmend der Westen ist, der vor lauter ideologischen Verkrampfungen den Blick auf die Realitäten nicht frei bekommt. Wir sind offenbar in unserer bequemeren Position nicht so flexibel, Relikte aus den alten Zeiten des Kalten Krieges über Bord zu werfen. Nehmen wir die vielfach zu hörende Phrase vom »Scheitern« Gorbatschows. Womit ist er denn gescheitert? Der Westen träumt seit Jahren, seit Jahrzehnten davon, daß die zentralistisch und menschenverachtend geführte Sowjetunion dezentralisiert und demokratisiert werden soll. Und dann zerbricht die alte verhaßte Sowjetunion, und ausgerechnet wir reden von Scheitern? Da beendet jemand den Kalten Krieg, entläßt ganze Staaten in die Freiheit, verbietet den Schnüffelterror der Geheimdienste, beginnt damit, die Kommandowirtschaft einzureißen, stellt alle Weichen zum Besseren – und das nennt man dann scheitern?

Bei einem Gipfeltreffen von elf Republikchefs Anfang 1992 in Minsk sagte der weißrussische Gastgeber, Stanislaw Schuschkewitsch: »Wir alle müssen eingestehen, daß es viel schwieriger ist, aufzubauen als einzureißen.« Das hört sich simpel an, trifft aber genau den Kern.

Nicht zuletzt auch deshalb, weil der Westen so drängelte und weiter drängelt, hat man in der ehemaligen Sowjetunion eine Menge eingerissen, ohne daran zu denken, daß etwas funktionsfähiges Neues an dessen Stelle treten muß. Es ist ja nicht damit getan, daß man sich beispielsweise vom Zentralismus verabschiedet, wenn danach überhaupt keine Strukturen mehr übrigbleiben, die einen halbwegs vernünftigen Ablauf alltäglicher Erfordernisse gewährleisten. Auch das hat die Menschen so mürbe gemacht. Es ging den meisten zwar früher auch nicht besonders gut, aber die Zerstörung aller Verhältnisse, in denen man sich auskannte und sich irgendwie eingerichtet hatte, erzeugt sozialen Streß.

Im Juli 1991, einen Monat vor dem Putsch, hat Gorbatschow gesagt, als man ihn beschuldigte, für alle chaotischen Zustände im Land persönlich verantwortlich zu sein: »Ihr könnt mich erschießen, und nichts wird sich ändern.« Anders ausgedrückt: der Mensch muß erst noch geboren werden, der es schafft, in der vom Volk gewünschten kurzen Zeit dieses in Grund und Boden ruinierte Land wiederaufzurichten.

Seit aus der DDR die neuen Bundesländer geworden sind, haben viele von uns eine etwas plastischere Vorstellung davon, wie gründlich man ein Land abwirtschaften kann und wie schwierig es ist, beim Aufbau alles gleichzeitig in Angriff zu nehmen. Wieviel soziale Sprengkraft dabei entsteht, wie viele Maßnahmen unpopulär, aber notwendig sind und welch grandioser Nährboden für jegliche kriminelle Energie solche Zeiten des Umbruchs sind, das verstehen wir jetzt besser.

Um ein realistisches Bild vom Zustand der Ex-Sowjetunion zu bekommen, sind all diese Schwierigkeiten zu potenzieren, denn es handelt sich nicht um 17 Millionen Menschen, sondern um 300 Millionen, deren Riesenreich sich über elf Zeitzonen erstreckt (wenn Sie von uns aus elf Zeitzonen Richtung Westen »denken«, dann landen Sie in Hawaii), von den Klimazonen nicht zu reden. Es handelt sich nicht um eine Nationalität, sondern um über hundert verschiedene Nationalitäten mit ebenso vielen Sprachen, und es handelt sich um eine völlig andere Geschichte. In Rußland folgte auf die autoritäre Zarenherrschaft direkt der totalitäre Kommunismus. Da gibt es nichts, woran man sich erinnern könnte, worauf man aufbauen könnte in puncto Demokratie und Freiheit, auch nicht in puncto freies Wirtschaften.

Auch zum Thema Wirtschaft ein paar notwendige Anmerkungen: Soziale Marktwirtschaft kann man das ja nicht gerade nennen, was sich dort etabliert. Schön wär's. Vieles erinnert viel eher an frühkapitalistische Zustände. Und das können wir den Menschen dort doch wohl nicht ernsthaft wünschen.

Im Moment besteht die fatale Situation, daß die verantwortlichen russischen Politiker zögern, soziale Schutzmechanismen einzubauen, auch aus Angst, der Westen könnte das wieder als sozialistisch mißverstehen und sich in seinem Engagement – das ja ohnehin nicht so berauschend ist, wenn man von Deutschland einmal absieht – wieder zurückziehen.

Falsch wird es auch dann, wenn wir in unserer Argumentation häufig wirtschaftliches Engagement mit Wirtschaftshilfe verwechseln. Der entscheidende Unterschied dabei: Das eine ist Geschäft, d.h. beide Seiten haben etwas davon, und beim anderen zahlen wir zunächst mal drauf. Es empfiehlt sich also, das sauber auseinanderzuhalten. Es schadet dem Klima und dem mühsam erworbenen Vertrauen, wenn von westlicher Seite dem Osten mit Gönnermiene veraltete Technologie angedreht wird, die hier nur noch auf dem Schrottplatz landen würde. Um Mißverständnissen vorzubeugen: mit dieser Kritik ist nicht gemeint, wenn etwa Produktionsstraßen, die bei uns erneuert werden, gegen eine eher symbolische Kaufsumme nach Osten wandern und dort gute Dienste leisten.

Zum Verständnis würde sicher beitragen, wenn wir in Zusammenhang mit den vielfach beschworenen Milliardenprogrammen weltweit deutlicher herausarbeiten könnten, daß diese Summen zu einem großen Teil wieder in den Westen zurückfließen. Es handelt sich um Kredite, mit denen Kredite finanziert werden. Das tut der Westen, um seine eigenen Mittel zu retten, die im Osten stecken. Das ist völlig in Ordnung. Man muß es nur sagen, denke ich, und nicht beim Bürger den Eindruck erwecken, als handele es sich bei diesen enormen Summen in erster Linie um Mittel für Investitionen an Ort und Stelle. Denn sonst entsteht leicht der fatale Eindruck: Warum sollen wir weiter in dieses Faß ohne Boden zahlen?

Ziemlich absurd ist wohl auch die Tatsache, daß die sogenannte Cocom-Liste noch immer existiert, nach der es verboten ist, bestimmte Produkte der Hochtechnologie in die ehemalige Sowjetunion auszuführen. Ein absoluter Anachronismus.

Ganz und gar unglaubwürdig wird der Westen dann, wenn er in seltener Einmütigkeit auf dem Weltmarkt die wenigen konkurrenzfähigen Produkte der ehemaligen Sowjetunion gezielt boykottiert. Auch als Anhänger weltweiter Abrüstung und Gegner von Waffenproduktionen jeder Art kommt man nicht umhin festzustellen, wie unverfroren der Westen vom Osten erwartet, daß dort in hochtechnisierten Rüstungsbetrieben auf Zivilgüterproduktion umgestellt wird. Und zwar im Hauruckverfahren ohne Rücksicht darauf, daß man endgültig auch in diesem Bereich den Anschluß an moderne Technologie verlieren würde, also in einem Bereich, in dem sich Devisen verdienen lassen.

In dem Zusammenhang entbehrt es nicht einer gewissen Komik (oder es ist vielleicht doch eher tragisch?), daß ausgerechnet diejenigen, die wissen, wie man einen Betrieb führt, die Manager aus dem militärisch-industriellen Komplex, für den Westen wegen ihrer Vergangenheit keine akzeptierten Ansprechpartner sind. Und in Rußland muß man sich fast dafür entschuldigen, wenn man nicht alle auf einmal in die Wüste schickt.

Sie werden kaum einen Russen finden, der sich öffentlich über all das beklagt, genausowenig wie darüber, daß bei humanitären Hilfslieferungen auch Medikamente, deren Verfalldatum längst abgelaufen ist, und verschlissene statt intakter Kleidung geschickt werden.

Doch wir sollten nicht unterschätzen, daß sich innerhalb der Gesellschaft ein ernstzunehmender Kampf abspielt: zwischen denjenigen, die für das wirtschaftliche Engagement des Westens nahezu alles preiszugeben bereit sind, und denjenigen, die Angst vor einem Ausverkauf haben. Es kursieren doch die abenteuerlichsten Varianten, um ausländische Investoren zu interessieren. Das reicht bis zur Idee, exterritoriale Gebiete zu schaffen, in denen das Recht des jeweiligen ausländischen Investors gelten soll. Man stelle sich das bitte mal vor.

Es kann niemand bestreiten, daß die wirtschaftliche Umgestaltung Richtung Marktwirtschaft politisch ernsthaft betrieben wird. Und zwar nicht erst seit Jelzin. Aber von der politischen Absicht bis zur praktischen Umsetzung ist es ein langer Weg. Was man anstrebt, ist weit mehr als eine Reform, es ist revolutionär.

Die staatsmännische Kunst in den Ländern der ehemaligen Sowjetunion besteht u. a. darin, daß man die Menschen einerseits nicht belügt mit Versprechen wie: in ein, zwei Jahren ist alles überstanden. Irgendwann ist diese Zeitspanne vorbei, und die Menschen merken, daß man sie belogen hat. Daß man andererseits aber nicht in kühler Wissenschaftlichkeit verkündet, frühestens die nächste Generation wird Besserungen spüren. Das hält keiner aus. Die Gratwanderung ist also längst nicht beendet.

Je mehr Menschen bei uns der Versuchung widerstehen, sich in diesem Prozeß als Sieger aufzuspielen – ganz gleich ob wirtschaftlich, ideologisch oder moralisch –, um so geringer wird das Risiko, das dieser Umbau zwangsläufig mit sich bringt, und um so größer wird die Chance, den er in historisch einmaliger Dimension gleichzeitig bietet.

Ich möchte das Kapitel nicht schließen, ohne auf ein Thema einzugehen, das offenbar die meisten Menschen in Deutschland stark beschäftigt: die Angst vor einem Militärputsch. Dieses Gespenst ist einfach nicht zu vertreiben.

Ich habe nicht vergessen, was ich selbst über die Seriosität von Prognosen in bezug auf dieses Land gesagt habe, aber ich will mich auch nicht um eine klare Aussage herumdrücken. Nach meiner Einschätzung ist ein Militärputsch in Rußland so unwahrscheinlich wie hitzefrei im Winter.

Als ich mich neulich mit einem Russen über dieses Thema unterhalten habe – denn Unsicherheiten und diffuse Ängste ergeben in Rußland einen guten Nährboden für Gerüchte aller Art, zu denen in regelmäßigen Abständen immer mal wieder auch ein drohender Militärputsch gehört –, da meinte dieser Mann, der sein Land gut kennt und der den Vorteil hat, aufgrund seiner Profession keine speziellen Interessen vertreten zu müssen: »Ein Militärputsch? Absolut undenkbar. Es ist so schwer zu erklären, warum das so ist, aber es ist einfach so.«

Sie sollten diese sehr menschlich und sehr überzeugt, wenn auch nicht mit Argumenten vorgetragene Position nicht voreilig belächeln. Aus folgenden Gründen: Wer von einem möglichen Militärputsch ausgeht, der muß eine funktionsfähige und einsatzbereite Armee, zumindest einen schlagkräftigen Teil der Armee voraussetzen, der außerdem eine klare politische Position bezieht, Personen aufweist, die diese glaubwürdig vermitteln können und der zu allem Überfluß auch noch bereit ist, sich gegen das eigene Volk einsetzen zu lassen.

All das ist nicht der Fall. Die ehemalige sowjetische Armee ist mit all den damit verbundenen Schmerzen dabei, sich auf die einzelnen Republiken zu verteilen. Wenn man weiß, wie kreuz und quer die Soldaten verschiedener Nationalitäten herumgeschoben wurden – da mußten Usbeken in der Ukraine und Letten in Sibirien dienen –, dann kann man ahnen, wie viele Kräfte diese Aktion bindet und wie unübersichtlich dieser Prozeß zwangsläufig ist. Sieht man sich die hierarchische Struktur der Streitkräfte an, dann bietet sich, etwas vereinfacht dargestellt, folgendes Bild: Im oberen Drittel sitzen die Russen, die unteren zwei Drittel füllen die anderen Völker der Sowjetunion aus. Auch das wird zur Zeit gerade auseinanderdividiert, was dazu führt, daß einige Einheiten gar nicht mehr einsatzbereit sind, weil das vorhandene Personal einer Republik nicht über die erforderliche Ausbildung verfügt.

Obwohl gerade das Militär in den letzten Jahren einen dramatischen Prestigeverlust hinnehmen mußte, hat das nicht automatisch dazu geführt, daß sich die Führungsspitze nahezu geschlossen in eines der möglichen oppositionellen politischen Lager begeben hat. Im Grunde ist es doch logisch, daß sich auch bei den Soldaten die gesamte Bandbreite politischer Überzeugungen wiederfindet, wie sie auch in anderen Teilen der Gesellschaft anzutreffen ist. – Das gilt im übrigen ebenso für den Geheimdienst.

Die oftmals fast unbeschreiblichen sozialen Probleme, die

aus der überstürzten massenhaften Rückkehr von Militärangehörigen aus dem ehemaligen Ostblock auf das Gebiet der Sowjetunion resultieren, führen vereinzelt zu lokal begrenzten Auseinandersetzungen – schlimm genug –, ohne daß dabei jedoch politische Führungsansprüche angemeldet werden.

Problematisch ist die russische Militärpräsenz in Gebieten des Bürgerkrieges, wie etwa der Dnjestr-Region in Moldawien. Weil man einerseits von den russischen Truppen den Schutz der russischen Bevölkerung erwartet, sie aber andererseits durch ihre bloße Anwesenheit zur Eskalation von Gewalttätigkeiten beitragen. Ähnlich problematisch sind die verbliebenen Truppenkontingente in den baltischen Staaten. Einen schnellen Abzug zu erwarten, wäre militärstrategisch mehr als blauäugig, unabhängig von den handfesten Schwierigkeiten, die Soldaten samt ihren Familien in Rußland menschenwürdig unterzubringen. Aber die besonderen Spannungen gerade zwischen den baltischen Staaten und Rußland bewirken auch besondere Risiken. Die Kraftproben zwischen Rußland und den Balten sind noch nicht beendet, wobei nach wie vor beide Seiten Fehler machen und viel zu häufig pokern, statt einen neuen Anfang zu versuchen. – Vielleicht sollte ich darüber noch ein Buch schreiben.

Denn eines ist klar, dieser Teil der Erde läßt mich nicht los, auch wenn ich dort jetzt nicht mehr ständig lebe. Die große revolutionäre Phase, die sensationellen Umwandlungen und Aufbrüche, die uns im Westen gleichermaßen freuten wie erschreckten, sind zwar vorbei, aber jetzt geht es an die praktische Kleinarbeit, an die Gestaltung dieser neuen Gesellschaft. Es wäre zu schade, wenn wir das zukünftig mit Blick auf die sich wiederholenden Nachrichten über die immer gleichen Schwierigkeiten und Probleme unter »im Osten nichts Neues« einfach ablegten. Es entginge uns zuviel, und es könnte sich bitter rächen.